跨国公司经营与管理

李名梁　汪存华　刘　凡　编著

中国财富出版社有限公司

图书在版编目（CIP）数据

跨国公司经营与管理 / 李名梁，汪存华，刘凡编著 .—北京：中国财富出版社有限公司，2025. 5

ISBN 978 - 7 - 5047 - 7838 - 3

Ⅰ. ①跨…　Ⅱ. ①李…　②汪…　③刘…　Ⅲ. ①跨国公司-经营管理-高等学校-教材　Ⅳ. ①F276. 7

中国版本图书馆 CIP 数据核字（2022）第 236902 号

策划编辑　李彩琴　　**责任编辑**　孟　婷　杨白雪　　**版权编辑**　武　玥
责任印制　荀　宁　　**责任校对**　孙丽丽　　**责任发行**　于　宁

出版发行	中国财富出版社有限公司		
社　　址	北京市丰台区南四环西路 188 号 5 区 20 楼	**邮政编码**	100070
电　　话	010 - 52227588 转 2098（发行部）		010 - 52227588 转 321（总编室）
	010 - 52227566（24 小时读者服务）		010 - 52227588 转 305（质检部）
网　　址	http：//www. cfpress. com. cn	**排　　版**	宝蕾元
经　　销	新华书店	**印　　刷**	北京九州迅驰传媒文化有限公司
书　　号	ISBN 978 - 7 - 5047 - 7838 - 3/F · 3814		
开　　本	787mm×1092mm　1/16	**版　　次**	2025 年 6 月第 1 版
印　　张	17. 75	**印　　次**	2025 年 6 月第 1 次印刷
字　　数	378 千字	**定　　价**	68. 00 元

前　言

跨国公司产生于19世纪60年代，距今已有一百多年的历史。第二次世界大战之后，世界范围的政治、经济环境发生了变化，生产力水平不断提高，技术更新速度不断加快，运输、通信条件不断改善等诸多因素，使跨国公司获得了迅速发展。特别是20世纪90年代以来，跨国公司发展更加迅速，其数量、规模、经济实力、科研开发能力都达到空前水平，成为世界经济发展、经济全球化和一体化过程中的支柱力量。随着商品、服务及国际直接投资规模的迅速扩大、贸易投资壁垒的降低和新技术的涌现，经济全球化的趋势日益增强，各国间经济的依赖日趋加强，国际分工由产业间分工、产业内分工逐渐向产品内分工演进。为应对全球日益激烈的竞争，跨国公司积极调整经营战略，利用世界各地有利的要素资源，在全球范围内进行生产布局，通过国际直接投资、公平贸易及非股权安排构建跨国公司自己主导的全球价值链。跨国公司在全球经济中的作用日益凸显，跨国公司经营与管理也出现了新现象。

跨国公司是世界经济发展和全球经济一体化的推动力，也是全球数字经济发展的引擎。20世纪90年代以来，自由化和出口导向的政策、降低成本的追求和新技术的涌现推动着跨国公司全球化生产的快速增长。2008年，由美国金融海啸引起的全球金融危机，使新贸易保护主义之风愈演愈烈。同时，新技术的广泛应用使机器人自动化生产、供应链数字化管理和3D打印成为决定全球生产价值链布局的重要因素。2010年以来，跨国公司的国际贸易、全球投资的增长速度放缓；受新冠疫情影响，民族主义情绪抬头、单边主义兴起，跨国公司的国际生产与贸易趋向区域化，全球协调机制由多边发展趋向区域和双边发展。世界政治经济格局和科技发展出现了一系列根本性变化，这从很大程度上改变了跨国公司的经营环境、竞争规则和创造价值的方式。

党的十八大以来，以习近平同志为核心的党中央适应经济全球化新趋势，准确判断国际形势新变化，深刻把握国内改革发展新要求，就经济全球化和对外开放作出了一系列重要论述。党的十九大报告指出，要以“一带一路”建设为重点，坚持“引进来”和“走出去”并重，遵循共商共建共享原则，加强创新能力开放合作，形成陆海内外联动、东西双向互济的开放格局。党的二十大报告指出，十年来，我们实行更加积极主动的开放战略，构建面向全球的高标准自由贸易区网络，加快推进自由贸易试验区、海南自由贸易港建设，共建“一带一路”成为深受欢迎的国际公共产品和国际合作平台。我国成为一百四十多个国家和地区的主要贸易伙伴，货物贸易总额居世界第一，吸引外资和对外投资居世界前列，形成更大范围、更宽领域、更深层次对外开放格局。

当前，随着数字技术的发展，互联网渗透到社会生活的方方面面，催生了包括互联网平台、电子商务、数字解决方案和数字内容等新兴商业形态的迅速成长。数字跨国公司的涌现改变着全球经济发展的格局，影响着全球生产布局和世界贸易的流向，其国际发展足迹呈现轻资产化特征，以有限的资产和少量的员工进入海外市场。据联合国贸易和发展会议数据分析，数字跨国公司增长速度明显快于传统跨国公司，正在成为改变全球贸易和投资格局的主导力量。中国已经涌现出一批数字原生企业和传统企业转型的新实践，一些跨国公司将中国方案向海外复制，这是中国未来实体经济发展和建设现代产业体系的着力点。

跨国公司是世界经济发展的引擎，是企业群体中的佼佼者，世界上著名的企业大多数都是跨国公司。因此，我们对跨国公司的研究要具体化，不仅要研究跨国公司的发展历史和相关理论与政策，更要研究跨国公司的经营与管理、生产与研发、营销与物流、财务与税收以及组织文化等。另外，对跨国公司的研究还要紧密联系国内外实际：从国际方面来看，要关注世界500强跨国公司的最新发展，包括“一带一路”共建国家企业的国际化发展；从国内来看，要研究跨国公司来华投资的情况和中国跨国公司的成长情况。近年来，随着经济全球化和信息技术的迅速变革，跨国公司的发展呈现出回归专业化、偏爱跨国并购投资和加速向第三产业与高附加值行业进军等若干新趋势。

章节安排

《跨国公司经营与管理》从宏观和微观层面较为系统地梳理了跨国公司经营与管理的基本概念和理论体系，从历史纵深到现实发展，深入探讨了跨国公司的经营、战略、文化与管理，让读者尽可能全面地了解跨国公司经营与管理的概貌。

本书共分九章，包括跨国公司概论，跨国公司理论的形成与发展，跨国公司环境分析，跨国公司的战略管理，跨国公司的文化管理，跨国公司的人力资源管理，跨国公司的研发、生产、营销管理，跨国公司的财务管理，跨国公司的物流与供应链管理。

创新特色

为了推动国际企业和跨国公司的教学、培训与科研活动，同时总结多年来从事跨国公司教学、培训与科研的经验，我们编写了这本《跨国公司经营与管理》。本书特别注重理论与实际、国际与国内、重点与难点、知识与案例相结合，在论述理论知识和政策的同时，也对实用性的操作知识进行了较为详尽的介绍。为便于读者更好地学习利用本书，帮助他们更加深入地思考、消化和理解跨国公司经营与管理的诸多概念和逻辑体系，本书做了一些创新性工作。

- 阅读提示。每章开头是阅读提示，也是每章的基本概要，为读者提供每章总览的同时，也为读者能够快速进入阅读和学习的状态进行了引导。
- 关键术语。提炼出每章的重点难点术语，便于读者抓取关键信息。
- 思政要素。简要总结各章知识体系中蕴含的思政要素，从经典思想、历史内涵、时代特征、政策文本、生活观念、道德伦理、世界观和价值观等多方面予以阐释。
- 小结。总结归纳每章要点，并适当做出未来展望。
- 案例分析。每章选取相应的经典案例，以解释和检验相关理论与知识，启发读者思考，提高他们认识问题、分析问题和解决实际问题的能力。
- 前沿观点。每章收集整理了有关跨国公司经营与管理方面的最新思想观点，致力于给读者在学习过程中提供一些灵感与启示。
- 复习与思考题。每章都总结了相关复习与思考题，有些是知识性的，有些是开放性的，主要是为了提高大家对知识点的记忆与理解。

致谢与说明

在本书编写的过程中，张英明、李晨阳、王昊、左悦彤、曾珍、王敏波、王禹、宋文艳、陈雨、高彬、方璐、闫芳芳、田凯、熊小红和张云心等研究生参与了相关章节资料的收集、整理、编写和文字校对工作。中国财富出版社李彩琴编辑和她的同事们对本书的编写、审校与出版给予了多方面的帮助与支持，衷心感谢她们的悉心工作和辛勤付出。此外，我们还要感谢天津外国语大学、北华航天工业学院、伊犁师范大学、中国人民大学等相关部门领导的关心和支持。

本书是河北省教育厅人文社会科学研究重大课题攻关项目“税收激励对河北省低碳发展的作用机理与实施路径研究”（编号：ZD202319。主持人：赵玉梅）的阶段成果。本书获得河北省创新创业教育教学改革研究与实践项目“航天特色背景下‘思创+专创’双融合的创新创业课程体系建设”（编号：2023CZCY178）、河北省人力资源和社会保障研究一般“基于创新生态系统的‘大数据+跨境电商’人才培养模式的研究”（编号：JRS-2022-3289）、“京津冀交通一体化对区域土地利用的影响研究”（编号：KY-2018-09）、伊犁师范大学“一带一路”发展研究院开放课题“一带一路背景下伊犁州与中亚国家经贸合作发展趋势研究”（编号：YDYL2020ZD003）的资助。

本书可作为各类高等院校经济、管理类专业本科生以及国际经济与贸易、国际商务、国际金融等专业硕士研究生的通用型教材或者学习参考书；也可作为涉外企业或跨国公司内部员工学习与培训的教材与资料。本书在编写过程中参阅了大量专家、学者的论文、论著、教材等的出版物或网络资料，未能一一列出，在此向各位作者表示衷心的感谢！受编者的经验、水平和时间所限，本书难免存在疏漏，敬请广大读者批评指正，以便将来再版时修正。

我们为读者免费提供本书的教学电子课件（PPT）、教学大纲、试卷等相关资料，有需要的读者可向责任编辑索取或者扫码关注以下微信公众号并留言索取。

编　者

2025 年元旦

目 录

第 1 章

跨国公司概论

CHAPTER 1

阅读提示

跨国公司是国际贸易的引擎，是经济全球化的主要载体和科技全球化极其重要的驱动力量，已然成为世界经济活动的主体。21世纪的今天，在以互联网技术为代表的信息技术革命的强烈冲击下，跨国公司正在经历全球性的经营战略调整，表现出不同于以往的发展趋势，其中最引人注目的是跨国公司向全球公司转型。当代跨国公司这种新的发展趋势将会对国际经济与贸易产生深远的影响。

关键术语

跨国公司　国际分工　国际贸易结构　结构优化

思政要素

就如习近平主席在首届跨国公司领导人青岛峰会致贺信中所说：在改革开放的40多年历史进程中，跨国公司作为重要参与者、见证者、受益者，发挥了积极作用。本章内容涵盖的思政要素主要包括以下三点。

1. 四个自信

从中国制造到中国智造，中国的现代化程度不断提高，出现了很多跨国公司以及企业家，也生产出领先世界的高科技产品，无不彰显了习近平总书记提出的“四个自信”。

2. 共建“一带一路”倡议

2008年金融危机之后，反全球化浪潮兴起。据此，习近平主席在2013年提出了共建“一带一路”倡议，中国跨国公司在沿线国家和地区遍地开花，既为中国的经济发展提供动力，又为世界各国谋机遇。

3. 三大全球倡议和人类命运共同体

跨国公司在运营过程之中，国家政策对跨国公司的战略方向至关重要。西方国家主导脱钩断链，习近平主席提出三大全球倡议，共同构建人类命运共同体，以政策为导向，反对脱钩，引导中国跨国公司发展，携手世界共渡难关。

第一节　国际商务与跨国公司

一、国际商务与国际商务管理

（一）国际商务

1. 概念

国际商务是一门研究为满足个人及组织需求而进行的跨国界交易的学科。该定义有两层含义：一是国际商务研究的是跨国界的经济活动；二是国际商务研究的是国家、企业或个人以获取经济利益为目的而进行的商业性经济活动，而不是非商业性的跨国经济活动。国际商务是20世纪50年代开始发展起来的一门年轻的综合性、跨专业的边缘学科。它涉及面很广，与其他学科（如经济学、管理学、人类学、社会学、组织学及心理学等）有很多交叉。

2. 研究对象与内容

国际商务以跨国经营活动为核心研究对象，主要探究企业在全球化环境中的运营规律与管理策略，既包括对跨国经营活动（如资本流动、技术转移、市场拓展）的系统化管理与协调，也涉及对不同国家间宏观环境差异（如法律制度、经济政策、文化传统）的深度解析。其研究内容涵盖国际贸易理论与实务、国际直接投资、跨国公司战略管理、全球供应链运作、跨文化商务沟通等核心领域，同时涉及国际金融体系、WTO基本原则、区域经济一体化、国际商法以及不同国家政治经济文化环境对商业决策的影响，致力于解析企业如何在全球市场竞争中实现资源优化配置与风险管控。

（二）国际商务管理

1. 概念

国际商务管理是指在从事国际商务经营活动过程中寻找、分析、评价各种有利的市场机会和不利的市场威胁，做出相应决策并加以实施的一系列管理过程。一般而言，国际商务管理可分为宏观国际商务管理和微观国际商务管理。其中宏观的国际商务管理是指在国际商务管理过程之中一国的政府或行业主管部门，以国家利益出发，对本国的企业进行国际商务管理，包括但不限于引导、帮助、限制各种国际商务的活动。微观的国际商务管理是指从企业的自身利益出发，为了使企业自身利益最大化，对企业从事的国际商务活动进行的管理。

2. 研究对象与内容

国际商务管理研究对象主要包括以下三个方面。

（1）环境管理。任何企业的经营都离不开对经营环境的考量和分析，国际商务相对于国内商务来说，对经营环境的要求更高，对其变化更加敏感。其中包括社会文化环境、政治与法律环境、全球金融环境、经济与技术环境等。这些环境，不可控因素多，内容更加复杂多变，因此为了成功开展国际商务活动，必须认真分析总结这些环境因素。

（2）战略管理。战略是指企业家采取的一系列措施来加强该企业在整个行业中的有利竞争地位，从而占领市场，创造更多的利润。其中战略又分为国际战略、多国战略、全球战略、跨国战略等。在错综复杂的国际商务环境背景下，企业家必须将战略先行作为有效进入国际市场的核心，制定切实可行的战略规划，有效实施战略模式。

（3）职能管理。职能管理是指企业家如何有组织地经营企业。具体包括企业的组织结构、国际市场营销、国际技术转移及创新、企业人力资源、国际财务等一系列的管理。

（三）国际商务主要形式

国际商务主要研究个人及组织在国际贸易和国际投资的过程中产生的跨国经营活动。国际商务的本质是通过跨国资源配置与价值创造，实现企业在全球化市场中的竞争优势。其核心在于打破地理与文化边界，协调不同国家间的经济、政治、社会差异，以提升效率、扩大市场并降低风险。国际贸易包括货物、服务和知识产权交易；国际投资主要是指国际直接投资，包括独资、合资和合作经营等。

1. 国际贸易

国际贸易是在一定的历史条件下产生的。它产生的基础有两个方面，一是社会生产力发展到了一定的水平；二是国际分工。国际贸易的发展演变经历了奴隶社会、封建社会、资本主义社会三个阶段。

在奴隶社会，成为商品的产品非常有限，进入流通领域的更是少之又少，因此这一时期的国际贸易的规模和范围非常小。但它的产生和发展也带动了手工业的发展，一定程度上推动了社会生产力的进步。

封建社会的国际贸易相较于奴隶社会有了较大的发展，这个时期的商品交易逐渐转化为货币形式，交易商品种类主要是手工业品和特产，如象牙、金银、瓷器、丝绸、香料等。由于生产力水平依然比较低，交通不够发达，这些商品只能在一定区域内进行交易买卖。与此同时，这个时期的交易有了政治意义，比如，贯通欧亚非的“丝绸之路”促进了不同文明经济文化交流借鉴，对世界文明进程也有深远的影响。

资本主义社会的国际贸易真正具有了世界性质。由于资本主义生产方式的发展，国际贸易量不断加大，贸易范围波及全球，商品种类繁多且不再局限于奢侈品，因而国际贸易逐渐成为影响世界经济发展的重要因素。

2. **国际投资**

第二次世界大战后，随着国际商务的迅猛发展，国际直接投资成为国际投资的主导形式。但对于国际投资的背景和动机，各国学者们意见不一，从而出现了一系列经典的理论。比如美国学者海默的垄断优势理论；美国学者弗农的产品生命周期理论；英国学者巴克莱和卡森的内部化理论；英国学者邓宁的国际生产折衷理论；日本学者小岛清的边际产业扩张理论。这些理论从不同的角度来阐述了国际投资的动因、进入方式、进入后的区位选择以及对国际贸易的影响评价。

（1）垄断优势理论。

垄断优势理论是美国学者海默提出的，又称特定优势理论。海默认为，市场是不完全的，是具有垄断优势的，其具体表现为四个方面：商品市场不完全，要素市场不完全，规模经济引起的市场不完全，政府干预形成的市场不完全。在这些不完全市场出现的时候，国际直接投资就是为了充分利用自己具备的、足以抵消这些不完全的垄断优势来独占市场。该理论的优点是奠定了当代国际直接投资理论的基础，对以后的各种理论都有指引的作用。缺点是它存在的前提是市场不完全，以美国为例缺乏普遍意义，对于后来发展中国家的对外投资没有说服力，因为发展中国家相较发达国家一般没有所谓的特定优势，所以该理论比较片面。

社会主义国家的国际贸易是建立在公有制基础上的，这就决定了它的目的是通过国际的商品交换，开展国际经济交流，增强各国人民的友好往来，促进社会主义建设，更好地满足人民日益增长的物质文化生活需要。社会主义国家的对外贸易是在国家集中领导和管理下进行的，是建立在平等互利基础上的。通过对外贸易往来，还能丰富人民的生活，促进各国人民之间相互了解，增进友谊和团结。

（2）产品生命周期理论。

产品生命周期理论是美国学者弗农提出来的，弗农同样以美国为例来分析进行国际直接投资的动因。他把产品生命周期分为四个时期——介绍期（或引入期）、成长期、成熟期、衰退期，采用动态分析与静态分析相结合的方法，完整地阐释了对产品进行投资的过程。优点是比较全面阐释了动机、时机和区位选择的联系。缺点是无法解释一些欠发达国家进行国际直接投资的动机，无法解释一些跨国公司遍布全球的生产体系的投资行为，以及一些发生在美国、日本、欧盟等国家内的双向投资行为。

（3）内部化理论。

内部化理论是英国学者巴克莱和卡森提出的。巴克莱和卡森以发达国家跨国公司为研究对象，沿用了美国学者科斯的企业理论和市场不完全的基本假定，认为贸易存在定价高、交易成本高的一些弊端，因此企业通过进行国际直接投资来开辟属于自己的市场，将之前的外部市场交易转化为内部市场交易来增加企业经营的利润，主要是内部价格起着决定性作用。此外，内部化的决定因素有行业、地区、国别、企业的特定因素。该理论的优点是相较于其他理论具有普遍意义，适用范围广，不管是发达国家还是欠发达国家都适用，说服力比较强。该理论的缺点是过分注重企业本身的因素，忽略了企业外部的大环境，对跨国公司的国际分工缺乏认识，对区位选择等因素缺乏宏观把握。

（4）国际生产折衷理论。

国际生产折衷理论是英国学者邓宁提出的。邓宁把垄断优势、内部化优势和区位优势相结合，得出了国际投资的动机。他认为因为企业有了资产所有权优势和交易性所有权优势、有了内部化市场取代了外部市场从而使交易成本下降优势、有了一些区位优势，包括该东道国的政策、经济发展水平、市场规模、基础设施建设、资源禀赋状况、劳动力密集程度以及消费者需求情况等一系列优势，该企业就有可能进行国际直接投资以获取利润。该理论的优点是汲取了以上各种理论的精髓并加以归纳总结，理论全面丰富，更具有普遍意义。该理论的缺点是过于注重企业自身内部因素，忽略企业所处的特定社会、政治、经济、文化环境所带来的影响。

（5）边际产业扩张理论。

边际产业扩张理论是日本学者小岛清提出来的，又称小岛清比较优势理论。小岛清将日本企业和美国企业进行了对比，认为美国企业进行国际直接投资是从本国具有比较优势的产业开始的，日本是从本国具有比较劣势的产业开始的。而且日本企业通常会选择和本国技术相差很小的国家进行对外投资，因为这样有利于建立优势产业，两国可以互补，获得更多的利润。该理论的缺点是以日本为背景，适用范围有限，且忽略了企业技术优势在国际直接投资中的重要作用，事实证明，日本很多企业还是遵循垄断优势理论进行国际直接投资的。

二、跨国公司

（一）概念

19 世纪末到 20 世纪初，随着生产和资本的日益集中以及垄断程度的不断提高，发达资本主义国家的大垄断企业必然要超越一国界线而向全世界扩张，建立国际垄断组织。跨国公司（Transnational Corporations）是发达资本主义国家进行国际直接投资的工具，是国际化垄断组织的高级形式。从文献看，对于从事跨国生产经营活动的经济组织的叫法有很多，如跨国公司或跨国企业、多国公司或多国企业、国际公司或国际企业、超国家公司或超国家企业和宇宙公司等。

20 世纪 70 年代初，联合国经济及社会理事会组成了由知名人士参加的小组，较为全面地考察了跨国公司的各种准则和定义，并于 1974 年做出决议，决定联合国统一采用“跨国公司”这一名称，并设立政府间的跨国公司中心和委员会作为永久机构。

一般认为，跨国公司是指由两个或两个以上国家的经济实体所组成，并从事生产、销售和其他经营活动的国际性大型企业。具体而言，跨国公司是指一种企业，它在两个或两个以上的国家从事经营活动，有一个统一的中央决策体系和全球战略目标，其遍布全球的各个实体分享资源和信息，并分担相应的责任。

（二）判断跨国公司的一般标准

人们对跨国公司的理解存在较大的争议，主要是由于人们对跨国公司定义的标准不同。归纳起来，学术界将跨国公司的定义标准分为三类：结构标准、经营业绩标准、行为特征标准。

（1）结构标准是指把企业从事生产经营活动的地理区位和生产所有权作为划分跨国公司的标准和界限。具体是指在一个以上的国家拥有生产控制所有权的企业就叫作跨国公司。其所有权形式多样，可以是私营、国营或者公私合营的企业。近年来，国际货币基金组织提出，一个企业拥有国外企业多于25%的所有权才叫作跨国公司。

（2）经营业绩标准是指一个企业如果在国外的资本、利润、销售额、雇用工人人数达到了整个企业的一定比例标准，那么这个企业才可以称为跨国公司。有学者认为25%的海外业务份额是个合适的标准，也有的学者认为企业年销售额在10亿美元以上才能称之为跨国公司。

（3）行为特征标准是指不仅局限于某个地区的盈亏，而是采取全球战略计划，以全球范围内利润最大化为动力，从整体出发决策的企业，可以称为跨国公司。

（三）跨国公司的主要特征

（1）一般主体是一个实力雄厚的大型企业，通过国际直接投资或收购当地企业的方式，在许多国家设立有子公司或分公司。

（2）一般都有一个完整的决策体系和最高的决策中心，各子公司或分公司虽都有自己的决策机构，可以根据自己经营的领域和不同特点进行决策活动，但其决策必须服从于最高决策中心。

（3）一般都从全球战略出发安排经营活动，在世界范围内寻求市场和合理的生产布局，定点专业生产，定点销售产品，以谋取最大的利润。

（4）一般都因有强大的经济和技术实力、快速的信息传递渠道，以及资金快速跨国转移等方面的优势，所以在国际上有较强的竞争力。

（5）许多大的跨国公司，由于经济、技术实力或在某些产品生产上的优势，或对某些产品、或在某些地区，都带有不同程度的垄断性。

（四）跨国公司的组织结构

一般而言，企业在国际化的初期很少改变其基本的组织结构。大部分企业最初是作为被动的出口商完成来自国外的订单，但当国际销售的规模和利润为企业带来巨大影响的时候，企业必然考虑改变组织结构以适应其快速发展的跨国经营活动，防止由于组织的僵化牵制企业的长远发展。

1. **出口部的组织结构**

企业在进行间接出口，即通过其他的贸易公司处理来自国外的需求时，通常不需要做组织结构的调整，出口管理职能一般由销售部门承担。但在进行直接出口业务时，出口活动必须纳入企业正式组织结构中，具体有两种形式。一种是有出口分部的职能组织结构。企业原有组织结构为职能结构时，通常在销售部下设出口分部，专门从事出口业务。随着出口业务的扩大，出口分部在企业业务中地位的不断提高，企业有可能将出口分部从销售部下独立出来，成立一个专门的职能部门，将原销售部变为国内销售部。另一种是有出口部的产品分部组织结构。企业原有的组织结构为产品分部时，各出口单位最初可能附属于有出口业务的有关产品分部。随着出口量的增大，企业可能将出口单位从有关产品分部中独立出来，合并成一个单一的部门，专门负责本企业的所有出口业务。

2. **自主子公司结构**

这种形式赋予海外子公司很大的自主权，使海外子公司能灵活地根据所在国的经营环境特点来开展经营活动，并且由于母公司总经理可以直接参与每个海外子公司的战略决策，从而使母公司与海外子公司之间在战略目标和经营策略上可以协调发展。这种组织结构适用于母公司规模不太大，海外子公司数目较少，且分部在邻近国家的情况。

3. **国际业务部结构**

国际业务部结构是跨国公司初步发展阶段的一种组织结构形式，它在母公司国内结构中增设国际业务部，该部门设有与总部职能部门相对应的职能部门，通常由一名副总经理领导，代表总部管理协调母公司所有的国际业务。这种组织结构的优点如下：其一，在跨国公司内部建立了正规的管理和沟通国际业务的机制，避免了海外子公司中个人决策所存在的缺陷；其二，能够协调海外子公司的活动，使各子公司的总体业绩超过各自为政时的水平，例如，可以利用转移定价和引导物流的方式减少跨国公司的整体税负，可以使出口产品的生产任务落到生产成本较低的子公司以提高跨国公司整体利润水平；其三，能够进行资源的整体调配，国际业务部设立后，跨国公司可以根据需要，在国内业务和国际业务之间进行资源的合理分配，同时，国际业务部还可以在各海外子公司之间进行资源的整合和调度，这一点在资金筹措方面表现得最为明显，不仅能够拓宽融资渠道，还可以降低利息支出。

4. **全球联合结构**

随着全球化进程的加快，需要跨国公司总部将决策权集中到上层，从全球角度将国内业务与国际业务统一起来，相应地产生了一种新的组织结构形式——全球联合结构。全球联合结构主要有六种类型：全球职能结构、全球区域结构、全球产品结构、全球混合结构、全球矩阵结构及跨国网络结构。

（五）跨国公司的分类

按照不同的分析角度和划分标准，对跨国公司可以有不同的分类。

1. 按经营项目的性质分类

按照跨国公司经营项目的性质，可将跨国公司分为以下三种类型。

（1）资源开发型跨国公司。资源开发型跨国公司以获得母国所短缺的各种资源和原材料为目的，进行国际直接投资。这类跨国公司主要涉及种植、采矿、石油和铁路等领域，是跨国公司早期积累时经常采用的形式。19 世纪，英国、法国、荷兰等老牌殖民国家的特许公司向美国、加拿大、澳大利亚和新西兰等经济落后但资源丰富的国家进行的直接投资就主要集中在种植业、采矿业和铁路。目前，资源开发型跨国公司仍集中于采矿业和石油开采业，如著名的埃克森美孚公司、荷兰皇家壳牌集团。

（2）加工制造型跨国公司。加工制造型跨国公司主要从事机器设备制造和零配件中间产品的加工业务，以巩固和扩大市场份额为主要目的。这类跨国公司以生产加工为主，大量投入生产各种消费品供应东道国或附近市场或者对原材料进行加工后再出口。这类跨国公司主要生产和经营诸如金属制品、钢材、机械及运输设备等产品，随着当地工业化程度的提高，跨国公司经营逐步进入资本货物部门和中间产品部门。加工制造型跨国公司是一种重要的公司形式，为大多数东道国所欢迎。美国通用汽车公司就是加工制造型跨国公司的典型代表。

（3）服务提供型跨国公司。服务提供型跨国公司主要是指向国际市场提供技术、管理、信息、咨询、法律服务以及营销技能等无形产品的跨国公司。这类跨国公司包括跨国银行、保险公司、咨询公司、律师事务所以及注册会计师事务所等。20 世纪 80 年代以来，随着服务业的迅猛发展，服务业已逐渐成为最大的产业部门，服务提供型跨国公司也成为跨国公司的一种重要形式。

2. 按经营结构分类

按照跨国公司的经营结构，可将跨国公司分为以下三种类型。

（1）横向型跨国公司。横向型跨国公司是指母公司和子公司从事同一种产品生产和经营活动的跨国公司。在跨国公司内部，母公司和子公司之间在生产经营上专业化分工程度很低，生产制造工艺、过程和产品基本相同。这类跨国公司的特点是母公司和子公司之间在跨国公司内部相互转移生产技术、营销诀窍和商标专利等无形资产，有利于增强各自的竞争优势与跨国公司的整体优势，减少交易成本，从而形成强大的规模经济。横向型跨国公司的特点是地理分布区域广泛，通过在不同的国家和地区设立子公司与分支机构就地生产与销售，以克服东道国的贸易壁垒，巩固和拓展市场。

（2）垂直型跨国公司。垂直型跨国公司是指母公司和子公司之间实行纵向一体化专业分工的跨国公司。纵向一体化专业分工又有两种具体形式：一是指母子公司生产和经营不同行业的相互关联产品，如自然资源的勘探、开发、提炼、加工制造与市场销售等；二是指母子公司生产和经营同行业不同加工程序和工艺阶段的产品，如专业化分工程度较高的汽车行业与电子行业等的关联产品。垂直型跨国公司把具有前后衔接关系的社会生产活动国际化，母子公司之间的生产经营活动具有显著的投入产出关系。这类跨国公司的特点是全球生产的专业化分工与协作程度高，各个生产经营环节紧密相扣，便于跨国公司按照全球战略发挥各子公司的优势；而且由于专业化分工，每个子公司只负责生产一种或少数几种零部件，有利于实现标准化、大规模生产，获得规模经济效益。

（3）混合型跨国公司。混合型跨国公司是指母公司和子公司生产经营互不关联产品的公司。混合型跨国公司是企业在世界范围内实行多样化经营的结果，它将没有联系的各种产品及其相关行业组合起来，加强了生产与资本的集中程度，规模经济效果明显；同时，跨行业非相关产品的多样化经营能有效地分散经营风险。但是由于经营多种业务，业务的复杂性会给企业管理带来不利影响，故而具有竞争优势的跨国公司并不是向不同行业盲目扩展业务，而是倾向于围绕加强核心业务或产品的竞争优势开展国际多样化经营活动。

3. 按决策行为分类

20世纪60年代末，美国经济学家巴尔马特从跨国公司的决策行为出发，将跨国公司分为以下三种类型。

（1）民族中心型跨国公司。民族中心型跨国公司的决策哲学是以本民族为中心，其决策行为主要考虑母国与母公司的利益。跨国公司的管理决策高度集中于母公司，对海外子公司采取集权式管理体制。这种管理体制强调公司整体目标的一致性，优点是能充分发挥母公司的中心调整功能，更优化地使用资源，缺点是不利于发挥子公司的自主性与积极性，东道国往往不太欢迎此模式。跨国公司发展初期，一般采用这种传统的管理体制。

（2）多元中心型跨国公司。多元中心型跨国公司的决策哲学是多元与多中心，其决策行为倾向于考虑众多东道国与海外子公司的利益，母公司允许子公司根据自己所在国的具体情况独立地确定经营目标与长期发展战略。跨国公司的管理权力较为分散，母公司对子公司采取分权式管理体制。这种管理体制强调的是管理的灵活性与适应性，有利于充分发挥各子公司的积极性和责任感，且受到东道国的欢迎。但这种管理体制的不足在于母公司难以统一调配资源，而且各子公司除自谋发展外，完全失去了利用跨国公司内部网络发展的机会，局限性很大。在跨国公司迅速发展的过程中，东道国在接受外来投资的同时逐渐培养起民族意识，经过多年的积累和发展，大多数跨国公司的管理体制从集权和以本民族为中心转变为多元中心型。

（3）全球中心型公司。全球中心型公司既不以母公司也不以子公司为中心，其决策哲学是跨国公司的全球利益最大化。相应地，跨国公司采取集权与分权相结合的管理体制，这种管理体制吸取了集权与分权两种管理体制的优点，事关全局的重大决策权和管理权集中在母公司的管理机构，但海外子公司可以在母公司的总体经营战略范围内自行制订具体的实施计划、调配和使用资源，有较大的经营自主权。这种管理体制的优点是在维护跨国公司全球经营目标的前提下，各子公司在限定范围内有一定的自主权，有利于调动子公司的经营主动性和积极性。

第二节 跨国公司的发展趋势

一、国际战略联盟

国际战略联盟成为跨国公司发展模式的新趋势。20 世纪 90 年代以来，随着竞争的不断加剧，许多跨国公司深感仅凭自身的资源无法实现企业的战略目标，在竞争环境要求它们取得的战略绩效目标与它们依靠自身能力所能达到的目标之间形成一个缺口，即战略缺口。战略缺口在不同程度上限制了跨国公司自我发展的步伐，要求它们改变竞争方式，形成合作竞争，国际战略联盟成为跨国公司发展模式的新趋势。

据《1997 年世界投资报告》（储祥银）统计，跨国公司之间各种联盟协议的数量明显增加，从 1990 年的 1760 份增加到 1995 年的 4600 份。而到 2004 年，企业战略联盟的价值已达到 25~40 万亿美元，占全球生产和股市价值的 16%~25%。

按联盟各方合作在价值链上的位置及其相互关系，可将其分为三种国际战略联盟。第一，研究开发型国际战略联盟。如 1998 年日本松下公司与美国英特尔公司合作共同开发 16M 的 DRAM（动态随机存取存储器）技术。第二，资源补缺型国际战略联盟。如一个企业的上游 R&D（Research and Experimental Development，研究与试验发展）或制造与另一个企业的下游市场营销结成战略联盟，分别利用对方的下游营销网络优势和上游研发或制造优势，可以取得资源互补、风险共担、规模经济以及协同效应的优势。第三，市场营销型国际战略联盟。例如，IBM 公司和理光集团合作进行个人电脑的市场销售，再如日本的三菱公司与奔驰公司在汽车、宇航、集成电路等方面建立了合作关系，以期在欧洲统一大市场建立之前，抢先进入欧洲。作为回报，三菱公司帮助奔驰公司在日本建立起汽车营销网。

二、R&D 国际化

为应对国际市场复杂性、产品多样性以及消费者偏好差异性的要求，同时也为充分利用各国的科技资源，降低新技术研制过程中的成本和风险，谋求技术价值链总体收益最大化，跨国公司在生产国际化水平不断提高的基础上，越发重视在全球范围内优化配置技术要素，进而推动 R&D 国际化成为跨国公司技术发展的新趋势。

研究表明，跨国公司在国外 R&D 支出不断增长，跨国 R&D 战略联盟蓬勃兴起。如 1977 年美国跨国公司 R&D 支出仅为 21 亿美元，而到 1993 年则达到 110 亿美元。同时，跨国公司国外子公司从事 R&D 的人数也大幅增加。

跨国公司 R&D 国际化的方式主要有三种。第一，设立海外 R&D 机构并与母公司形成网络系统。第二，组建海外产教研联合体。第三，与其他跨国公司缔结 R&D 国际战略联盟。

三、组织网络化

据统计，从 1990 到 1995 年，美国《幸福》杂志所列全球 500 家大企业，平均减少 3 个左右的管理层次。20 世纪 80 年代中期，美国通用电气公司开始致力于减少组织层次，最初通过大规模的合并和分解，重新组合以业务为中心的企业单位，随后逐步取消了部门经理层次，并于 1991 年取消了生产副董事长层次。1993 年，美国国际商用机器公司将原有的 7 级管理层次压缩为 4 级。

跨国公司组织网络化有其内在的原因。

（1）企业与外部环境之间的关系发生了变化。在网络经济下，企业组织与外部环境之间不存在明确的边界，个人或组织可通过网络穿过组织边界，与它们的环境相联系，这种边界的模糊性使企业内的任何组织和个体都可以成为社会经济网络的结点，从而为组织和个人提供了实现更大发展的契机。

（2）企业中许多工作的特点发生了变化。在网络经济下，适合于层级管理的简单重复性工作急剧减少，更多的机械性工作可由机器体系完成，而要求大多数雇员做的是充满创造性的工作，组织的功能在于激发员工的才智，而不是依赖于专制性规则或机械的生产线，人们更加注重学习，与多个结点的接触和信息交流，加强与同伴的协作，不断地进行创新。

（3）交易赖以建立的市场治理环境已经发生了变化。在网络经济下，经济活动发生了根本性转折，其突出表现是经济活动的数字化与网络化，它突破了传统经济活动的空间，进入了媒体世界，出现了各种与原有实物经济并存的虚拟经济，经济交易时空范围的无限扩大，使人际关系更为复杂，交易中的信息对称性更加重要。

（4）组织之间的相互联系已经有了新的特点。企业之间的利益关系并不是绝对对立的，不同主体之间通过网络联结可以产生经济，即联结经济性。网络经济下的联结经济性使企业组织之间不仅是相互竞争的，还可以是相互合作的。不仅单一的经济主体可以通过拓展产品经营范围获得范围经济，而且分属于不同经营领域的多个市场主体，也能通过信息网络实现范围经济。

第三节　跨国公司在世界经济中的地位与影响

一、跨国公司与经济全球化

（一）经济全球化的定义和内涵

“经济全球化”这个词最早是由 T. 莱维于 1985 年提出的。国际货币基金组织认为，经济全球化是指跨国商品与服务贸易及资本流动规模和形式的增加，以及技术的广泛迅速传播，使世界各国经济的相互依赖性增强。

经济合作与发展组织认为，经济全球化可以被看作一种过程，在这个过程中，经济、市场、技术与通信形式都越来越具有全球特征，民族性和地方性在减少。为此，可从三方面理解经济全球化：一是世界各国经济联系的加强和相互依赖程度日益提高；二是各国国内经济规则不断趋于一致；三是国际经济协调机制强化，即各种多边或区域组织对世界经济的协调和约束作用越来越强。总的来讲，经济全球化是指以市场经济为基础，以先进科技和生产力为手段，以发达国家为主导，以最大利润和经济效益为目标，通过分工、贸易、投资、跨国公司和要素流动等，实现各国市场分工与协作，相互融合的过程。

经济全球化，有利于资源和生产要素在全球的合理配置，有利于资本和产品在全球的流动，有利于科技在全球的扩张，有利于促进不发达地区经济的发展，是人类发展进步的表现，是世界经济发展的必然结果。进入 21 世纪以来，经济全球化与跨国公司的深入发展，既给世界贸易带来了强大的推动力，同时也给各国经贸带来了诸多不确定因素，对每个国家来说，这都是一柄双刃剑，既是机遇，也是挑战。特别是对经济实力薄弱和科学技术比较落后的发展中国家，面对全球性的激烈竞争，所遇到的风险、挑战将更加严峻。经济全球化急需解决的问题之一便是建立公平合理的新的经济秩序，以保证竞争的公平性和有效性。

（二）经济全球化的形成要素和基本特征

1. 经济全球化的形成要素

（1）科学技术的进步和生产力的发展。科学技术的进步和生产力的发展，为经济全球化提供了坚实的基础，特别是20世纪70年代以来的信息技术革命，不仅加快了信息传递的速度，也大大降低了信息传送的成本，打破了种种地域乃至国家的限制，把整个世界空前地联系在一起，推动了经济全球化的迅速发展。

（2）跨国公司的发展。跨国公司为经济全球化提供了适宜的企业组织形式。跨国公司在全球范围内利用各地的优势组织生产，大大促进了各种生产要素在全球的流动和国际分工，并由此极大地推动了经济全球化进程。

（3）各国经济机制的变革。发达资本主义国家为了摆脱经济滞胀而减弱了国家对经济的控制，更加强调市场机制的自发调节作用。在国际范围内，随着世界贸易组织（WTO）的成立，其成员对本国或本地区市场的控制大大放松，贸易自由化和投资自由化的进程不断加快。所有这些都为国际资本的流动、国际贸易的扩大、国际生产的大规模进行提供了适宜的经济环境和政策条件，促进了经济全球化的发展。

（4）各国商法体系国际化。随着全球贸易数量的急剧增加，各国的法系也在趋同，特别是英美以及大陆两大法系，各国为了贸易的顺利进行，改进各国的法律，促进全球化发展，同时全球化发展又转而优化各国法律相冲突的地方，促进世界各国商法体系国际化。

2. 经济全球化的基本特征

（1）贸易自由化。国际贸易障碍逐步消除，贸易自由化程度提高，国际贸易量迅速增长。国际贸易手段、商品标准以及合同样式逐步统一和规范。世界贸易组织所管理的多边贸易体制框架使得世界贸易进一步规范化。

（2）生产全球化。跨国公司日益成为世界经济活动的行为主体，其商品生产环节分布于不同国家，并因此使相关各国间的经济关联程度提高。

（3）资本流动国际化。跨国公司的发展、各国对外资管制的放松以及由投资基金和养老保险基金高速成长导致的国际游资的形成，使资本流动性进一步提高。

（4）金融活动全球化。20世纪70年代以来，以美国为首，各国相继放松金融管制，推进金融自由化，放松了外资金融机构进入和退出本国金融市场的限制，拆除了不同金融业务的隔离墙，加快了金融业的整合。自由宽松的法律与政策环境，加上计算机、通信和网络技术的广泛应用，促进了金融市场的全球化，从而形成了时间上相互接续、价格上相互联动的统一国际金融大市场。

（5）市场经济体制全球化。当今世界除个别国家外，都在为建立和完善市场经济体制而努力，这为经济全球化提供了统一的经济体制基础。

（6）各国商法体系的国际化。主导世界的两大法系是英美法系和大陆法系，近年来，两大法系发展的一个重要特征就是互相融合与趋同发展；另外，随着贸易一体化、投资一体化的发展，国际经济组织的统一立法活动深入开展，这为经济全球化的发展创造了统一的法治环境，经济全球化的产生得益于两大法系的趋同发展。与此同时，经济全球化的发展反过来又促进了世界各国商法体系的国际化。

（三）经济全球化对贸易和投资的影响

1. 促进国家间特别是大国间的协调与合作

随着经济全球化的深入发展，一个统一的全球经济系统正在逐步形成。各国之间、各地区之间的经济利益错综交织，你中有我、我中有你，相互依赖程度不断加深。同时各国对世界市场的争夺也日趋激烈，争端和摩擦接连不断，一波未平，一波又起。而传统经济体制下的零和博弈已被经济全球化环境下的非零和博弈取代。

因此，任何一个国家，无论其经济实力多么强大，都不能我行我素。各国，尤其是大国，在处理相互关系和国际关系时要相互沟通。协调与合作正在成为大国关系的主旋律。例如，中美关系的改善和发展，就与经济全球化这一因素密不可分。中国是最大的发展中国家，美国是最大的发达国家。两国在经济上的互补性很强，中国拥有巨大的市场和发展潜力，美国大量的资金和技术急需开拓国外市场，因而，中美经贸关系迅速发展。根据《关于中美贸易平衡问题》（1997）显示，美国是中国的第二大贸易伙伴，中国是美国的第四大贸易伙伴。对中国的直接出口为美国提供了30多万个就业岗位，双边贸易至少为美国工业和服务业提供了上百万个工作岗位。据美国商务部数据显示，2022年中美货物贸易总额达6906亿美元，2022年中美两国的商品和服务贸易总额为7584亿美元，创历史新高。经济全球化将世界捆绑成一个统一的经济体，尽管存在分歧和摩擦。中美经贸在2022年仍创下历史新高，这表明尽管存在政治和经济争端，两国企业在这种商业关系中仍看到了互惠互利，世界两个经济大国之间不可能全面脱钩。

2. 对南北关系产生双重影响

南北关系的实质是发展中国家摆脱发达国家经济和政治上的剥削与控制，谋求建立公正合理的国际政治、经济新秩序。经济全球化对南北关系产生了双重的影响。

从积极的方面来看，首先，南北关系长期以来的紧张态势得到一定程度的缓解。过去南方对北方的单向依赖已变成双方的相互依赖和相互竞争，南北经济交往的规模和密切程度空前增强。彼此都认识到，只有保持南北双方和谐发展，世界经济才能健康地运行。双方都在处理南北关系时表现出务实性和灵活性，放弃了一些过高的、不切实际的要求。其次，一些南方国家抓住新的发展机遇，缩短了与北方国家的经济差距，南方国家的国际地位有所提高。南方国家之间要求加强经济和科技合作的呼声很高。

从消极方面看，主要有以下影响。

（1）冲击了南方国家的主权，便利了北方国家向南方国家转嫁危机。经济全球化本质上是无国界经济逐渐发展的过程，它要求国家减少干预，甚至出让部分经济决策权，由全球协调和仲裁机构去实行。从理论上看，主权让渡对北方国家和南方国家来说都是对等的，而且都可以共享。但实际上，北方国家往往凭借强大的经济实力、先进的科技手段和制定国际规则的便利，单方面冲击南方国家的主权，在发生危机时又向南方国家转嫁危机，增大了南方国家承担风险的概率。东亚金融危机就是由于北方国家的投机资本钻了南方国家金融自由化和解除金融管制的空子而引发的，这本身就是出让主权的结果。而以北方国家为主导的国际货币基金组织提供的紧急援助贷款，又是以南方国家出让主权、放弃本国发展模式为条件的。有的南方国家把这一模式称为“新殖民主义”。所以，南北关系的实质依然是控制与反控制、干涉与反干涉的斗争。

（2）扩大了南北两极分化和贫富差距。市场经济就是实力经济，其成果按实力分享。参与经济全球化的国家，由于经济实力不同而所得相差悬殊。因此，随着社会财富的大量增加，财富的集中程度也越来越高。1997 年 9 月在中国香港举行的世界银行和国际货币基金组织年会的资料显示，1965 年，世界上 7 个最发达国家的人均收入是 7 个最贫穷国家人均收入的 19 倍，而到 1995 年这一差距扩大到 38 倍。2012 年，主要北方国家人均国民生产总值已超过 2 万美元，而南方国家还有 13 亿人的年均国民生产总值不到 500 美元，全球还有 1 亿人每天在挨饿，15 亿人上不起学。

（3）使南南合作面临挑战。20 世纪七八十年代，在 77 国集团和石油输出国组织等南方国家组织的主导下，南南合作曾取得过巨大的成就，一度被视为南方国家摆脱北方国家经济控制，走上自主发展之路的根本途径。但是，在经济全球化背景下，由于南方国家经济实力有限，经济结构趋同而缺乏互补性，南方国家之间的差距也在扩大，南南合作的进一步发展受到限制。在这种情况下，虽然经济全球化为部分经济上存在互补性的南方国家和北方国家的合作提供了客观条件，但是大部分南方国家强烈要求平等参与国际经济新秩序、金融新秩序的新的“游戏规则”的制定，这就要求首先加强南南合作。

3. 推动区域内国家联合

经济全球化带来世界市场的激烈竞争，各个国家，特别是弱国、小国，都希望增强自身的竞争力，但是一个国家又往往力不从心，于是有着地理、文化等若干共同因素的国家就通过区域内国家的联合，通过地区经济一体化来加强争夺市场份额的能力。近年来，地区经济一体化组织不断增多，20 世纪 60 年代只有 19 个，70 年代发展到 28 个，80 年代有 32 个，到 1997 年达到 107 个，共有 150 多个国家和地区参与，有的国家和地区还参与了多个地区经济一体化组织。

地区经济一体化又进一步对国际关系产生深远的影响：一是促进地区范围内的南北合作和南南合作。地区化的经济组织是以承认成员国主权平等为前提的，北方国家不能对南方国家颐指气使，为所欲为，要注意尊重南方国家的权益。而且，各种经济一体化组织都有程度不同的合作形式和规范，这就为南北合作和南南合作提供了制度保证，有利于促进南方国家的发展。二是维护地区安全和稳定。地区经济一体化组织为了给本地区经济发展创造一个良好的环境，或者为了增强区域集团的实力地位，往往还注重加强其他方面的合作，从而维护了地区安全和稳定。美洲国家组织 1998 年 10 月就成功地调解了厄瓜多尔和秘鲁长达 50 多年的边界争端，两国议会都表示无条件地接受保证国提出的解决有争议领土的方案，这是在地区经济一体化框架内和平解决争端的成功范例。西非经济共同体也成功地化解了长达 9 年的利比里亚内战。三是有助于世界多极化趋势的发展。地区经济一体化程度的加深，必然要求用制度来巩固其成果，这就导致地区经济一体化逐步向地区政治一体化发展。

地区政治一体化则极大地改变了世界政治力量的对比，促进了世界多极化的进程，例如，建立于 1967 年的欧洲共同体，从最初的 6 个成员国不断扩大，并向纵深发展。1995 年扩大为 15 国的欧洲联盟，盟内生产总值达到 9. 63 万亿美元，约占该年全球生产总值 30. 63 万亿美元的 1/3，首次超过美国该年的国内生产总值。欧盟成为与独霸世界的美国抗衡的一大力量。

政治上，1991 年 12 月，欧共体马斯特里赫特首脑会议通过了《欧洲联盟条约》(简称马约)，向建立全面超国家一体化的欧洲联盟迈出了重要的一步。1997 年 10 月欧盟 15 国签署的《阿姆斯特丹条约》，进一步促进了欧盟的政治一体化进程；1999 年 1 月 1 日，欧盟中的 11 个成员国建立经济货币联盟，统一使用欧洲单一货币——欧元。这标志着一个新欧洲由理想初步变成了现实，它将大大增强欧盟的经济和政治实力，并进一步冲击美国经济和其世界霸权地位，对世界政治和国际关系产生不可估量的影响。亚洲东盟、拉美南方共同市场、非洲的东南非共同市场等发展中国家集团也逐渐成为影响经济政治的重要力量，这些力量的发展有助于打破超级大国对世界的主宰，维护世界和平与稳定。展望世界未来，经济全球化的发展趋势不可阻挡，它对国际关系还将产生深刻的影响。为此，我们应在经济全球化这一大背景下，把握当前国际关系的种种特点，趋利避害，抓住机遇，促进我国的振兴与发展。

(四) 反全球化浪潮的起源、爆发及发展历程

当发展中国家担心全球化进程是否损害自身利益的时候，发达国家中的某些利益群体首先站了出来，摇旗呐喊反对全球化进程。究其原因，是资本主义、全球化进程发展到了新阶段，产生了新问题。

反全球化浪潮是西方“新左派”思潮的延伸。“新左派”攻击现代资本主义只顾

经济增长和企业利润，不关心个人的社会福利，甚至破坏文化和生态。他们认为，以跨国公司、国际经济组织为代表的全球化进程，不仅没有解决资本主义存在的这些问题，反而加剧了这些问题的严重性。

反全球化浪潮最先攻击的目标是跨国公司。耐克、星巴克、麦当劳、壳牌……铺天盖地的广告使它们誉满全球，也使它们成为反全球化的首选目标。跨国公司的罪状很多：侵犯劳工权利，破坏生态环境，加剧第三世界国家的贫困，影响力超越国家之上，等等。接下来受到攻击的是世界贸易组织、世界银行、国际货币基金组织等国际经济组织，因为它们被认为是全球化进程的主要推动者，是跨国公司的“奴仆”。大部分反全球化分子希望改造跨国公司，使它们担当起更多的责任，而一些极端的反全球化分子则主张彻底打碎以世界贸易组织、世界银行、国际货币基金组织为主体的现行国际经济体制。

反全球化浪潮是发达国家弱势群体的呐喊。与跨国公司的巨额利润形成对比的是人力资源的过度开发以及雇员的低工资、低福利，在经济增长的阴影下，发达国家的弱势群体生活贫困，因此反全球化在相当程度上代表了发达国家中弱势群体的心声。反全球化也是发达国家落后产业的要求。全球化已经进入一个新的阶段，随着越来越多的发展中国家进入世界贸易组织，加入全球自由贸易，发达国家为了保持自己的优势地位，已经或正在调整自己的经济结构，放弃那些不占优势的制造业、劳动密集型产业，转向高附加值的服务业和知识产权行业。因此在全球化过程中，发达国家中这些落后产业的从业人员的利益无疑受到了冲击。

首先应该看到的是，发达国家中弱势群体的利益与发展中国家的利益并非一致。发展中国家通过自由贸易受益最大的往往就是发达国家认为不占优势的行业。其次是科技手段和各种非政府组织对反全球化浪潮起了推波助澜的作用。由于有了互联网的帮助，反全球化抗议的组织工作变得简捷高效，还有一些组织专门为抗议者进行培训，因此反全球化浪潮发展迅速，其声势越来越大，引起了很多国家、国际组织以及世界舆论的强烈关注。

综上所述，反全球化浪潮是一种十分复杂的现象，全球化进程对发达国家和发展中国家的影响不同，对一个国家中的不同阶层影响也不同，反全球化的要求有其合理的一面，也有对世界经济不利的一面。

二、跨国公司与产业国际化

（一）产业国际化

产业国际化是企业生产经营国际化所带来的产业在全球范围内高度发展的产物。跨国公司通过国际直接投资建立起庞大的一体化国际生产网络，充分利用不同国家在生产优势上的差别，把不同产品的生产以及同一产品的不同生产阶段分布到不同的国家，使一个国家的生产与众多国家的生产紧密地联系在一起，通过生产经营的国际化，在全球范围内实现生产要素的最佳配置。

跨国公司内部分工国际化发展的结果，使有些产业部门的国际化程度明显提高，它们的生产遍布全球，不同的零部件来自不同的国家或地区，因而产品具有多国籍化，产品销售网也具有全球性。这类产品具有多国籍化、产品销售网具有全球性的产业，可称之为国际化产业，而促使国际化产业生成的过程即产业国际化。因此，产业国际化是企业生产经营国际化的一种直接结果或成就，已实现高度国际化的产业，其产业内主要企业的生产经营已不再以一个或几个国家为基地，而是面向全球并分布于世界各地的国际化生产体系。在这类产业中，机电工业占主要地位，如汽车和电子产品，此外还有食品加工、纺织和服装等行业。这些行业在国际贸易、国际直接投资中占重要地位，并主要由跨国公司控制，国际竞争也主要在它们之间展开。

（二）产业国际化的特征

产业国际化的特征主要从以下几个方面来看：产业内企业的国际化经营；产品生产的国际化，即产品价值增值的各环节和价值构成的国际化；产业竞争态势和市场结构的国际化。

产业国际化作为当今世界经济发展的一个主要特征，是与企业的国际化经营、大规模的国际直接投资紧密相连的。一般来说，所谓产业国际化大致包含以下三层含义：首先，产品进入了国际市场；其次，这一产业在世界范围内的建立；最后，主导产品在世界范围内被接受。该产业内企业应具有产品生产国际化，企业经营国际化，生产经营规模化、集中化，市场竞争格局国际化的特征。

产业国际化是动态的发展过程，会随着一个国家或地区的产业参与国际分工和国际交换的程度逐步提高，最终成为整个国际分工体系和世界产业体系的重要组成部分。

三、跨国公司与国家竞争优势

（一）国家竞争优势理论

国家竞争优势理论，又称钻石理论（钻石模型），由哈佛大学商学院教授迈克尔·波特在其代表作《国家竞争优势》中提出，属于国际贸易理论。国家竞争优势理论既是基于国家的理论，也是基于企业的理论。国家竞争优势理论试图解释如何才能造就并保持可持续的相对优势。

迈克尔·波特认为，一国竞争优势的构建主要取决于生产要素、需求状况、相关产业，企业组织、战略与竞争度，以及机遇和政府作用。该理论能合理地诠释一国国际贸易的现状，预测一国贸易发展的前景。

迈克尔·波特认为，一国的国内经济环境对企业开发其自身的竞争能力有很大影响，其中影响最大、最直接的因素是以下四项：生产要素，需求要素，相关与支持性产业，以及企业战略、企业结构和同业竞争。在一国的许多行业中，最有可能在国际竞争中取胜的是那些国内“四要素”环境对其特别有利的行业。因此，“四要素”环境是产业国际竞争力的最重要来源。

生产要素又分为初级生产要素和高级生产要素两类。初级生产要素是指企业所处国家的地理位置以及先天拥有的自然资源等。高级生产要素则是指社会和个人通过投资和发展而创造的因素。一个国家若要取得竞争优势，高级生产要素远比初级生产要素重要。

（二）国家竞争优势的发展阶段

迈克尔·波特认为，国家竞争力发展可分为四个阶段，即生产要素导向阶段、投资导向阶段、创新导向阶段和富裕导向阶段。其中，前三个阶段是国家竞争优势发展的主要力量，通常会带来经济上的繁荣。第四个阶段则是经济上的转折点，国家经济有可能因此而走下坡路。

1. 生产要素导向阶段

在经济发展的最初阶段，几乎所有的成功产业都是依赖基本生产要素。这些基本生产要素可能是天然资源，或是适合作物生长的自然环境，或是不匮乏且又廉价的一般劳动力。在这个阶段，钻石模型中只有生产要素具有优势。在这种条件下，只有具备相关资源的企业才有资格进军国际市场。

2. 投资导向阶段

在这一阶段，国家竞争优势的确立以国家和企业的投资意愿和投资能力为基础，并且越来越多的产业开始拥有不同程度的国际竞争力。企业有能力对引进的技术实行消化、吸收和升级，是一国达到投资导向阶段的关键所在，也是区别生产要素导向阶段与投资导向阶段的标志。

3. 创新导向阶段

在这一阶段，企业在应用并改进技术的基础上，开始具备独立的技术开发能力。技术创新成为提高国家竞争力的主要因素。处于创新导向阶段的产业，在生产技术、营销能力等方面居领先地位。有利的需求条件、供给基础及本国相关产业的发展，使企业有能力不断进行技术创新。在重要的产业集群中开始出现世界水平的辅助行业，相关产业的竞争力也不断提高。

4. 富裕导向阶段

在这一阶段，国家竞争优势的基础是已有的财富。企业进行实业投资的动机逐渐减弱，金融投资的比重开始上升。部分企业试图通过影响和操纵国家政策来维持原有的地位。大量的企业兼并和收购现象是进入富裕导向阶段的重要迹象，反映了各行业希望减少内部竞争以增强稳定性的愿望。

（三）国家竞争优势的行业优势分析

现代全球化经济条件下，如何实现国家经济持续繁荣是困扰各国研究者和政界精英的难题，而哈佛商学院教授迈克尔·波特所著的《国家竞争优势》一书正是为了回答“为什么基于特定国家的企业在特定的领域和产业获得竞争优势成功”这一核心问题。迈克尔·波特从以下三个方面展开分析，试图回答这一问题：第一，为什么有些国家能在国际竞争中取胜，而另外的国家却失败了；第二，为什么某些国家可以成为它在一个产业领域的国际竞争中取得持续胜利的大本营；第三，我们应该怎样帮助不同的企业和政府选择更好的竞争策略，以及更合理地配置和使用自然资源。

迈克尔·波特还将国家竞争优势理论与比较优势理论做了对比。比较优势理论实际上也是一种竞争理论，不过它强调的是一国处于相对优势的行业和产品参与国际竞争，而不是一国的所有行业和产品都参与国际竞争，形成整体竞争优势。国家竞争优势理论认为竞争力和国家繁荣不是一个零和游戏。作为一种理解国家或地区（包括省、市级别区域的）全球竞争地位的全新方法，国家竞争优势理论的中心思想是一国兴衰的根本在于能否在国际竞争中赢得优势，它强调，不仅一国的所有行业和产品要参与国际竞争，更为重要的是要形成国家整体的竞争优势及其条件的促成和创建。而国家竞争优势的取得，关键在于动态连接着的“四要素”和“机会”与“政府”两个辅助要素的共同作用。

迈克尔·波特始终秉持“同业需竞争”的观点，他断言强大的国内竞争者是一项难以衡量的国家资产，并且强调国内同行业中的激烈竞争是该行业产生竞争优势并强劲不衰的重要条件。他反对传统理论有关“国内竞争是一种资源浪费”的观念，认为必须抛弃政府提供特殊关照以扶持国内少数企业成长的政策，否则企业将走不出“政府保护—不思创新—无力竞争—进一步保护”的怪圈。诚然国内企业之间的竞争，在短期内可能会损失一些资源，但从长远看，利大于弊。国内竞争给企业带来创新、提高质量、降低成本，以及通过投资提升高级生产要素等一系列压力，这一切都有利于产生具有世界竞争力的企业。同时国内的激烈竞争，也会直接削弱企业相对于国外竞争者所可能享有的一些优势，从而促进企业努力“苦练内功”，争取获得更为持久、更为独特的优势地位，另外，也正是国内激烈的竞争，迫使企业向外部扩张，力求达到和超过国际先进水平，占领国际市场。这里需要指出的是，迈克尔·波特对无序低效的同业竞争予以了警告，这种无序低效包括企业在缺乏核心竞争力时进行的简单价格战，这种粗糙低效的同业竞争不仅不利于提升产业乃至国家的竞争力，反而会消弱产业及国家的竞争力。

迈克尔·波特把生产要素按等级划分成初级生产要素（基本要素）和高级生产要素两大类。迈克尔·波特认为高级生产要素对竞争优势具有更重要的作用，并且认为不利的生产要素，即劣势生产要素，往往有刺激某些产业或企业通过持续地创新来予以弥补的功效，这会促进一国的经济发展。而生产要素富足型的国家却常常因为动力不足而并不能获得竞争优势。

迈克尔·波特提出了“集群”概念，认为产业集群就像一个紧密联系的系统，可以促进企业在纵向和横向之间通过积极的互动和交流来推动和鼓励对方进行持续的产业升级和创新。特别是在文化相似、地理位置接近的时候，企业之间经常性的接触和交流会帮助他们抓住机会、发现和应用新的技术方法，实现显著的集群效应。

（四）政府的作用及其边界的阐释与现实思考

迈克尔·波特教授在介绍钻石模型时，把政府作为辅助因素进行了介绍，论述了政府政策及其影响。他指出政府政策的重要性不在于政策本身，而在于它对钻石模型会产生什么样的影响，即政府的任一政策都会或多或少地对四个关键要素起到增强或削弱的作用。但是政府什么该做，什么不该做，做到哪个程度就够了，这些恰是值得深究的。具体看来，迈克尔·波特对于政府作为的探讨集中在以下两点。一是针对政府产业扶持政策，他认为针对某些指定产业的大力扶持，或是建立在补贴基础上的投资对于国家提升产业的竞争力水平都是无益的。迈克尔·波特认为针对某些产业的补贴恰恰是对其他产业的不公平，其效用是比较差的，搞不好还会走向反面。二是针对政府如何更有效地激励钻石模型中的“四要素”发挥作用，继而对提升竞争力发挥效用。他特别强调政府的“搭台”角色，即如果能够做好基础性工作，这将会对在不扭曲市场价值和发展、竞争规律的前提下提升产业竞争力具有重要的意义。

迈克尔·波特对政府的作用及其边界的阐释逻辑通畅易懂，但结合现实却发现理论和实际存在较大差距和可探讨的空间。从政府产业扶持政策来看，以中国为例，政府在产业发展方面往往是占主导地位，积极推动的。从2008年金融危机后中央政府推出的十大产业振兴计划到各地产业规划，再到大飞机产业的上马等实例看，政府显然起到了很大的作用。有人认为政府对十大产业的扶持恰是对其他产业的不平等待遇，而也有人怀疑政府的举措是否会影响相关产业的本身原动力，使其产生惰性和依赖，这或许与迈克尔·波特的观点有些相近，而迈克尔·波特认为政府如侧重于普适的制度、环境、基础性架构的搭建或可规避这些困扰。从历史的经验来看，政府对产业的扶持也不乏成功的例子：中国在部分初级生产要素向高级生产要素跨越的过程中，集中力量扶持和介入一些总量大，产业链条长，对于保障国家金融、社会就业等方面具有显著影响的产业。集中力量进行扶持和介入或是资本积累、实现跨越式发展的方式之一，但介入的深度和政府退出的时间点需要掌握恰当，防止相关产业形成过分依赖。

就政府“搭台”角色的阐释，对中国具有较强的现实意义。国内吸引投资、发展产业一般的手段有压低（甚至免去）土地价格、税收减免、财政补贴等，以求投资增加和经济发展。但在教育培训、研发技术支持、发展创业环境等软建设方面存在着较大差距。例如，由于对教育培训的投入不显著，高端装备制造业的人才不足，以至于中国对高端装备制造业的吸引力始终不足。叶裕民教授在城市经济学的授课过程中曾介绍过美国田纳西州为了吸引通用汽车公司布局在该州的斯普林希尔市，除了修建基础设施外，特别提出资助企业进行工人培训，价值为每辆车 4 美元。这一资助举措培育出来的优秀产业工人对于整个产业结构的提升和进步都具有基础性和长期性的价值，是值得中国借鉴的。

小结

本章从国际商务的概念开始引进，介绍了国际商务主要形式，阐述了跨国公司的概念、特征、构成、分类等，进一步阐述了经济全球化对国际贸易和跨国公司运营的影响，以及跨国公司所在国家的竞争优势与跨国公司经营的关联程度。从中可以看出，跨国公司组织形式发展的迅速，经济全球化对世界各地区影响程度的深远和跨国公司对于国家竞争优势需求的重要性。但是跨国公司对于东道国的市场也不是百利无一害的，东道国的企业需要认清跨国公司的典型战略战术，特别是一些企业存在一些弱项，如冗员、缺乏资金、需要技术升级等，迫切希望出让市场和产权，与跨国公司换来技术、资金。在中国，跨国公司以合资作为进入中国市场的手段，合资后，在华跨国合资企业首期亏损周期普遍超过行业平均水平，呈现持续性亏损态势。这种战略性亏损往往会导致中方股东陷入资本持续投入的困境，最终被迫实施股权稀释策略。中方股东若无法准确把握跨国公司真正的目的，不仅无助于解决问题，还可能使自己雪上加霜。跨国公司在治理结构调整中通常实施选择性裁员策略，将人力资源冗余转移至中方承担，这种非对称性调整使本土企业的结构性矛盾呈现加剧态势。同时，由于没有控股权、经营管理权，在“股权—控制权”分离机制下，中方投资者虽保留名义股东地位，但实质上丧失了对核心资源的支配权。

案例分析

◎ 前沿观点

跨国公司是一个复杂而庞大的经济组织，根据联合国经济及社会理事会的定义，跨国公司是指那些在两个或更多的国家进行直接投资，拥有和控制工厂、矿山、销售机构及其他资产的公司制企业。真正意义上的“跨国公司”最早出现于19世纪中后期。随着全球化浪潮不断推进，跨国公司对世界经济的影响日益深入，社会和经济地位不断提高。根据瑞士联邦理工学院的“复杂系统”理论学家2011年的研究结果，1318家跨国公司控制了60%以上的全球经济利润，全球经济大动脉可追溯至一个由147家跨国公司组成的“超级实体”，它控制了全球经济中40%财富。

蓬勃发展的跨国公司自然也成了学术界研究的热点，关于跨国公司的相关理论从20世纪60年代开始出现，随着跨国公司的形式和规模不断发展，跨国公司理论也在不断丰富和完善。目前，有关研究跨国公司的理论发展方向可以主要概括为三个方面：一是以产业组织理论为背景，在市场不完全性的前提下，研究跨国公司垄断优势的来源及其内部贸易现象；二是以比较优势理论为背景，从国际贸易的产生和发展的需要来解释跨国公司对外投资的行为；三是综合企业跨国经营的不同形式和动机，研究跨国公司对外投资获取竞争优势的问题。

产业组织理论（Industrial Organization）主要围绕市场结构、市场行为和市场成果三个基本范畴展开，研究市场在不完全竞争条件下的企业行为和市场构造，研究产业内企业关系结构的状况、性质及其发展规律。该理论的核心问题是：在保护市场机制竞争活力的同时充分利用“规模经济”，一方面某一产业的产业组织性质是否使该产业内的企业有足够的竞争压力以改善经营、提高技术、降低成本；另一方面是否充分利用规模经济使该产业的单位成本处于最低水平。以产业组织理论为出发点的跨国公司理论主要有垄断优势理论和内部化理论。

根据比较优势理论，国际贸易的基础是生产技术的相对差别（而非绝对差别），以及由此产生的相对成本的差别。每个国家都应根据“两利相权取其重，两害相权取其轻”的原则，集中生产并出口其具有“比较优势”的产品，进口其具有“比较劣势”的产品。跨国公司的国际直接投资作为国际商务的一种重要形式，也受到这一规律的制约。跨国公司在制定对外投资决策时，也会根据比较优势理论进行区位和产业的选择。

虽然不同流派的跨国公司理论分析问题的角度不尽相同，但它们之间还存在着一定的联系。跨国公司理论都以国际直接投资作为研究对象，不仅研究单纯的资本国际流动，还研究技术、管理和其他有垄断优势的生产要素的国际转移，探究跨国公司进行国际直接投资的动机、条件和决定因素，揭示跨国公司进行国际直接投资的行为规律和运行机制。

进入21世纪以来，跨国公司理论的研究出现以下一些新的现象。

（1）研究基础从诸如营销、财务、组织行为等传统的功能领域向跨国公司跨国经营活动中所面临的独特问题和事务基础转变。

（2）突破传统的国际直接投资理论框架，相较于以所有权优势、内部化理论和区位选择为核心的主流研究，新兴研究更强调将财务/金融要素内生化，系统性地将企业资本结构、汇率波动、跨境融资成本等财务/金融变量纳入国际直接投资决策模型。将国际直接投资与国际间接投资联系起来进行分析，认为国际直接投资虽然与国际间接投资有根本区别，但绝大多数国际直接投资都是与资本流动相联系的，尤其是在全球并购潮中，短期内的跨境流动可能只有资本而没有任何知识的流动。

（3）将跨国公司与东道国之间的微观谈判放在母国政府与东道国政府签订的双边协议这个宏观背景上来进行研究和分析。也就是说，微观层次上的企业行为只有在同时研究宏观背景时才能做出准确理解。

复习与思考题

1. 国际商务的含义。
2. 国际商务管理研究内容主要包括哪些方面？
3. 简述跨国公司的主要特征。
4. 简述跨国公司组织网络化的内在原因。
5. 经济全球化的起源和基本特征有哪些？
6. 论述经济全球化对贸易和投资的影响。

第2章 跨国公司理论的形成与发展

CHAPTER 2

阅读提示

跨国公司理论的发展大致可分为两个阶段，即20世纪60年代以前的早期国际资本流动理论和20世纪60年代以来的现代跨国公司理论。早期的国际资本流动理论沿袭了早期国际贸易理论研究的传统，着重从国家的视角考察企业的跨国经营活动，主要研究国家之间的差异及其对国际资本流动的影响。第二次世界大战以后，一批学者着重从企业的角度展开对国际直接投资动因和条件的分析，形成了垄断优势理论、产品生命周期理论、内部化理论和国际生产折衷理论等。

关键术语

古典资本流动理论　马克思的资本输出理论

思政要素

改革开放以来，中国对外开放各项措施形成了中国贸易模式，丰富了国际贸易的理论与政策，在各种纷繁复杂问题的实践和研究中，总结出了中国经验、提出了中国方案、创新了中国理论、开拓了中国道路。本章内容涵盖的思政要素主要包括以下三点。

1. 国内大循环

随着对外贸易的发展，我国贸易大国的地位稳固。但贸易大国是否是贸易强国、如何使贸易大国成为贸易强国都是需要进一步探寻的问题。本章阐述了竞争优势发展阶段的相关理论，指出一国的竞争优势是动态变化的，一国参与国际贸易的竞争优势是由国内产业、企业的竞争优势决定的，首先必须使国内大循环的整体水平提升，才能有更强的势力参与、推进更高水平的国际竞争，进而促进国内大循环向更高水平发展。

2. 互利共赢

党的十八大提出“共同繁荣”的观点，习近平新时代中国特色社会主义思想也蕴含“构建人类命运共同体”的重要思想，体现着互利共赢的时代共识。中国在参与国际贸易的过程中，始终坚持互学互鉴、互利共赢的大局观念，对外开放各项措施形成的中国贸易模式，不仅解决了国内经济发展遇到的问题，也为其他国家经济发展提供有益借鉴。

3. 高质量共建“一带一路”

2013 年，习近平主席提出共建“丝绸之路经济带”和“21 世纪海上丝绸之路”。如今，共建“一带一路”倡议已经进入高质量发展新阶段，中国正充分发挥各地区比较优势，构建全方位开放新格局，促进经济持续健康发展，为构建人类命运共同体提供了实践平台。

第一节 传统跨国公司理论的演变

一、古典资本流动理论

（一）绝对优势理论

1. 背景

产业革命是从工场手工业转向机械大工业的过渡，封建主义和重商主义是实现这一变革的障碍。英国经济学家亚当·斯密在他 1776 年出版的《国民财富的性质和原因的研究》（简称《国富论》）一书中，反对重商主义，要求自由放任，系统地提出了绝对优势理论（亦称绝对成本理论）。亚当·斯密因此成为自由贸易理论的鼻祖和倡导者。

2. 主要观点

绝对成本，是指某两个国家之间生产某种产品的劳动成本的绝对差异，即一个国家所耗费的劳动成本绝对低于另一个国家。亚当·斯密的绝对成本理论主要阐明了以下内容。

（1）分工可以提高劳动生产率，增加国民财富。

亚当·斯密认为，交换是出于利己心并为达到利己目的而进行的活动，是人类的一种天然倾向。人类的交换倾向产生分工，社会劳动生产率的巨大进步是分工的结果。他以制造业为例说明其观点。分工前，一个粗工每天至多能制造 20 枚针；分工后，平均每人每天可制造 4800 枚针，每个工人的劳动生产率提高了几百倍。由此可见，分工可以提高劳动生产率，增加国民财富。

（2）分工的原则是成本的绝对优势或绝对利益。

亚当·斯密进而分析到，分工既然可以极大地提高劳动生产率，那么每个人专门从事其最有优势的产品的生产，然后彼此交换，对每个人都是有利的，即分工的原则是成本的绝对优势或绝对利益。亚当·斯密以家庭之间的分工为例说明其观点，如果一件东西购买所花费用比在家内生产的少，就应该去购买而不要在家内生产，这是每一个精明的家长都知道的格言。裁缝不为自己做鞋子，鞋匠不为自己裁衣服，农场主既不打算自己做鞋子，也不打算缝衣服。他们都认识到，应当把自己的全部精力集中在比邻人有利的职业，用自己的产品去交换其他物品，会比自己生产一切物品得到的利益更多。

（3）国际分工是各种形式分工中的最高阶段，在国际分工基础上开展国际贸易，对各国都会产生良好效果。

亚当·斯密由家庭推及国家，论证了国际分工和国际贸易的必要性。他认为，适用于一国内部不同个人或家庭之间的分工原则，也适用于各国之间。国际分工是各种形式分工中的最高阶段。亚当·斯密主张，如果外国的产品比自己国内生产的要便宜，那么最好是输出在本国有利的生产条件下生产的产品，去交换外国的产品，而不要自己去生产。他举例说，在苏格兰可以利用温室种植葡萄，并酿造出同国外一样好的葡萄酒，但要比从法国购买付出高30倍的代价。他认为，如果真的这样做，显然是愚蠢的行为。每个国家都有其适宜于生产某些特定产品的绝对有利的条件，如果每个国家都按照其绝对有利的生产条件（即生产成本绝对低）去进行专业化生产，然后彼此进行交换，则对所有国家都是有利的，世界的财富也会因此而增加。

（4）国际分工的基础是有利的自然禀赋或后天的有利条件。

亚当·斯密认为，有利的生产条件来源于有利的自然禀赋或后天的有利条件。每个国家的自然禀赋和后天的条件都各有不同，这就为国际分工提供了基础。因为有利的自然禀赋或后天的有利条件可以使一个国家生产某种产品的成本绝对低于别国而在该产品的生产和交换上处于绝对有利地位。各国按照各自的有利条件进行分工和交换，使各国的资源、劳动和资本被最大程度地利用起来，这会大大提高劳动生产率和增加物质财富，并使各国从贸易中获益。

3. 评价

绝对成本说是科学成分与非科学成分的混合，其正确的方面是深刻指出了分工对提高劳动生产率的巨大意义。各国之间根据各自的优势进行分工，通过国际贸易使各国都能得利。其错误主要表现在，认为分工由交换引起。事实上，交换以分工为前提，在历史上分工早于交换。同时，交换也不是人类本性的产物，而是社会生产方式和分工发展的结果。

绝对成本理论解决了具有不同优势的国家之间的分工和交换的合理性。但是，这只是国际贸易中的一种特例。如果一个国家在各方面都处于绝对的优势，而另一个国家在各方面都处于劣势，那么，它们应该怎么办？对此，亚当·斯密的理论无法回答，大卫·李嘉图提出的比较优势理论解答了这个问题。

（二）比较优势理论

1. 背景

1815年，英国政府为维护土地贵族阶级的利益颁布了“谷物法”。“谷物法”颁布后，英国粮价上涨，地租猛增，这虽然对地主贵族阶级有利，但严重损害了产业资产阶级的利益。为了废除“谷物法”，产业资产阶级通过采用多种手段来鼓吹谷物自由贸易的好处。此时，产业资产阶级就迫切需要找到谷物自由贸易的理论依据。英国古典政治经济学家大卫·李嘉图在其代表作《政治经济学及赋税原理》中提出了比较优势理论。他认为，国际贸易的基础是生产技术的相对差别（而非绝对差别），以及由此产生的相对成本的差别。比较优势理论在更普遍的基础上解释了贸易产生的基础和贸易利得，大大发展了绝对优势理论。

2. 主要观点

比较优势可以表述为：在两国之间，劳动生产率的差距并不是在任何产品上都是相等的。每个国家都应集中生产并出口具有比较优势的产品，进口具有比较劣势的产品（即“两利相权取其重，两害相权取其轻”），双方均可节省劳动力，获得专业化分工提高劳动生产率的好处。

3. 评价

大卫·李嘉图同样也继承了亚当·斯密的经济自由主义思想，他认为在充分自由贸易的制度下，每个国家自然会将其资本和劳动投入那些对它来说最为有利可图的行业。而且对个人利益的追求同全社会共同利益的结合妙至毫巅。通过推动工业的发展，通过对能工巧匠的报偿，通过最有效地利用大自然赐予我们的特有权利，这样的制度可以有效又经济地分配劳动。这样一来，由于产量的普遍提高，它还必定会将利益扩散开来，通过共同的利益和相互交换，把个人同社会，各个国家同整个文明世界联系在一起。由此可见，大卫·李嘉图不仅对亚当·斯密论及的那只神奇的“看不见的手”推崇备至，而且还将它伸向了整个世界。

尽管比较优势理论自大卫·李嘉图提出至今已有二百余年，但仍可作为指导一般贸易实践的基本原则。不仅如此，比较优势理论的原理除了可以用于对国际贸易问题的分析以外，还有较为广泛的一般适用性。

比较优势理论也存在着理论上的“硬伤”，或者说，存在理论分析上的“死角”。这是因为，在大卫·李嘉图的理论分析中，比较优势之所以能够成立，取决于两国间两种商品生产成本对比上“度”的差异。但是，如果只是考察经过高度抽象的“2×2×1 贸易模型”（两个国家、两种产品、一种要素），势必存在着这样一种情况，即两国间在两种商品生产成本对比上不存在“度”的差异。一旦出现此种等优势或等劣势的情况，即便具有相当的普遍适用性，大卫·李嘉图的比较优势理论及其基本原则“两利相权取其重，两害相权取其轻”就不再灵光了。人们惊异地看到，大卫·李嘉图陷入了“此优为彼优，无甚可择”或“彼劣即此劣，何以权轻”的尴尬境地。

4. 比较优势理论与绝对优势理论的对比

比较优势理论与绝对优势理论都认定对外贸易可以使一国的产品销售市场得以迅

速扩张，因而十分强调对外贸易对促进一国增加生产扩大出口供给的重要作用。或者反过来说，亚当·斯密和大卫·李嘉图站在当时新兴的产业资本家的立场上，为了给产业资本所掌握的超强的工业生产能力以及由此产生的大量剩余产品寻找出路，从供给的角度，论证了开拓国际市场推进国际贸易的重要性，以及推行自由贸易政策的必要性和合理性。从这个意义上说来，可以将亚当·斯密和大卫·李嘉图的贸易思想归于贸易理论研究上的“供给派”。

就绝对优势理论与比较优势理论各自涵盖的研究对象而论，人们也可以清楚地看到，无论一国是否拥有绝对低成本的优势商品，只要存在相互间的比较优势，国际的自由贸易就可以使贸易双方都获得利益。这就是说，实际上，从理论分析的角度考察，比较优势理论分析研究的经济现象涵盖了绝对优势理论分析研究的经济现象。这说明，亚当·斯密所论及的绝对优势贸易模型不过是大卫·李嘉图讨论的比较优势贸易模型的一种特殊形态，是一个特例。绝对优势理论与比较优势理论是特殊与一般的关系。将只适用于某种特例的贸易模型推广至普遍存在的一般经济现象的理论分析，正是大卫·李嘉图在发展古典国际贸易理论方面的一大贡献。

二、马克思的资本输出理论

马克思曾经指出，过剩资本是资本输出的物质基础和必要条件，而资本输出则是过剩资本的必要出路。资本输出是资本主义生产方式发展的内在要求，这是由资本主义的基本经济规律决定的，即剩余价值规律所决定的，资本输出的目的是追求利润最大化。

资本家为了追求剩余价值，必然会加快资本积累，不断扩大生产规模，加紧剥削本国的雇佣工人和兼并中小资本。在资本主义制度下，随着生产力的发展和生产规模的扩大，必然会引起资本积聚和集中，最终导致国内垄断。所谓过剩资本，是指“那种利润率的下降不会由利润量的增加得到补偿的资本”。马克思进一步指出，资本输往国外，那么，这种情况之所以发生，并不是因为它在国内已经绝对不能使用。这种情况所以发生，是因为它在国外能够按更高的利润率来使用。因此，所谓过剩资本只是相对于利润率而言的。过剩资本是资本有机构成提高、平均利润率趋于下降规律的必然结果，可见，追求利润最大化和大量过剩资本的存在决定了资本输出的必然性。

第二节　现代跨国公司理论的演变

20 世纪 60 年代到 70 年代中期，跨国公司理论的研究重点是跨国公司国际直接投资的特点与决定因素。而到了 20 世纪 70 年代至 80 年代末期，跨国公司理论的研究重点转向建立综合性或一般化理论。现代跨国公司理论的发展主要是对原有理论的补充和修正，并提出了一些新理论，如垄断优势理论、产品生命周期理论、边际产业扩张理论、内部化理论和国际生产折衷理论等。

一、垄断优势理论

1. 背景

20 世纪 50 年代以后，美国跨国公司呈迅速发展之势，利润差异论的局限性暴露无遗，因而迫切需要具有较强解释力的理论出现。

美国学者海默 1960 年在麻省理工学院完成的博士论文《国内企业的国际化经营：对外直接投资的研究》中，率先对传统理论提出了挑战，首次提出了垄断优势理论。随后，其导师金德尔伯格在 20 世纪 70 年代对该理论进行了补充和发展。垄断优势理论是一种阐明当代跨国公司在海外投资具有垄断优势的理论。此理论认为，考察对外直接投资应从垄断优势着眼。鉴于海默和金德尔伯格对该理论均做出了巨大贡献，该理论又被称为海默-金德尔伯格传统（H K Tradition）。

2. 主要观点

市场的不完全性是产生对外直接投资的根本原因，同时跨国公司的垄断优势是对外直接投资获利的条件。

（1）市场具有不完全性。

不完全性产生于以下四个方面。

①产品市场不完全。这主要与商品特异、商标、特殊的市场技能或价格联盟等因素有关。

②生产要素市场的不完全。这主要是特殊的管理技能、在资本市场上的便利及受专利制度保护的技术差异等原因造成。

③规模经济不完全。这主要由于产品差异较小，市场竞争激烈，企业难以实现显著的规模经济效应。

④政府通过有关税收、关税、利率和汇率等政策干预引起的市场不完全。

（2）垄断优势。

①市场垄断优势。如产品性能差别、特殊销售技巧、控制市场价格的能力等。

②生产垄断优势。如经营管理技能、融通资金的能力优势、掌握的技术专利与专有技术。

③规模经济优势。即通过横向一体化或纵向一体化，在供、产、销各环节的衔接上提高效率。

④政府的课税、关税等贸易限制措施产生的市场进入或退出障碍，导致跨国公司

通过对外直接投资利用其垄断优势。

⑤信息与网络优势。

3. 评价

（1）贡献。

垄断优势理论突破了国际资本流动导致对外直接投资的传统贸易理论框架，突出了知识资产和技术优势在形成跨国公司中的重要作用。因而，垄断优势理论在20世纪60年代至70年代中期，对西方学者产生过较深刻的影响。垄断优势理论对企业进行对外直接投资的条件和原因作了科学的分析和说明。垄断优势理论开创了以国际直接投资为对象的新研究领域，使国际直接投资的理论研究开始成为独立学科。这一理论既解释了跨国公司为了在更大范围内发挥垄断优势而进行的横向投资，也解释了跨国公司为了维护垄断地位而将部分工序，尤其是劳动密集型工序，转移到国外生产的纵向投资，因而对跨国公司对外直接投资理论发展产生了很大影响。

（2）不足。

垄断优势理论也存在一些缺陷，如不能很好解释对外直接投资流向的产业分布或地理分布；它以美国为研究对象，对发展中国家企业的对外直接投资缺乏指导意义。

二、产品生命周期理论

1. 背景

产品生命周期理论是美国哈佛大学教授弗农1966年在其《产品周期中的国际投资与国际贸易》一文中首次提出的。

产品生命周期（Product Life Cycle），简称PLC，是产品的市场寿命，即一种新产品从开始进入市场到被市场淘汰的整个过程。弗农认为：产品生命是指产品在市场上的营销生命，产品和人的生命一样，要经历形成、成长、成熟、衰退这样的周期。而这个周期在不同技术水平的国家里，发生的时间和过程是不一样的，存在一个较大的差距和时差，正是这一时差，表现为不同国家在技术上的差距，反映了同一产品在不同国家市场上竞争地位的差异，从而决定了国际贸易和国际投资的变化。该理论侧重从技术创新、技术进步和技术传播的角度来分析国际贸易产生的基础，将国际贸易中的比较利益动态化，研究产品出口优势在不同国家间的传导。

2. 主要观点

典型的产品生命周期一般可分成四个阶段，即介绍期（引入期）、成长期、成熟期和衰退期。通常用产品生命周期曲线来描述这一过程。

（1）介绍期（引入期）。

新产品投入市场，便进入了介绍期。此时产品品种少，顾客对产品还不了解，除少数追求新奇的顾客外，几乎无人实际购买该产品。生产者为了扩大销路，不得不投入大量的促销费用，对产品进行宣传推广。该阶段由于生产技术方面的限制，产品生产批量小，制造成本高，广告费用高，产品销售价格偏高，销售量极为有限，企业通常不能获利，很可能会亏损。

（2）成长期。

当产品销售取得成功之后，便进入了成长期。成长期是指产品通过试销效果良好，购买者逐渐接受该产品，产品在市场上站住脚并且打开了销路。这是需求增长阶段，需求量和销售额迅速上升。生产成本大幅度下降，利润迅速增长。与此同时，竞争者看到有利可图，纷纷进入市场参与竞争，使同类产品供给量增加，价格随之下降，企业利润增长速度逐步减慢，最后达到生命周期利润的顶点。

（3）成熟期。

产品经过成长期之后，随着购买产品的人数增多，市场需求趋于饱和。此时，产品普及并日趋标准化，成本低而产量大。销售增长速度变缓直至下降，由于竞争的加剧，导致同类产品生产企业之间不得不在产品质量、花色、规格、包装、服务等方面加大投入，在一定程度上增加了成本。

（4）衰退期。

产品进入了淘汰阶段。随着科技的发展以及消费习惯的改变等原因，产品的销售量和利润持续下降，产品在市场上已经老化，市场上已经有其他性能更好、价格更低的新产品，足以满足消费者的需求。此时成本较高的企业就会由于无利可图而陆续停止生产，该类产品的生命周期也就陆续结束，以致最后完全撤出市场。

产品生命周期是一个很重要的概念，它和企业制定产品策略以及营销策略有着直接的联系。管理者要想使产品有一个较长的销售周期，以便赚取足够的利润来补偿在推出该产品时所做出的一切努力和经受的一切风险，就必须认真研究和运用产品的生命周期理论。

3. 评价

（1）优点。

产品生命周期提供了一套适用的营销规划观点。它将产品分成不同的策略时期，营销人员可针对各个阶段不同的特点而采取不同的营销组合策略。此外，产品生命周期只考虑销售和时间两个变数，简单易懂。产品生命周期是可以延长的。产品衰退并不表示无法再生，如通过合适的改进策略，企业可能再创产品新的生命周期。

产品生命周期理论揭示了任何产品都和生物有机体一样，有一个“引入—成长—成熟—衰退”的过程。

借助产品生命周期理论，可以分析判断产品处于生命周期的哪一阶段，推测产品今后发展的趋势，正确把握产品的市场寿命，并根据不同阶段的特点，采取相应的市场营销组合策略，增强企业竞争力，提高企业的经济效益。

（2）缺点。

产品生命周期各阶段的起止点划分标准不易确认。并非所有的产品生命周期曲线都是标准的S形，还有很多特殊的产品生命周期曲线。无法确定产品生命周期曲线到底适合单一产品项目层次还是一个产品集合层次。该曲线只考虑销售和时间的关系，未涉及成本及价格等其他影响销售的变数，易造成“营销近视症”，认为产品已到衰退期而过早将仍有市场价值的好产品剔除出了产品线。

三、边际产业扩张理论

1. 背景

边际产业扩张理论是关于从边际产业开始进行对外直接投资的理论。该理论由日本经济学家小岛清在1977年出版的《对外直接投资论》中提出。小岛清通过对比日本和美国的对外直接投资，发现存在三点差异。

（1）美国的海外企业大多分布在制造业部门，从事海外投资的企业多处于国内具有比较优势的行业或部门；而日本对外直接投资主要分布在自然资源开发和劳动力密集型行业，这些行业是日本已失去或即将失去比较优势的行业，对外投资是按照这些行业比较成本的顺序依次进行的。

（2）美国从事对外直接投资的多是拥有先进技术的大型企业；而日本对外直接投资以中小企业为主，所转让的技术也多为适用技术，比较符合当地的生产要素结构及水平。

（3）美国对外直接投资是贸易替代型的，由于一些行业对外直接投资的增加而减少了这些行业产品的出口；与此相反，日本的对外直接投资行业是在本国已经处于比较劣势而在东道国正在形成比较优势或具有潜在的比较优势的行业，所以对外直接投资的增加会带来国际贸易量的扩大，这种投资是贸易创造型的。

2. 主要观点

边际产业扩张理论认为对外直接投资应从本国（投资国）已经处于或即将处于比较劣势地位的产业（即边际产业）依次进行，这些边际产业也是东道国具有比较优势或潜在比较优势的产业。从边际产业开始进行投资，可以使东道国因缺少资本、技术、经营管理技能等未能显现或未能充分显现出来的比较优势显现或增强，扩大两国间的比较成本差距，为实现数量更多、获益更大的贸易创造条件。该理论能够较好地解释日本20世纪六七十年代对外直接投资的实践。

对外直接投资产业和顺序选择的不同正是日本与美国对外直接投资方式的不同之处。对外直接投资产业和顺序选择不仅可以使国内的产业结构更加合理、促进本国对外贸易的发展，而且还有利于东道国产业的调整、促进东道国劳动密集型行业的发展，对双方都产生有利的影响。

小岛清根据对外直接投资的动机将其分为自然资源导向型、劳动力导向型、市场导向型和生产与销售国际化型等四种类型。边际产业扩张理论在把微观分析作为既定前提的基础上，注重从宏观动态角度来研究跨国公司的对外直接投资行为。

3. **评价**

边际产业扩张理论是一种符合发展中国家对外直接投资的理论。在国际直接投资理论中，边际产业扩张理论被认为是发展中国家对外直接投资理论的典范，它来源于当时高速发展的日本跨国经营实际状况，正是在这一理论的指导下，日本的对外直接投资大规模发展，带来了日本经济的腾飞，日本很快就从发展中国家的队伍稳步迈进了发达国家的行列。而小岛清的边际产业扩张理论很好地揭示了发展中国家对外直接投资的原因和行业特点，弥补了原有的国际直接投资理论只能解释发达国家的状况，为广大的发展中国家开展对外直接投资指明了方向和道路，有着巨大的借鉴和指导意义。

（1）对我国中小企业的启示。

我国中小企业由于资金有限、迎接挑战的经验不足及缺乏强大的竞争力，所以跨国经营对他们来说还存在一定的风险。但目前我国的状况是：第一，国内家电、纺织、重化工和轻工等行业已普遍出现了生产能力过剩、产品积压、技术设备闲置等问题，这些行业要获得进一步的发展，就必须通过对外投资寻找新的市场，变商品输出为资本输出，在国外投资建厂，建立销售网络和售后服务网点，就可以带动国产设备、原材料以及半成品的出口，有效地拓展国际市场。第二，“入世”在给中国企业带来压力的同时，也为中国企业走出去提供了良好的条件。因为“入世”后中国企业面临的义务和挑战主要体现在国内，所获得的权利和机遇则主要体现在国外，即体现在外国向中国的产品、服务和投资更大程度地开放市场和实行国民待遇方面。也就是说，中国企业要想享受“入世”后的权利和机遇，就要尽可能地向海外进军。第三，从企业国际化道路的一般进程来说，首先是发展间接出口，如通过专业的外贸进出口公司进出口商品或服务，而后是直接出口，如企业内部设置专门机构或进出口部门来处理相应的业务，最终再发展到对外直接投资。中国改革开放以来，国际贸易取得了长足发展。国际贸易方面获得的巨大成就，为中国企业进一步对外直接投资准备了必要的物质基础。第四，我国的出口企业在国外不断受到贸易壁垒的限制，绿色壁垒、技术性贸易壁垒、进口限制等关税和非关税的贸易壁垒种类繁多，层出不穷，极大地限制了我国出口的进一步增加。在这样的背景下，我国发展对外投资，企业进行跨国经营势在必行。边际产业扩张理论为我们的中小企业跨国经营提供了理论依据，说明了我国中小企业跨国经营的可能性和优势所在，我国中小企业应该抛弃恐惧心理，勇敢地迈出跨国经营的步伐，以自己的优势占领国外市场，不断地发展壮大自己。

（2）对我国跨国产业选择的启示。

我国中小企业跨国经营的产业选择应该按照边际产业扩张理论的内涵，主要发展那些在国内处于边际产业位置的产业，以传统制造业和手工业等加工产业为主。如我国有一定声誉的特色产业，丝绸、瓷器、航运、餐饮、中国特色的食品加工、中成药等。制造业目前仍是对外直接投资中机会最多的热门产业，也是我国产业结构中行业门类最多、规模最大的部门。我国在机械加工、纺织、轻工、化工等产业已具有一定优势，产品和技术的国际竞争力比较强。通过对外直接投资，我国实用性中间技术和传统技术可以在发展中国家的制造业发挥优势。不仅如此，我国制造业的一些技术也具有相对优势，可以在发达国家产品周期变化和产业结构调整转移中发挥其优势。

（3）对区位选择的启示。

在区位选择上，边际产业扩张理论认为应该选择与该国生产技术相近的国家，这样容易在海外，特别是在发展中国家找到立足点，占领当地市场。按照这一理论，中国资本输出的最佳地区应该是那些在经济发展程度上和中国差距较小的国家和地区。一般来说，东欧和中亚比较符合这一条件。东欧国家正处于经济改革之中，急需外国开展直接投资。这些国家和地区工业基础好，资源丰富，具有经济发展潜力和广阔的市场。我们应该积极关注和投资开拓这一领域，通过直接投资进入这些地区相对落后的轻工业、加工业和制造业。发展中国家丰富的劳动力资源和生产要素，为我国的产品和技术（尤其成熟产品和技术、劳动密集型生产技术）以及机器设备等提供发挥相对优势的广阔市场。通过对这些国家和地区的直接投资，可以推动我国产业结构调整，并转移到发展水平相对较低的国家和地区。

我国要提高国际竞争力，对发达国家的投资必须注意。通过对发达国家直接投资，一方面可以获取我国经济现代化急需的先进技术和管理经验，以及经济发展短缺的资金、技术、设备，信息和其他经营资源；另一方面可以抓住发达国家产品周期变化和产业结构调整转移带来的机会，可使我国具有一定相对优势的技术、产品进入发达国家市场，向发达国家直接投资所获得的区位优势和比较利益最大，因此应成为今后我国跨国直接投资的主导方向。可见，我国的对外直接投资应以巩固和扩大对发展中国家和地区的直接投资为基本取向，以加快发展对发达国家直接投资为主导方向。

但是，由于边际产业扩张理论本身存在一些含糊不清和相互矛盾的地方，如小岛清把对外直接投资划分为日本式的贸易创造型和美国式的贸易替代型，无论是在理论上还是在现实的经济生活中，都很难站得住脚。另外，该理论全盘接受了新古典学派关于完全竞争的假说，摒弃了垄断因素在对外直接投资中的作用，掩盖了资本主义跨国公司和对外投资的实质。

四、内部化理论

1. **背景**

内部化理论的理论渊源大体上来自三个方面：一是以科斯（1937）与威廉姆森（1975）为代表的将企业视为交易机制的交易成本理论；二是以麦克曼纽斯（1972）为代表的将交易成本理论运用到跨国公司对外直接投资分析中的理论；三是以凯夫斯（1971）为代表的关于企业跨国经营中价值创造功能的理论。内部化是指企业内部建立市场的过程，以企业的内部市场代替外部市场，从而解决由于市场不完整而带来的不能保证供需交换正常进行的问题。

2. **主要观点**

由于市场的不完全，若将企业所拥有的科技和营销知识等中间产品通过外部市场来组织交易，则难以保证厂商实现利润最大化目标；若企业建立内部市场，可利用企业管理手段协调企业内部资源的配置，避免市场不完全对企业经营效率的影响。企业对外直接投资的实质是基于所有权之上的企业管理与控制权的扩张，而不在于资本的转移。其结果是用企业内部的管理机制代替外部市场机制，以便降低交易成本，拥有跨国经营的内部化优势。

3. **评价**

（1）内部化理论的现实意义主要体现在以下三个方面。

①内部化理论是西方学者跨国公司理论研究的一个重要转折。在理论上，内部化理论较好地解释了跨国公司的性质、起源以及对外直接投资形式，可以对大部分对外直接投资行为进行解释。

②内部化理论从内部市场形成的角度阐述了国际直接投资理论，对跨国公司的内在形成机理有比较普遍的解释力，与其他国际直接投资理论相比，它适用于不同发展水平的国家，大大推动了国际直接投资理论的发展。

③更为重要的是，该理论强调了知识产品内部一体化市场的形成，更加符合当今国际生产的现实状况。

（2）内部化理论的缺陷主要集中在以下三个方面。

①治理模式收益的外生性假设。

内部化理论在对企业的国际化成长进行分析时，假定治理模式收益的外生性，也即组织特征的不变性。这正是交易成本分析所不能排除的假定，因为它是一项分析的必要条件。正如威廉姆森（1975）认为的：在比较不同时期治理模式的成本时，一项必要的条件是，有关的交易必须独立于被置于其上的治理模式之外而进行说明……倘若一项交易的特征并非保持不变，当一种治理模式被另一种治理模式所取代时，则有关的交易成本将毫无意义。这也直接导致了内部化理论的静态性质。

②以市场为基础的资源配置方式始终存在。

内部化理论移植了交易成本理论的一项含蓄假设——以市场为基础的资源配置方式始终存在，而企业只作为组织生产的、可供选择和替代的方式存在着。这种情况不存在理论上的可能性，在逻辑推理上是不可能的。因为没有企业就意味着没有生产，从而也意味着市场没有功能，市场将不会存在。市场不能产生生产和消费单位，它只能把它们联系起来。因此，若声称企业在取代市场，是在想当然地认为市场能够在没有企业的情况下存在。而这很显然是不可能的。同时，在这一假设的基础上，还存在着一项更隐蔽的假设，即企业的内部市场总是具有比外部市场更高的效率，并且总是行得通的。而事实上，企业在内部化外部市场的过程中，很有可能存在科层失灵的情况，即内部化不一定总是可行的国际化扩张途径。

③对机会主义的过分强调。

虽然解释企业的国际化扩张或企业跨国技术转让模式需要依赖诸如有限理性与机会主义等行为假设，但机会主义的作用被内部化理论（同样也被交易成本理论）过分夸大了。原因在于：a. 过分强调机会主义使内部化理论关注的焦点集中于治理模式所规避的交易成本，而忽略了这一模式所能带来的创造收益的潜力。b. 很多时候，企业所拥有的知识和技术与其所能产生的收益并不是孤立存在的，而是要由企业的特有能力与发展路径等作为支持性架构来共同实现的。这种企业特有能力很难被模仿也很难移植。因此，企业为实现知识和技术的潜在收益，最好的途径莫过于内部化。而在这一治理模式的选择过程中，有限理性的作用占主导地位，机会主义不构成太大影响。c. 过分强调机会主义很可能使企业只关注从现有的企业特有优势中获取尽可能多的收益，而忽略对于新优势的培养与开发。d. 对机会主义行为的过分强调在某种程度上夸大了企业内部的对抗性行为，忽略了企业内部广泛存在的非契约因素，例如对信任、责任感的强调与独特的组织文化的培养。它们的存在一方面能够引导雇员形成对现实情况的趋同性认识，另一方面使企业能够内生欲望，并且限制和规定个人的行为，从而使理论不仅限于从个人到制度的分析，更可以将这一关系进行逆转。

4. 内部化理论的改进途径

（1）由关注治理模式的成本转向在不忽略成本因素的情况下同时关注治理模式的收益。这一转变不仅能够促使内部化理论摆脱对治理模式收益的外生性假定，也能够使其具有动态的性质。因为关于治理模式收益的分析必然会涉及企业的能力、自主学习、创新等推动企业跨国经营的重要动态因素。同时，对于收益的关注也会使内部化理论摆脱孤立地分析每一项交易的成本，进而使其可以在更广阔的时间和空间范围内考察企业的国际化成长。另外，企业国际化经营并非主要起因于由机会主义所导致的交易成本的规避与限制，而是起因于克服有限理性的约束以便实现更大的收益。

（2）使生产和交易具有对称的理性。这一转变不仅能够促使内部化理论本身恢复内在的一致性，更能促使它不再将企业的生产和交易割裂开来，并重视企业生产的复杂性与科层失灵的可能性。

（3）重视非契约因素的作用。企业内的非契约因素，诸如信任，责任感与组织文化等会改变个人的偏好与习惯从而改变治理模式的成本和收益。企业间的非契约因素也有类似的作用，将它们纳入内部化理论的分析框架将有助于更好地研究企业国际化成长过程中边界的变化问题。

五、国际生产折衷理论

1. 背景

1977 年，英国瑞丁大学教授邓宁在《贸易，经济活动的区位和跨国企业：折衷理论方法探索》中提出了国际生产折衷理论。1981 年，他在《国际生产和跨国企业》一书中对该理论又做了进一步阐述。

2. 主要观点

跨国公司是市场不完全性的产物，市场不完全导致跨国公司拥有所有权特定优势，该优势是对外直接投资的必要条件。所有权优势还不足以说明企业对外直接投资的动因，还必须引入内部化优势才能说明对外直接投资为什么优于许可证贸易。仅仅考虑所有权优势和内部化优势仍不足以说明企业为什么把生产地点设在国外而不是在国内生产并出口产品，必须引入区位优势，才能说明企业为什么在对外直接投资和出口之间选择了前者。企业拥有的所有权优势、内部化优势和区位优势，决定了企业对外直接投资的动因和条件。

国际生产折衷理论的核心是所有权优势、内部化优势和区位优势。

所有权优势包括两个方面：一是由于独占无形资产所产生的优势；二是企业规模经济所产生的优势。

内部化优势是指，跨国公司运用所有权特定优势以节约或消除交易成本的能力。内部化的根源在于外部市场失效。邓宁把市场失效分为结构性市场失效和交易性市场失效两类，结构性市场失效是指由于东道国贸易壁垒所引起的市场失效，交易性市场失效是指由于交易渠道不畅或有关信息不易获得而导致的市场失效。

区位优势是东道国拥有的优势，企业只能适应和利用这项优势。它包括两个方面：一是东道国不可移动的要素禀赋所产生的优势，如自然资源丰富、地理位置方便等；二是东道国的政治经济制度，政策法规灵活等形成的有利条件和良好的基础设施等。

企业必须同时兼备所有权优势、内部化优势和区位优势才能从事有利的海外直接投资活动。如果企业仅有所有权优势和内部化优势，而不具备区位优势，这就意味着缺乏有利的海外投资场所，因此企业只能将有关优势在国内加以利用，而后依靠产品出口来供应当地市场。如果企业只有所有权优势和区位优势，则说明企业拥有的所有权优势难以在内部利用，只能将其转让给外国企业。如果企业具备了内部化优势和区位优势而无所有权优势，则意味着企业缺乏对外直接投资的基本前提，海外扩张无法成功。

3. **评价**

国际生产折衷理论克服了传统的对外投资理论只注重资本流动方面的研究，将对外直接投资、国际贸易、区位选择等综合起来加以考虑，使国际投资研究向比较全面和综合的方向发展。

国际生产折衷理论是在吸收过去国际贸易和投资理论精髓的基础上提出来的，既肯定了绝对优势对对外直接投资的作用，也强调了诱发对外直接投资的相对优势。

国际生产折衷理论可以说是集西方对外直接投资理论之大成，但它毕竟仍是一种静态的、微观的理论，过于关注企业自身内部因素，难以进行宏观的分析。

第三节　发展中国家的跨国公司理论演变

传统观点认为，在国际直接投资活动中发达国家是资本输出的一方，发展中国家则是资本输入的一方。因此，现有的描述和解释跨国公司行为的理论都将发达国家的跨国公司作为研究对象，并将从中得到的结论和规律推广到所有的跨国公司。但是，根据联合国贸易与发展组织发布的《世界投资报告》表明，许多发展中国家正在或已经成为资本输出国。所以，发展中国家的跨国理论也得以快速发展。这里除了产品生命周期理论以外，还包括小规模技术理论、技术地方化理论、投资发展周期理论、技术创新产业升级理论。

一、小规模技术理论

1. **背景**

美国经济学家威尔斯 1977 年在《发展中国家企业的国际化》一文中提出小规模技术理论，并在其 1983 的专著《第三世界跨国公司》中对该理论进行了更为详细的论述。

2. **主要观点**

小规模技术理论认为发展中国家跨国公司的竞争优势来自低生产成本，这种低生产成本与其母国的市场特征相关。威尔斯认为，发展中国家跨国公司的竞争优势主要表现在以下三方面。

①拥有为小市场需要服务的劳动密集型小规模生产技术。低收入国家商品市场的一个普遍特征是需求量有限，大规模生产技术无法从这种小市场需求中获得规模效益，许多发展中国家正是开发了满足小市场需求的生产技术而获得竞争优势。

②在国外生产民族产品。发展中国家对外直接投资主要是为服务于国外同一种族团体的需要而建立。根据威尔斯的研究，以民族为纽带的对外直接投资在印度、泰国、新加坡、马来西亚等国家，以及中国台湾、中国香港等地区的投资中都占有一定比例。

③产品低价营销战略。与发达国家跨国公司相比，生产成本低、物美价廉是发展中国家跨国公司形成竞争优势的重要原因，也是抢占市场份额的重要武器。

3. 评价

（1）优点。

小规模技术理论被西方理论界认为是发展中国家跨国公司研究中的早期代表性成果。威尔斯把发展中国家跨国公司竞争优势的产生与这些国家自身的市场特征结合起来，在理论上给后人提供了一个充分的分析空间，对于分析经济落后国家企业在国际化的初期阶段怎样在国际竞争中争得一席之地是颇有启发的。

（2）缺点。

从本质上看，小规模技术理论是技术被动论。威尔斯显然继承了弗农的产品生命周期理论，认为发展中国家所生产的产品主要是使用“降级技术”生产在西方国家早已成熟的产品。再者，该理论将发展中国家跨国公司的竞争优势局限于小规模生产技术的使用，可能会导致这些国家在国际生产体系中的位置永远处于边缘地带和产品生命周期的最后阶段。同时，该理论很难解释一些发展中国家的高新技术企业的对外投资行为，也无法解释当今发展中国家对发达国家的直接投资日趋增长的现象。

二、技术地方化理论

1. 背景

英国经济学家拉奥在 1983 年出版了《新跨国公司：第三世界企业的发展》一书，提出用技术地方化理论来解释发展中国家的对外直接投资行为。

2. 主要观点

拉奥深入研究了印度跨国公司的竞争优势和投资动机，认为发展中国家跨国公司的技术特征尽管表现为规模小、使用标准化技术和劳动密集型技术，但这种技术的形成却包含着企业内在的创新活动。在拉奥看来，导致发展中国家能够形成和发展自己独特优势主要有以下四个因素。

①发展中国家技术知识的当地化是在不同于发达国家的环境中进行的，这种新的环境往往与一国的要素价格及其质量相联系。

②发展中国家通过对进口的技术和产品进行某些改造，使他们的产品能更好地满足当地或邻国市场的需求，这种创新活动必然形成竞争优势。

③发展中国家企业竞争优势不仅来自其生产过程和产品与当地的供给条件和需求条件紧密结合，而且来自创新活动中所产生的技术在小规模生产条件下具有更高的经济效益。

④从产品特征看，发展中国家企业往往能开发出与品牌产品不同的消费品，特别是当东道国市场较大，消费者的品位和购买能力有很大差别时，来自发展中国家的产品仍有一定的竞争能力。

3. 评价

拉奥的技术地方化理论，对于分析发展中国家跨国公司的意义在于它不仅分析了发展中国家企业的国际竞争优势是什么，而且更强调形成竞争优势所特有的企业创新活动。在拉奥看来，企业的技术吸收过程是一种不可逆转的创新活动，这种创新往往受当地的生产供给、需求条件和企业特有的学习活动的直接影响。

与威尔斯的小规模技术理论相比，拉奥更强调企业技术引进的再生过程，即欠发达国家的对外国技术的改进、消化和吸收不是一种被动的模仿和复制，而是对技术的消化、引进和创新。正是这种创新活动给企业带来新的竞争优势。虽然拉奥的技术地方化理论对企业技术创新活动的描述是粗线条的，但它把发展中国家跨国公司研究的注意力引向微观层次，以证明落后国家企业以比较优势参与国际生产和经营活动的可能性。

但是，该理论隐含的前提是，发展中国家继承和使用的是发达国家的现有技术，生产的是面向国际市场的成熟产品，因而，该理论仍然将发展中国家定位于国际生产的边缘地带，将发展中国家的技术创新视为被动的、跟随性的技术创新。

三、投资发展周期理论

1. 背景

投资发展周期理论是由邓宁于1981年提出，其目的在于进一步说明国际生产折衷理论。邓宁提出了从动态角度解释一国的经济发展水平与国际直接投资地位的关系的投资发展周期理论。邓宁采取实证分析方法，对67个国家1967—1978年的直接投资流量与经济发展水平的资料进行了分析，结果发现一国的直接投资流量与该国的经济发展水平有密切关系。邓宁用人均国民生产总值（GNP）代表一个国家的经济发展水平，用一国的人均直接投资流出量（ODI）、人均直接投资流入量（IDI）和人均直接投资净流出量（NODI）表示一国国际直接投资的水平。

2. 主要观点

投资发展周期理论，是国际生产折衷理论的动态发展，其中心命题是发展中国家对外直接投资倾向，取决于经济发展阶段以及该国所拥有的所有权优势、内部化优势和区域优势。并将一国吸引外资和对外投资能力与经济发展水平结合起来，认为一国的国际投资地位与人均国民生产总值成正比关系。投资发展周期理论把经济发展水平分为以下四个阶段。

（1）人均国民生产总值低于400美元的阶段。处于这一阶段的国家，经济落后，几乎没有所有权优势和内部化优势，也不能利用国外的区位优势，国际直接投资流出处于空白状态，国际直接投资的流入处于很低的水平。

（2）人均国民生产总值处于400~2000美元的阶段。处于该阶段的国家，由于经济发展水平的提高，国内市场有所扩大，投资环境有较大改善，因而区位优势较强，国际直接投资流入迅速增加，但由于这些国家企业的所有权优势和内部化优势仍然十分有限，对外直接投资刚刚起步，国际直接流出处于较低水平。大多数发展中国家处于这一阶段。

（3）人均国民生产总值在2000~4750美元的阶段。处于这一阶段的国家，经济实力有了很大的提高，国内部分企业开始拥有所有权优势和内部化优势，对外直接投资迅速增长，这一阶段国际直接投资的流入和流出都达到较大的规模。大多数新兴工业化国家处于这一阶段。

（4）人均国民生产总值超过5000美元的阶段。这一阶段的国家主要是发达国家，由于它们拥有强大的所有权优势和内部化优势，并从全球战略的高度来利用东道国的区位优势，因此对外直接投资达到了相当大的规模。

由此可见，一国的经济发展水平决定了它所拥有的所有权优势、内部化优势和区位优势的强弱，三个优势的动态组合及其消长变化决定了一国的国际直接投资地位。

3. 评价

投资发展周期理论在某种程度上反映了国际投资活动中带有规律性的发展趋势，即经济实力最雄厚、生产力最发达的国家，往往是资本输出最多、对外直接投资最活跃的国家。但是，如果从动态分析的角度出发，就会发现该理论与当代国际投资的实际情况有许多悖逆之处。现代国际投资实践表明，不仅发达国家对外投资规模不断扩大，而且不少发展中国家和地区的对外投资也很活跃。

此外，人均国民生产总值是一动态数列，仅用一个指标难以准确衡量各国对外投资变动的规律性。

四、技术创新产业升级理论

1. **背景**

20世纪80年代中期以后，发展中国家对外直接投资出现了加速增长的趋势，特别是一些新兴工业化国家和地区的对外直接投资投向了发达国家，并成为当地企业有力的竞争对手。如何解释发展中国家对外直接投资的新趋势，是国际直接投资理论界面临的重要挑战。

英国学者坎特韦尔和托兰惕诺在20世纪90年代初期共同提出了技术创新产业升级理论，用以解释20世纪80年代以来发展中国家和地区对经济发达国家的直接投资加速增长的趋势。

2. **主要观点**

坎特韦尔和托兰惕诺主要从技术累积论出发，解释发展中国家和地区的对外直接投资活动，从而把这一过程动态化和阶段化。他们提出了两个基本命题：一是发展中国家和地区产业结构的升级，说明了发展中国家企业技术能力的稳定提高和扩大，这种技术能力的提高是一个不断积累的结果；二是发展中国家和地区企业技术能力的提高是与其对外直接投资的增长直接相关的。现有的技术能力水平是影响其国际生产活动的决定因素，同时也影响发展中国家跨国公司对外投资的形式和增长速度。

在上述两个命题的基础上，该理论的基本结论是，发展中国家和地区对外直接投资的产业分布和地理分布是随着时间的推移而逐渐变化的，并且是可以预测的。

坎特韦尔等人还分析了发展中国家跨国公司对外直接投资的产业特征和地理特征，研究发现，发展中国家跨国公司对外直接投资受其国内产业结构和内生技术创新能力的影响。在产业分布上，首先是以自然资源开发为主的纵向一体化生产活动，然后是以进口替代和出口导向为主的横向一体化生产活动。从海外经营的地理扩展看，发展中国家跨国公司在很大程度上受“心理距离”的影响，其对外直接投资遵循以下的发展顺序：首先，在周边国家进行直接投资，充分利用种族联系；其次，随着海外投资经验的积累，种族因素的重要性下降，逐步从周边国家向其他发展中国家扩展直接投资；最后，在经验积累的基础上，随着工业化程度的提高，产业结构发生了明显变化，开始从事高科技领域的生产和开发活动。同时，为获得更先进复杂的制造业技术，开始向发达国家投资。如台湾的跨国公司在化学、半导体、计算机领域，香港的跨国公司在半导体、软件开发、电信技术等领域都占有一席之地。这些地区对发达国家的投资表现出良好的竞争力。

3. **评价**

技术创新产业升级理论是以技术积累为内在动力，以地域扩展为基础的。随着技术积累固有能量的扩展，对外直接投资逐步从资源依赖型向技术依赖型发展，而且对外投资的产业也逐步升级，其构成与地区分布的变化密切相关。

技术创新产业升级理论解释了自20世纪80年代以来发展中国家，尤其是新兴工业化国家和地区对外投资的结构由发展中国家向发达国家、由传统产业向高技术产业流动的轨迹，对于发展中国家通过对外投资来加强技术创新与积累，进而提升产业结构和加强国际竞争力具有普遍的指导意义，受到了西方经济理论界的高度评价。

第四节　发达国家的跨国公司理论演变

除了前文介绍的垄断优势理论、产品生命周期理论、内部化理论和国际生产折衷理论，这里介绍其他发达国家的跨国公司理论演变，主要包括投资诱发要素组合理论、纵向和横向直接投资理论、新资源基础理论和新新贸易理论。

一、投资诱发要素组合理论

1. **背景**

国际经济学者为了克服以往对外直接投资理论的片面性和局限性，提出了投资诱发要素组合理论。该理论的核心观点：任何形式的对外直接投资都是在投资直接诱发要素和间接诱发要素的组合作用下发生的。

2. **主要观点**

所谓直接诱发要素，主要是指各类生产要素，包括劳动力、资本、资源、技术、管理及信息知识等。直接诱发要素既可存在于投资国，也可存在于东道国。如果投资国拥有技术上的相对优势，可以诱发其对外直接投资，将该要素转移出去。反之，如果投资国没有直接诱发要素的优势，而东道国却有这种要素的优势，那么投资国可以通过对外直接投资的方式来利用东道国的这种要素的优势。如一些发展中国家通过向技术先进的国家投资，在当地建立高技术分公司或研究开发机构，将其作为科研开发和引进新技术、新工艺和新产品设计的前沿阵地；或者与东道国联合投资创办企业，在实际生产经营过程中直接学习别国先进技术和管理经验，从而获得一般的技术贸易和技术转让方式得不到的高新技术。由此可见，东道国的直接诱发要素同样也能诱发和刺激投资国的对外直接投资。

间接诱发要素是指除直接诱发要素以外的其他诱发对外直接投资的因素，主要包括三个方面。

（1）投资国政府诱发和影响对外直接投资的因素。如鼓励性投资政策和法规、政府与东道国的协议和合作关系等。

（2）东道国诱发和影响对外直接投资的因素。如东道国政局稳定、吸引外资政策优惠、基础设施完善、涉外法规健全等。

（3）全球性诱发和影响对外直接投资的因素。如经济生活国际化以及经济一体化、区域化、集团化的发展，科技革命的发展及影响，国际金融市场利率和汇率波动等。其中，汇率与直接投资相互关系理论可以在一定程度上解释20世纪80至90年代以来外国对美国直接投资在短期内剧烈波动的现象。

3. 评价

投资诱发要素组合理论试图从新的角度阐释对外直接投资的动因和条件，其创新之处在于强调间接诱发要素（包括经济政策、法规、投资环境以及宏观经济）对对外直接投资起着重要作用，而以往诸多理论都仅从直接诱发要素单方面来解释对外直接投资的产生，从而导致某些片面性和局限性。

事实上，一国企业对外直接投资往往是建立在直接诱发要素和间接诱发要素的共同作用之上的，两类因素作用大小与投资者自身情况及其投资目的有关。诚然，在一般情况下，直接诱发要素是对外直接投资的主要诱发因素，因为对外直接投资本身就是资本、技术、管理和信息等生产要素的跨国流动。但是，单纯的直接诱发要素不可能全面地解释对外直接投资的动机和条件。尤其是对大多数发展中国家和地区的企业而言，在资本、技术等直接诱发要素方面并非处于优势地位，其对外直接投资在很大程度上是间接诱发要素作用的结果。从这个意义上说，投资诱发要素组合理论为发展中国家和地区开展对外直接投资提供了新的理论支持。

但是，投资诱发要素组合理论仍局限在静态上对对外直接投资决定因素的分析，没有从动态上对对外直接投资的发展过程及发展规划进行分析，故而对投资活动实践解释力必然是有限的。

投资诱发要素组合理论同样适用于发展中国家。

二、纵向和横向直接投资理论

1. 背景

20世纪80年代中期以来国际贸易理论与国际直接投资理论融合的趋势进一步加强，出现了将纵向直接投资理论和横向直接投资理论纳入国际贸易理论分析框架的趋势。纵向直接投资理论和横向直接投资理论是20世纪70年代后期至80年代初期兴起的，旨在解释跨国公司垂直一体化和水平一体化国际生产的条件和动因。

2. **主要观点**

纵向直接投资理论认为：不同生产阶段具有不同的要素密集度，而国际间要素禀赋差异导致同一要素价格因国而异，因此，把生产过程的不同阶段放在相对成本最低区位是企业的明智选择。全球中间产品贸易（即零部件贸易，不同于以最终产品为对象的行业内贸易）的迅速发展是纵向直接投资的直接依据。全球制成品贸易总额的三分之一是中间产品贸易，并且很多中间产品贸易是往复进行的。如果中间产品贸易是跨国公司内部的企业内贸易，那么必然存在纵向直接投资。

横向直接投资的理论认为：

（1）同出口相比，横向直接投资可以节省贸易成本（包括关税和运输成本），在其他条件相同时，较高的贸易壁垒会提高国际直接投资的吸引力、降低出口吸引力。

（2）相对于出口，国际直接投资意味着较高的工厂层面固定成本，由于在当地建立新厂要产生一定的沉没成本。因此，在其他条件相同时，较小的工厂层面规模经济会提高国际直接投资相对于出口的吸引力。

（3）企业层面的规模经济越大（企业特定资产在多工厂生产中的作用越大），企业的规模就越大，并且越容易降低跨国生产的固定成本。在其他条件相同时，较高的企业层面规模经济会提高国际直接投资相对于出口的吸引力。

（4）较大的市场规模意味着企业更容易通过当地销售来抵消国际直接投资所增加的沉没成本，所以，市场规模较大的国家会吸引较多的横向直接投资。

3. **评价**

跨国公司的存在主要是由于其所有权优势的存在。无论是所有权优势理论、区位优势理论、产品生命周期理论等传统的国际直接投资理论都强调只有企业具有优势才会跨国投资，不具优势的企业是不会进行跨国经营的。不同理论的争论在于哪一种所有权优势更具统治地位。

20 世纪 80 年代的横向直接投资理论与纵向直接投资理论也分别从要素禀赋和规模经济、贸易成本等方面解释了企业的跨国行为，纵向和横向直接投资理论在结合了两个理论的基础上，把企业划分为六类，分别对不同的生产要素、市场、外贸等情况进行分类分析，指出跨国公司应该在不同的所有权优势下选择不同的投资经营模式。总结了跨国公司直接投资目的，是对以往理论较好的总结。美国的相关统计数据也验证了该理论较符合现有发达国家跨国公司的投资行为。

横向直接投资与纵向直接投资理论是基于美国即发达国家现有的跨国经营的研究，由于美国的经济实力是世界最强的，处于经济优势地位。在美国的角度上，美国的跨国公司只会注意到优势国家和劣势国家之分。所以横向直接投资与纵向直接投资理论的分析情况只涵盖美国跨国公司的投资范围，即发达国家对其他国家的投资行为，不能解释发展中国家和处于经济转型期国家的特殊投资情况。

三、新资源基础理论

1. 背景

20世纪90年代以来，跨国公司行为发生了一些重要变化。在20世纪90年代以前，跨国公司主要是通过股权关系来实施控制的。故理论研究也主要以股权联系为核心。而20世纪90年代以来，非股权安排层出不穷，不断发展。包括特许经营、合同制造、管理合同、许可转让、分包、国际战略联盟等在内的非股权安排为更多的跨国公司所青睐，形成了目前股权安排与非股权安排同时并存和发展的格局，两者混合采用的情况也逐渐增多。除此之外，跨国公司的发展战略出现了回归高度专业化的趋势。而且国际直接投资的集群现象也日趋显现。对于上述这些新特点，传统的跨国公司理论难以理解，甚至格格不入。目前西方学术界普遍接受的是利用经过发展的新资源基础理论进行解释。

2. 主要观点

新资源基础理论认为跨国公司所具有的核心优势的特性是一些跨国公司选择非股权安排以及进行国际战略联盟的内在原因。这些特性可以概括如下。

（1）独特性和绝缘性。独特性是指不易模仿性、不可交易性和不可分割性，这种独特性之所以能够长久保持，主要是由于一种绝缘机制在发生作用。这种绝缘机制包含两个方面：第一个方面是模仿障碍，包括模仿的法律限制，在获得资源和吸引客户方面享有的特殊权利，对历史条件的依赖（指从历史传统中继承下来的优势），在一定的社会环境和企业组织系统中培育获得的特定优势。第二个方面是先发优势，主要指先行制定技术标准和技术规范而产生的路径依赖和锁定。

（2）整体性和隐含性。整体性是指某些独特的知识、技术诀窍和能力等是在跨国公司特定的组织系统中通过集体学习和长期培育而形成的。它已经沉淀在企业文化当中，渗透在企业运作的各个环节，所以具有整体性。隐含性是指这些知识、技术诀窍和能力往往是隐含的、不可编码的。正是因为某些跨国公司的核心优势不同程度地具有上述特性，所以能够通过非股权安排，组成一个跨国经营的网络。另外，也正是因为优势难以整体传递而在激烈残酷的国际竞争中又必须争取时间，所以跨国公司选择通过国际战略联盟的方式，在某个领域或项目上进行合作，实现资源共享和优势互补。

3. 评价

新资源基础理论形成了完整的研究模型，研究成果较为丰富，但过分强调企业内部而对企业外部重视不够，因而由此产生的企业战略不能适应市场环境的变化。此外，对企业不完全模仿和不完全模仿资源的确定过于模糊，操作起来非常困难，而且这种战略资源也极容易被模仿。

四、新新贸易理论

1. **背景**

具体来说，伯纳德和詹森（1995）对美国的企业进行研究后发现，同一行业内，美国从事国际贸易的企业比只从事国内贸易的企业具有更高的劳动生产率。而且，从事国际贸易的企业仅占总企业的一小部分。同样的情形也出现在伯纳德和瓦格纳（1996）对德国企业的实证分析研究中。上述企业的生产率、规模、工人熟练程度、产品质量等表现出来的差异我们称为企业的异质性。在新新贸易理论以前的国际贸易理论中，企业具有同质性的假定，即企业之间没有任何差异。因此，新新贸易理论以前的国际贸易理论无法解释20世纪90年代以来实证分析得到的微观数据，也无法解释企业的异质性导致的国际贸易，这就对更新的国际贸易理论提出了迫切的需求。除了实证研究的发展，20世纪90年代以后跨国公司的迅速发展也推动了新新贸易理论的产生。

2. **主要观点**

新新贸易理论的主要内容包括以下两点。

（1）异质性企业贸易模型。

异质性企业贸易模型用来解释企业的异质性如何影响企业在国际贸易活动中的决策。该模型主要假定世界上存在两个国家：甲国家和乙国家，并且同时拥有生产要素L（劳动力），由于不同的企业生产率存在差异，因此将企业分为三种类型：N型企业、D型企业和X型企业。其中，生产率较高的X型企业可以做出口国际贸易，也可以在国内进行商品销售；生产率一般的D型企业只在国内销售；而生产率最低的N型企业被市场淘汰。该模型的提出者梅利兹认为，生产率相对较高的一类企业由于其更高的生产率而更容易进入出口市场，并且能够承担出口贸易的风险及成本，因此这类企业主要从事出口业务；生产率处于中等水平的企业更倾向于选择国内贸易；而那些从事对外贸易的产业部门通过提高劳动力价格和其他的要素价格，促使生产率较低的企业从事国内贸易或者直接被淘汰退出市场。生产率较低企业的退出使其占有的资源流向生产率高的企业，从而国际市场中的资源得到了重新配置和充分利用。生产率较高的企业在参与国际贸易后生产率水平又进一步提高，这弥补了以往的贸易理论中没有关于提高企业劳动生产率内容的空白。异质性企业贸易模型被引入后，它可以用来区分同一产业内不同类型的企业，并以此来确定哪些企业专门从事出口贸易，哪些企业专门从事国内贸易，企业在进行决策时会依据自身的条件和能力进行客观、理性地选择。

（2）企业内生边界模型。

安特拉斯（2003）、赫尔普曼（2004）、耶普尔（2005）等人提出了企业内生边界模型。它在一定程度上可以用来解释跨国公司内部的贸易活动。企业国际化的途径主要有两种，对外直接投资或者直接进行产品出口。如果采用对外直接投资的方式进入国际市场，就不存在各种关税和非关税壁垒，但是企业要在目标国投资建厂，固定成本大大升高，还要承担一定的投资风险。因此，通过对外直接投资的方式进入国际市场适合于国外市场规模较大且贸易壁垒较多、出口成本较高的情形。相反，如果在国外直接建立分支机构成本较大，投资风险也很大，而出口成本较低贸易壁垒较少，则企业更适合在国内生产然后出口。企业内生边界模型与企业异质性相结合以后我们不难发现，效率最高且规模较大的企业可以选择以对外直接投资方式进入国际市场，即通过内部一体化的形式，其交易仍然在企业边界之内；效率次之的企业可以选择以出口的方式进入国际市场；效率较低的企业选择仅服务国内市场。

3. 评价

新新贸易理论开启了国际贸易研究新领域，其贡献主要表现在三个方面。

（1）新新贸易理论是对传统贸易理论的补充，尤其是对新贸易理论的补充。新新贸易理论在垄断竞争模型的基础上放松了企业同质的假定，从异质企业角度提出了贸易的新观点，从而在方法上取得了突破。

（2）新新贸易理论确立了新的研究视角。传统贸易理论从国家和产业层面研究贸易的产生及其影响，而新新贸易理论是从企业这个微观层面来研究贸易的基本问题，使国际贸易理论获得了新的微观基础和新的视角。

（3）新新贸易理论有可能为其他的经济学科，特别是空间经济学带来新的影响。

新新贸易理论从企业异质性这个全新的视角完善和发展了国际贸易理论，但其仍然存在一些缺陷。首先，异质性企业对于发达国家适用，但是对于发展中国家的适用性还需要探究。其次，该理论没有充分考虑产品差异性，产品的差异不仅体现在产品的功用上，还体现在技术含量、功能、质量、档次等方面，现代企业越来越重视产品差异化和市场细分，将市场分为高端和低端，一些企业的产品主要销往高端市场，而一些企业产品销往低端市场，新新贸易理论还不能解释如技术含量等差异带来的产业内贸易现象。最后，新新贸易理论还有待引入企业异质性的其他内涵，企业异质性不仅体现在生产率、企业规模、组织结构等方面，还体现在跨国经营方式、企业战略、市场定位等方面。

小结

20世纪60年代到70年代中期，跨国公司理论的研究重点是跨国公司国际直接投资的特点与决定因素。而到了20世纪70年代至80年代末期，跨国公司理论的研究重点转向了建立综合性或一般化理论。现代跨国公司理论的发展主要是对原有理论的补充和修正，并提出了一些新理论，如垄断优势理论、产品生命周期理论、边际产业扩张理论、内部化理论和国际生产折衷理论等。

案例分析

前沿观点

跨国公司的能力是毫无疑问的，跨国公司的角色有两类：一类是跨国公司要运用国家力量为它的利益服务；另一类是跨国公司为国家服务。这点很明显，跨国公司是一个私域的存在，而外交是公域的存在，外交追求的是公共利益，跨国公司追求的是公司利益，这两者如何交叉？现实中两者确实有交叉，但是一味强调这个交叉的意义、价值，或者说鼓励进行交叉，可能会带来更糟糕的结果。比如，跨国公司需要国家的保护，但是反过来也有跨国公司主导从而误导了外交的现象，这是存在的。又如，在跨国公司研究里，20 世纪 70 年代经常被引用的一个例子就是 AT&T（美国电话电报公司），美国电话电报公司勾结 CIA（美国中央情报局），然后引导美国国务院去颠覆智利的阿连德政府。这在跨国公司研究里经常被拿来作为一个负面的例子。

复习与思考题

1. 绝对优势理论的主要观点有哪些？
2. 简要评价比较优势理论。
3. 简述马克思的资本输出理论。
4. 简述垄断优势理论。
5. 投资发展周期理论的主要内容有哪些？
6. 简要评价投资诱发要素组合理论。

第3章

跨国公司环境分析

CHAPTER 3

阅读提示

跨国公司经营环境是指那些直接影响跨国公司活动（包括对外直接投资）能否发生，能否顺利进行以及其结果的因素总和。这一定义指出了环境对于跨国公司运行活动的三个层次的影响。第一层次影响是指环境因素可能促使，也可能阻碍跨国公司活动（对外直接投资和经营活动）的发生。第二层次影响是指环境因素对跨国公司活动运行过程的各种作用，包括促使其顺利进行、妨碍其顺利进行。第三层次影响是指环境因素对跨国公司活动结果所产生的影响，包括多种可能，如达到预期的结果、未达到预期的结果、失败等。跨国公司运行环境的特征是指其区别于国内经营企业运行环境的不同特点。这些环境因素对于跨国公司（包括前期的对外直接投资）的形成、运行，以及能否取得预期的成效都有着直接的影响。跨国公司作为一个经营实体，只是一般国内公司的特例。尽管两者并无本质的不同，但在运行环境上却有很大差别。

关键术语

环境因素　国际经济组织　对外直接投资

思政要素

当下世界正处于百年未有之大变局，中国一如既往，以人类前途为怀、以人民福祉为念，努力为人类和平与发展事业贡献中国智慧、中国方案，倡导普惠包容的经济全球化，推出高水平对外开放新举措，优化跨国公司的营商环境。习近平主席强调，中国开放的大门只会越开越大，营商环境只会越来越好，为全球跨国公司创造的机遇只会越来越多。本章内容涵盖的思政要素包括以下三点。

1. 人类命运共同体

中国加快发展新质生产力，同样离不开全球优质企业和外资参与。提高全球化水平，必然要求中国拥有属于自己的开放高地，无论是经济环境还是政策环境，跨国公司在全球化背景下都十分有利。我们欢迎全球企业家来华投资兴业，努力实现互利共赢、共创美好未来。

2. 普惠发展

自进入新时代，世界经济发展的一个重要特点是地区和次地区的经济合作势头大大加强。全球化条件下，任何国内市场都显得过于狭小，外部市场已变得日益突出，跨国公司依赖于各大国际经济合作组织，扩大对外投资，收获全球化的时代红利。习近平总书记提出要在变化的世界中绘制新的发展路线，世界贸易组织是多边主义的重要支柱，是全球经济治理的重要舞台。

3. 高水平对外开放

伴随高水平的对外开放，我国相关举措将使中国经济更具包容性，为跨国公司开辟更广阔发展空间。我国持续为外资企业提供了更加市场化、法治化、国际化的营商环境，更大程度地激发了市场活力，外企在华投资的信心和决心更加坚定。

第一节　跨国公司环境概述

广义的经营环境包括所有影响企业生存与发展的因素，狭义的经营环境仅指企业外部的影响因素，尤其是宏观因素。对于跨国经营的企业来说，首先需要考虑这样的问题：环境因素是如何构成的?

一、环境因素构成

（一）国家经营环境和国际经营环境

跨国公司生产和经营活动的范围超越了国家的界限，这使它一方面要受到生产经营活动所涉及国家的政治、经济、法律等因素的限制；另一方面，它也要受到国与国之间各种因素相互作用形成的国际经营环境的影响。

国家经营环境中要考虑跨国公司所有生产经营环节涉及的国家的经营环境，如投资所在地和产品销售地。其中，与跨国经营最密切的是东道国环境和母国环境。在东道国，跨国公司投资大量的生产和服务设施以及研发机构。东道国经营环境的好坏直接关系到跨国投资的成败。母国对跨国公司对外投资活动的支持或限制同样制约着跨国公司的投资战略及其调整。

资金、技术、人员等生产因素和商品的国际流动与国家之间政治、经济等因素的相互影响、相互作用共同构成了国际经营环境。国际经营环境包括多样化的政治、法律和经济因素，如主要的国际机构、国际货币体系以及国际公约、国际惯例和国际协议等。

（二）直接经营环境与间接经营环境

直接经营环境主要考虑那些对个别企业经营活动产生直接作用的因素。企业为了获得必要的投入资源，进行有利可图的生产和销售，就必须面对这些因素并受到它们的影响。这些因素包括企业的竞争与产业状况、客户与市场状况、供应商、投资者、分销商等。

间接经营环境是指那些对企业经营活动和绩效产生间接、潜在作用的因素。这些因素包括政治环境、经济环境、社会环境以及技术环境等。

二、经营环境的特点

跨国公司的生产、经营、管理等各种运行环境都与仅在一国国内经营的企业有所差异，归根结底是其面临的经营环境相对于后者的特殊性。

（一）环境的多样性

跨国公司面临的外部环境是一个更加多样化的环境，不同的国家和地区有不同的政治、经济和法律体制。国内企业在经营中只需要熟悉本国的法律制度就足够了，而跨国公司必须深入了解母国法律、东道国法律和国际法。企业跨国经营的地域范围越广泛，其面临的环境因素越多样化。

（二）环境因素的相互渗透性

各类环境因素之间并不是独立的关系，而是相互影响的。间接环境因素可以通过直接环境因素发挥对企业的影响作用。例如，政治因素通常通过政府制定的政策、实施的法令和条例来直接影响企业本身，或通过对行业、市场竞争、供应商和分销商行为的影响而作用于企业本身。经济因素则对构成直接环境的每一个因素都产生作用，例如，经济发展状况决定着居民的购买力，制约着市场规模。反过来，直接环境因素的动态发展变化也是间接环境因素形成的基础。例如，新兴行业的发展促进了国民经济技术水平的提高；市场竞争态势的恶化，促使政府出台规范公平竞争环境的法律法规。

除了直接环境因素与间接环境因素的相互作用，各直接环境因素和间接环境因素之间也产生相互作用，即政治、经济、法律、技术与文化等因素之间相互渗透，行业竞争、市场变化、企业关联方等因素之间相互渗透。

（三）外部环境的复杂性

由于跨国公司涉及的生产和销售市场的数目通常较多以及环境因素的多样性，跨国公司的外部环境较为复杂。跨国公司经营、投资所涉及的东道国和购销市场所在国越多，对跨国公司起作用的因素越多。而且，各国的重要环境因素之间会交互影响。因此，跨国公司在各国、各地区的销售业务活动，势必既有相互配合、协调和补充的一面，又有相互矛盾、渗透和排斥的一面。销售市场的这种复杂性给跨国公司的营销战略管理以及公司内部的生产计划的统筹安排等管理活动带来了困难。

此外，由于各个销售市场所在国的经济因素对销售价格和销售收益水平有着不同的影响，因此，总部对各子公司的业绩评估很难做到客观、合理，从而使跨国公司内部各单位之间的收益分配制度和物质激励制度复杂化。

三、影响投资环境的因素分析

环境，对跨国公司生存发展影响很大。在国际社会中，跨国公司既要能适应世界各国的具体条件，还要能与国际社会认同的行为准则接轨。跨国经营要考虑的环境因素不外乎经济、文化、政治、法律、自然、技术等方面。考察分析和预测这些因素的方法与跨国公司战略方案的制定基本相似。接下来重点研究影响跨国公司国际贸易和直接投资最直接且最重要的环境因素。

（一）政府对国际转移的约束管制

1. 国际转移

指所有波及国与国之间的交易和交流活动。主要有以下几种。

（1）实物商品的进出口贸易。

（2）与企业经营活动有关的资金转移，例如，直接资本投资、证券投资、利润返还以及其他货币资金的流动。

（3）与企业经营活动有关的人员转移，包括直接作为一种经营形式的国际旅游业。

（4）与应用和开发新技术有关的技术转移。

（5）与自然资源以及与财产所有权有关的产权转移。

各国政府对这些活动的国际间转移施加影响和管制有不同的目的和动机，因而转移活动的分工、所采用约束管制的方式方法也各有不同。

2. 对商品进出口贸易的约束管制

对商品进出口贸易的约束管制，主要有两种类型。

（1）以影响进出口商品价格为主的管制措施。各国政府应用较普遍的有关税、津贴补助和多重汇率。

①关税。对进出口商品征收关税是国家控制商品转移的一种最普遍、最传统的应用工具。国家征收关税的目的，在早期是为了增加政府收入。但随着世界经济的高速发展，征收关税的主要目的变为保护民族工业。各国政府在制定征收关税政策时都要考虑许多复杂的因素。

②津贴补助。政府对企业从事国际贸易的管制还可从积极的一面施加影响。例如在

财政上资助本国企业出口，加强它们在国际市场上的竞争力，以迅速进入国际市场。政府对出口企业的资助，除因参与价格竞争在销售上发生的暂时损失予以直接补贴外，还有多种间接支援方式，促使出口企业加强国际竞争能力。例如，由政府提供出口信贷，提供国际最新行情信息，举办商品贸易展览，以及建立海外商业网络联系点等。一些国家还通过提供出口贷款偿还保险的方式帮助企业降低海外销售中的应收账款风险。

③多重汇率。政府通过对不同情况规定不同汇率，以达到控制约束进出口贸易的目的。例如，有的国家规定有官方和自由市场两种汇率。不同汇率的兑换标准实质上也是对各种商品的价格施加影响。

（2）以数量控制的管制措施。最典型的是配额控制、行政采购法规、特许签证等几种方法。

①配额控制。它是国家在进出口贸易方面进行数量控制最常用的方法。在国际贸易中，进口配额控制，实质上是保护本国民族工业的一种措施。但用限额控制进口，将使国内应用该种产品制造的各种产品成本大幅提高。对进出口实行配额控制的目的有经济因素，更多的是政治因素。对特定国家禁运就是配额控制的一种特殊方式。

②行政采购法规。在某些国家，政府部门采购的商品占政府开支的比重很大，特别是对某些商品的集中采购，会严重影响该种产品的市场竞争力。政府限制其在国内采购的数量比例，或者是限定其向国外采购的商品必须低于本国产品价格的相当比例。

③特许签证。有的国家对进出口商品所从事业务实行由政府主管部门签证的特许制度，它不仅限于该种商品能否进出口，而且在数量、时间、成本和其他方面进行约束限制。

此外，在实际工作中为限制国际贸易而人为建立的壁垒是多种多样的。例如，在技术标准上采取种种歧视性规定，海关、运输等方面故意设置障碍等等。

3. 对货币现金在国际间转移的管制

国家对货币转移的管制，主要是通过外汇管制、资本与金融资产转移的管制、对人员和技术国际转移的管制、国家对跨国公司直接投资的约束管制等方法来实现的。

（1）外汇管制。它对货币资金的国际转移有重大影响。虽然一些发达国家大都采用浮动汇率制，但政府仍然采用各种办法对资金的转移作出种种限制。例如，规定本国货币不能自由兑换成其他国家的通货，其不可兑换的程度则视各国政府的具体政策而定。一般管制办法如下。

①许可制。大部分国家的外汇交易由国家控制，政府或由其授权的代理机构公布固定的汇率，所有单位的外汇收支都要通过国家银行（或代理机构）按官方牌价进行结算。外贸业务也由国家直接掌握。

②多重汇率制。它比许可制的管制办法稍为宽松，允许有几种汇率价格，可以进行有限度的选择。

③进口存款抵押制。政府对各种进口业务按一定标准予以分类。例如，分为禁止进口类、须经国家外贸部门批准许可类、自由进口类等。按不同类型规定预先支付一定比例的进口外汇抵押存款。

④限额控制。有的国家对特定用途的外汇支出作出种种限制。例如，英国、土耳其等对出境人员规定了允许携带外汇的最高限额。

（2）资本与金融资产转移的管制。在国际收支不平衡的国家，除依靠外汇管制以保持汇率的稳定和影响资本流动外，更多的是国家直接采取措施，约束管制资本的国际转移。资本转移控制大多通过政府的授权来实现。许多国家还借助不同的税率、税种限制或激励资本的流入或流出。

（3）对人员和技术国际转移的管制。从事国际经营、提供劳务或旅游等活动，都需要跨国界流动人员。国家对人员国际流动的政策和管制办法，对各类人员跨国界流动能力及企业国际经营业务的开展有很大影响。由出境人员所在国颁发护照和由入境国颁发签证，是国家控制人员国际转移的基本办法。对技术国际转移的控制：发达国家经常为贯彻其政治目的而限制技术出口，包括专门技术和体现先进技术的设备或产品；而发展中国家则渴望获得对本国有利的先进技术，也采取相应的管制措施，以保证引进需要的技术。

（4）国家对跨国公司直接投资的约束管制。国际经济活动从国际贸易转为跨国直接投资，传统的管制方法已发生了质的变化。首先，各跨国分支机构之间的各种国际转移，已成为跨国公司内部的市场交易。它可以绕过各国政府为限制自由贸易而设立的管制障碍。其次，各跨国分支机构之间的关系，还波及多国资源的分配利用问题，因而产生多边国际关系。采取的管制方法如下。

①母国政府对跨国公司直接投资的管理。有母国国籍的跨国公司，它与母国政府在目标利益上既有相互一致的一面，又有矛盾冲突的一面，但总体而言，利益一致占据了主导地位。因此，母国政府对本国跨国公司的控制以激励促进为主，以管制约束为辅。其激励措施主要有风险担保、提供信贷、减免税收、政治后援（母国政府通过政治、外交途径及采取报复性措施，对东道国施压）。在约束管制方面，多数国家没有构成长期性的政策措施，一般只着重于对海外投资项目的审查上。

②东道国政府对跨国公司直接投资的控制。东道国政府对跨国公司进入本国从事国际经营的控制有宏观和微观两个方面。在宏观方面，主要是掌握经济杠杆，从宏观经济环境方面影响跨国公司的运行。例如，既可用所得税、关税、资本成本、工资、外汇汇率、价格等工具，也可用规定所有权的比例、出口商品的比例和进口许可等政策鼓励或约束跨国公司在本国的活动。在微观方面，一般是由东道国政府直接对跨国公司的行为作出种种规定。各东道国政策差异很大，有的宽、有的严，但总体包括激励和约束两方面措施。

在激励性措施方面，多数不发达国家或地区提出种种优惠条件以吸引外资。例如，采取关税优惠，在财务资金上给予低利率贷款优惠，减免所得税，提供基础设施或补助。有的国家还专门设立经济特区、自由港等，鼓励跨国经营投资。

在约束性措施方面，各东道国的标准差距很大，主要有以下几种：①对进入本国经营的项目进行审查批准；②限制经营领域和规定所有权及控制权的比例；③没收、征用和国有化；④对外国项目中本国自给率的控制，或对本国人员就业率及产品出口率方面的控制。此外，还有各种财务、金融和外汇上的种种约束管制办法。

（二）超国家组织对跨国公司经营的影响

在最近几十年里，跨国经营活动已不限于两国之间的双向行动，还会波及当事者双方所在国以外的其他国家，因而出现许多全球性和区域性的超国家协调组织，对跨国经营业务予以调节，其中较为著名的如下所示。

（1）关税及贸易总协定（GATT），现已被世界贸易组织取代。该组织成立有三个宗旨：通过多边谈判消减关税壁垒，促进国际贸易自由化，并依托非歧视原则推动全球经济繁荣。

（2）联合国贸易和发展会议（UNCTAD）。它以召开会议的方式讨论发达国家应在国际贸易方面向发展中国家作出让步以及旨在促进这些国家开发各种政策性措施。其推动的《国际技术转让行动守则〈草案〉》为国际技术转让规则奠定了基础。

（3）商品协议。它主要是在一些国家之间就某种商品贸易发生的问题采取行动达成共同的认识。主要在稳定价格上商谈约束性控制。例如，在库存储备、价格范围和进出口限额上达成国际性协议。

（4）生产者联盟（或称卡特尔）。它是由生产产品或出口某种特殊商品的各国联合组织。其组织的目的是提高某类商品的价格和控制其产量，是垄断组织形式之一。石油输出国组织（OPEC）就是一个著名的生产者联盟。其他还有铜矿出口国政府联合委员会（ICCEC）、国际铝矾土协会（IBA）、天然橡胶生产国联合会（ANRPC）、香蕉出口国联盟（UPEB）等。

（5）区域性贸易和经济联合体组织。各国为了减少和降低彼此之间的贸易壁垒，共同达成协议建立自由贸易区和关税联盟，欧洲经济共同体（EEC，欧盟的前身）就是一个典型代表，类似的组织还有许多。

（6）金融财务方面的国际性组织。货币、资本的国际转移与企业国际经营的关系非常密切。近几十年来国际上为协调这方面活动而成立的国际性组织很多。例如，国际货币基金组织（IMF），国际清算银行（BIS），世界银行［是世界银行集团的简称，国际复兴开发银行（IBRD）的通称，包括国际开发协会（IDA）和国际金融公司（IFC）等］。

第二节　跨国公司的国家经营环境

国家经营环境包含直接环境因素和间接环境因素。直接环境因素属于微观与中观环境的范畴，这里仅就间接环境因素，即宏观环境因素做一个介绍。需要说明的是，虽然母国环境与东道国环境都是跨国公司需要考察的内容，但由于母国的环境对跨国公司而言相对熟悉，因而应将考察重点放在东道国环境上。当然，这并不是说母国的环境就不需要关注。事实上，跨国公司需要同时关注以下各间接环境因素。

一、政治环境

（一）政治环境因素

政治环境因素指的是上层建筑和集团行为对社会经济各方面产生作用的诸因素。对于跨国公司来说，需要面对的政治环境因素主要涉及政治体制、国家安全性、政治稳定性、政府的角色与效率，以及公众利益团体与媒体机构。分析政治环境因素的目的是要鉴别政治风险的可能性并注意政治风险的防范。

1. 政治体制

世界各国有不同类型的政治体制，但并不能简单地以政治体制的类型判别政治环境的优劣。对跨国公司来说，重要的是判定一种政治体制是否有助于维持稳定的政治、经济环境。很可能的情况是，在一个稳定的集权国家进行生产经营活动不会有太大风险；而在一个刚成立的民主国家，企业的生产经营活动会增添不稳定性。

2. 国家安全性

国家安全性是指一国在世界上的政治立场所导致的国家安全程度。一国的地缘政治与国际关系现状如何，是否结盟或属于某一个大的国家集团，在国际政治事务中持何态度，这些都会影响到该国的国家安全。在21世纪经济全球化的背景下，新的国家安全观甚至包括经济安全、信息安全等内容。

3. 政治稳定性

政治稳定性包括国内政局的稳定性、政府结构的稳定性和政策的稳定性。这三者是相互联系的，最终应通过政策的稳定性与持续性体现出来。政策的稳定性与持续性直接影响到跨国公司中长期战略决策与计划的制定与实施。

4. 政府的角色与效率

政府的角色与效率是指政府在国民经济生活中扮演什么角色，以什么方式参与，以及参与经济活动的程度。世界上有的国家政府直接参与大量的经济活动；而有的国家市场自由化程度高，政府更多的只是起制定各种规则、维护公平竞争环境的作用。政府机构富有效率的工作，有助于降低跨国公司的经营成本，维护正常的经济秩序。

5. 公众利益团体与媒体机构

随着社会的发展，公众利益团体和媒体机构不论在数量上还是在社会政治的影响力方面都有所增加。这些团体与机构时刻监督着政府官员和企业，并且对其不断施压，长此以往会影响国家的公共关系氛围。

（二）政治风险

1. 政治风险的定义

政治风险是指由于企业从事商业活动的所在国的政治不稳定或政治变革对企业商业利益所造成的风险。如果不考虑政治与经济体制，政治风险存在于所有国家和地区。它既包括东道国政府所采取的对企业不利的措施带来的风险，也包括由于企业母国所制定的法律和政府政策对企业在海外从事商业活动产生的负面影响。政治和经济不稳定以及法规剧烈变更既可能产生于和平的政权更迭中，也可能产生于大规模革命或军事政变中。而后一种情况下的政治风险更大，后果也更严重。

除了国内因素，国际因素也可能引发政治风险。例如，1956 年埃及同以色列爆发战争时，埃及关闭了苏伊士运河，国际货运被迫转向非洲大陆最南端的好望角，绕行数千海里，成本巨大，使那些使用这条运河的企业遭受了损失。

2. 政治风险的种类

一般来讲，政治风险可分为三种：征用、没收和国有化。所谓征用，是指东道国政府根据国际法行使的一项主权，被征用的企业按照市场价值及时得到可兑换通货的补偿（补偿的金额可能并不等于被征用资产的价值）。没收是指东道国采用强制措施无偿地接收外国资产。征用与没收对跨国公司而言是最严重的政治风险。据世界银行的报告，从 20 世纪 60 年代到 70 年代初，有 22 个资本出口国的 1535 家企业受到 76 个国家 511 次征用。没收一般不会发生，除非是在革命或政变这样激烈的方式下。而征用有相关的国际法依据，比没收更常发生。一般来说，如果东道国不能复制或掌握外国企业的技术，那么，技术就能起到阻止征用的作用。因此，低技术产业比高技术产业更容易被征用。不过，这种情况很少发生，因为低技术的企业对寻求技术进步的发展中国家缺乏吸引力。国有化则是通过控制和限制逐步削弱企业所有者的控制权。虽然国有化最终导致征用，但整个过程中存在双方当事人的妥协。一方面，跨国公司可以继续在东道国经营；另一方面，东道国政府也能通过施行不同的限制来控制跨国公司。

二、经济环境

在跨国公司的国家经营环境中，经济环境因素是指目标市场国中直接影响企业投资、运营和盈利能力的宏观经济条件与市场环境特征，主要包括国民经济增长的基本情况、经济周期、经济政策、产业结构特点、自然环境条件、基础设施状况、对外经济关系以及国际收支与国际债务。

1. 国民经济增长的基本情况

国民经济增长的基本情况可以通过一系列的经济指标描述。衡量经济增长情况的主要指标有 GNP 或 GDP 增长率、人均 GNP 或人均 GDP 等，其他经济指标还有汇率、利率、失业率、通货膨胀率、存货水平与消费者和投资者信心指数等。各个国家都会定期发布这些基本经济指标的官方统计数据。跨国公司可以很方便地从各国的国民经济统计年鉴或一些国际经济组织的统计资料中获取。

2. 经济周期

每个经济体的运行都有一定的周期变化规律，这也被称为商业周期变化规律。因为经济周期性的发展变化其实反映的是商业活动的周期变化。因此，从事商业活动的企业必须了解所在国的经济发展处于繁荣、衰退、萧条或复苏中的哪一个阶段，根据经济的上升或下降的基本趋势制定相应的投资策略、研发策略、营销策略、生产策略等。

3. 经济政策

按照宏观经济学的解释，经济政策是国家政府为增进经济福利而制定的解决经济问题的指导原则和措施。国家实施经济政策的基本目标是充分就业、价格稳定、经济增长和国际收支平衡。经济政策的制定要综合考虑这些目标，并且为达到这些目标而制定相应的手段和措施。

4. 产业结构特点

产业结构一般是指企业与企业之间的相互关系以及由此决定的具体行业的状况。描述产业结构特点的变量共有三个：行业壁垒、集中程度与产品差异。跨国公司应据此了解行业市场的进入难易程度、该行业的垄断竞争情况和各企业产品的差异性，为自己确定在新市场的地位和战略提供信息。

5. 自然环境条件

国土面积、地理位置、自然资源、气候、河流、湖泊、森林等构成一个国家的自然环境。许多自然因素会影响社会、政治、经济等运行。自然环境也决定着文化的特点（如语言），决定着土地利用、交通和商业物流。地理位置影响一国与其他国家从事商业活动的距离、采用的交通方式与便利程度。例如，四面环海的岛国从事国际贸易，其主要运输方式会选择海运与航运，海运业和造船业在这些国家较为发达。沙漠、森林、湖泊、高山、平原、河流构成了一国的地表特征。地表状况影响着产品运销和市场分割，也决定了一国的气候条件，进而影响产品的储运。例如，在潮热的环境中，需要采用特殊的包装来防止物品生锈或发霉。

气候和地形还影响人口的地理分布，而人口的分布是营销过程中需要考虑的重要因素之一。提供季节性产品的企业会受到气候变化的影响。非正常的天气会破坏海运和陆运设施，使跨国经营活动付出高昂代价。

6. 基础设施状况

基础设施包括各种公共服务设施，如能源供应、交通运输、通信、商业、环保、金融机构、研究机构及高等教育机构等的相关设施。这些内容是一国经济供给能力的重要方面，对跨国公司非常重要。跨国经营的企业往往会选择经济基础设施较好，能满足其跨国商业活动需求的东道国进行投资。

7. 对外经济关系

一国的对外经济关系表明这个国家与其他国家或国际市场的经济联系程度。有的国家对外开放程度高，与国际市场的联系非常紧密，国家对外国投资的限制较少；相反，有的国家对外开放程度低，与国际市场的联系不甚紧密，实行较强的政府保护政策。在研究一国的对外经济关系时，主要分析贸易与投资的规模与结构、政府在对外贸易与投资方面的政策、市场准入等问题。

8. 国际收支与国际债务

国际收支是指一国在一定时期内对外收入与支出的全部货币资金的总额，主要由经常项目、资本项目和平衡与结算项目三部分构成。当一国的经常项目不平衡，出现较大规模的赤字，就需要借入大量资金来平衡国际收支，即形成了国际债务。从跨国经营的角度看，一国在国家债务过多的情况下，往往会缩减进口，企业也很难得到硬通货。此外，政府会制定一系列的宏观经济政策控制赤字，如降低经济增长速度等。这些都会影响企业的销售机会，使企业在该国的经营活动受到抑制。

三、法律环境

各国国内的法律法规以及国际法、国际公约与协议等相关法律条款是影响跨国公司生产经营活动的最直接和最经常的因素。这里主要介绍国内法部分的法律环境因素。

世界上没有哪个国家拥有与其他国家完全相同的法律制度。但将各国不同的法律制度加以比较，可以发现其间有相同或类似的概念、术语和实施方法。

1. **五大法系**

目前，根据世界各国法律基本特征可将法律归纳为五大法系：大陆法系、英美法系、伊斯兰法系、印度法系以及中华法系。

（1）大陆法系。大陆法系源自罗马法，公元6世纪的《查士丁尼法典》是罗马法的重要组成部分。目前世界上大多数国家采用这一体系，此法系的特点在于法律规则由国家机构依照一定的程序制定，并以规范的文件形式表现，判案以法律条文为依据进行。

（2）英美法系。英美法系又称普通法系、英国法系，是以英国自中世纪以来的法律，特别是它的普通法为基础而发展起来的法律的总称。英美法系首先起源于11世纪诺曼人入侵英国后逐步形成的以判例形式出现的普通法。该法系的特点是法律规则不以规范性的文件形式表现，判案主要以过去的相同判例为依据，因此也被称为不成文法或习惯法。

（3）伊斯兰法系。伊斯兰法系是中世纪信奉伊斯兰教的阿拉伯各国和其他一些穆斯林国家法律的总称，是指以伊斯兰法作为基本法律制度的诸国所形成的“法律传统”“法律家族”“法律集团”。伊斯兰法作为宗教法，对于信仰伊斯兰教的穆斯林而言，是具有天启性质的法律，因此涉及宗教内容的法律具有不可改变性，涉及世俗事务的内容可因时因地做出改变。不可改变性与可变更性为伊斯兰法系的重要特征。

（4）印度法系。印度法系是印度法律和仿照这种法律判定的各国法律的统称。印度宗教众多，并影响了印度法律，其结构、体系异常复杂。印度法系融法律、伦理道德和哲学为一体。

（5）中华法系。中华法系是中国的封建法律和亚洲一些仿效这种法律的国家法律的总称，中华法系作为一个法学概念，有两种含义。其一，作为“中国古代法律”的代称，专指中华文明史上形成的、以调整社会关系、构建社会秩序、维护国家统治为目的的中国古代法律。其二，作为比较法意义中的概念，指亚洲古代一些国家制定实施、在核心精神与主体内容上具有共同特征的法律群。中华法系从立法、司法、法律规制等方面，全面维系中央集权的政治体制。中国古代在国家权力结构及政权组织形式方面，全面强化中央集权。国家管理机构的设置与运行，遵循“分事不分权”原则。

2. **法律环境及其对跨国公司经营的影响**

各国的国内法中有许多内容直接或间接涉及商业环境，都会对企业的生产经营活动产生影响。跨国经营的企业必须详细了解东道国与母国的基本法律制度与相关法律法规的内容。因为不同的法律体系对许多相同问题的解释不同。例如，在普通法系国家里，财产权利归于使用该财产的当事人。因此，依据该法系的内容，商标权应归属于在包装和广告促销中实际使用了该商标的当事人。而大陆法系的国家却是将商标权授予实际最先注册该商标的当事人。除了不同的法律体系对一些基本问题的解释差异可能影响经营活动，各国还有大量的法律法规直接影响着跨国公司的生产经营活动，有许多法律法规是直接针对产品、价格、销售渠道和促销方式的。例如，对产品的品种、质量、包装、标签制定的各种技术性的规定，要求品牌、商标的设计和使用必须符合一定的要求，对价格实施最高或最低限制，对一些特定种类的商品（如酒精饮料、烟草、药品、儿童产品等）或劳务的广告在广告媒介、广告词、广告时间等方面加以限制。此外，以下法律也会对跨国公司的经营活动的某些方面产生影响：最低工资规定、环境保护法、劳动安全法、工会法、版权和专利法、反垄断法和有利于商业投资的法律等。

四、技术环境

跨国公司对技术环境的分析应包括东道国与母国的基础性技术变革及趋势、技术研究状况、技术变革的速度、技术法规，以及企业（包括跨国公司自身和竞争对手、供应者、销售者）的技术特点和水平等。

1. 东道国与母国的基础性技术变革及趋势

跨国公司必须清楚地意识到母国与东道国，尤其是后者，存在着可能影响企业的新技术或能给某些产业带来革新的基础性技术变革。这些技术变革意味着新材料的出现以及产品、工艺和生产效率的改善。某些新的技术突破可能对许多产业都有重大影响，如激光、集成电路、基因工程、机器人等。基础性的技术变革及发展趋势应作为企业调整经营战略和设计未来发展方向的指导。

2. 技术研究状况

技术研究分为基础技术研究与应用技术研究。大部分企业没有足够的能力和资源进行基础技术研究。推动基础技术进步的通常是政府、重要的研究中心和高等院校以及某些创新能力极强的跨国公司。企业从事的主要是应用技术的研究。企业应该了解所在国的技术研究状况，如政府鼓励开发的技术类型、科研机构和高等院校的研究水平和潜力、国家的研发基础设施和技术人力资源等。

3. 技术变革的速度

当今社会，技术变革的速度有加快的趋势，但这要根据不同的行业区别分析。有的行业如电信和计算机产业的技术变化速度很快，而有的行业（如消费品）的生产技术变化相对缓慢。跟上技术变化的步伐对跨国公司维持竞争优势十分关键。因此，跨国公司需要有专门的研究与开发部门，目的是紧跟市场技术变化动态，在基础性技术的基础上发展应用技术，并不断为企业开发新产品和新工艺。

4. 技术法规

跨国经营的企业还需要了解母国和东道国的技术法规。一般而言，相关的技术法规涉及技术开发与研究、技术引进与输出、技术成果的保护等。这些法规对创造良好的技术创新与传播环境很重要。

5. 企业的技术特点和水平

跨国公司还应该了解自身、竞争对手、供应者、销售者的技术特点和水平，如企业具备什么样的生产技术和条件、生产效率如何，竞争对手推出了哪些新产品、新服务、新的制造程序，供应者可以提供哪些新产品和新服务等。这些信息是跨国公司决定其竞争战略的重要依据。

五、社会文化环境

人们在其生活和成长的社会中逐渐形成了基本信仰、价值观念和生活准则，这些都属于社会文化环境因素。文化的内涵十分丰富，在这里它是指一定区域内人们的思想、情感和行为的总和。不同的社会有与其他社会不同的文化。特定的文化是一个特定社会的成员们所共有的，并通过学习过程一代一代延续下去。这也是社会与文化这两个概念密不可分的原因。一方面，社会文化因素具有一定的稳定性，一个社会基本的文化特征是很难改变的；另一方面，社会文化因素又具有明显的动态性，因为次要的文化特征可以随着社会的变化而调整，这种持续变化是人类为了满足其需要所做的控制和适应环境的努力的结果。社会文化因素对跨国公司的经营活动有重要影响，而且这种重要性越来越明显。在不同的国家进行生产经营的企业，应当与当地的社会文化保持一致，产品的销售也应根据当地条件进行不同的规划。在促销方面，尤其应注意广告内容与各国文化背景的协调。在价格策略方面，应制定与当地消费水平相适应的价格。在产品品牌的选择上，应注意各国消费者对品牌的不同偏好，从而选好产品所使用的品牌名称。

第三节　跨国公司的国际经营环境

国际经营环境因素也很复杂，这一节只涉及与跨国经营最密切相关的国际法律环境、国际经济组织和国际行为准则与道德规范。

一、国际法律环境

1. 国际法的概念

国际法是指若干国家参与制定或者国际公认的、调整国家之间关系的法律。就国际法的名称而言，有广义和狭义之分，狭义的国际法也称国际公法，以区别国际私法；广义的国际法是指一个法学专业，主要包括国际公法、国际私法两个方向。事实上，并没有被称为“国际法”的单一法律实体或综合法则。要想让一个存在着不同的文化、政治、哲学和价值观的地球只受一套法律和政治体系的制约是不可能的。

参照美国法学会编纂的 1987 年《对外关系法重述（第三次）》中对国际法的定义，国际法的规则是被国际社会以如下形式所接受的：①国际习惯法；②国际协议；③从与世界主要法律体系一致的一般原理演化形成的规则。其中，国际习惯法起源于各个国家出于法律义务感而遵循的总体的、一致的习惯做法。国际协议本身即构成国际法的主要渊源，其有效性并不以普遍参与为前提。但需要注意的是，只有当这类协议的规则被各国通过国内立法转化为国内法，或在国际实践中形成具有约束力的惯例时，才能构成完整意义上的国际法体系。而从与世界主要法律体系一致的一般原理演化形成的规则，可能并没有被收编或反映在国际习惯法或国际协议中，但在适当的时候也可以作为国际法的补充协议。

2. 国际法的分类

国际法大体上可分为国际公法和国际私法两类。

国际公法是处理国家和国际组织的行为、它们之间的关系以及它们和自然人或法人之间关系的一般适用的规则或准则。国际公法涉及国家之间的关系，对国际社会所有成员都有约束，这些约束标准也许会反映在条约、公约或如联合国等国际组织的宪章中。各种条约和公约对私人权利有重要影响，从而影响企业的经营活动。例如，避免双重征税和偷逃税的税收条约与跨国公司的税收及经济利益直接相关；《禁止化学武器公约》禁止生产用于化学战争的物资，要求私人企业汇报其相关材料，并对其进行现场视察以监督该公约的执行；《联合国海洋法公约》则直接影响在近海开采石油和天然气的企业的活动。

国际私法是在国际交易中对私人参与者适用的法律，也称为冲突法。它是处理来自不同国家的当事人的权利及义务争端的法律，通常涉及商业领域。换句话说，国际私法所涉及的是一个国家的法院如何处理另一个国家的法律的问题。国际私法是一个容易让人误解的名称，人们会以为它是法律上一个专门处理私人交易的分支。实际上，与国际公法一样，国际私法也没有一套被广泛认可的法律。国际私法通常包括三个部分：法律的选择（交易中运用的法律）、诉讼地点的选择（谁拥有司法管辖权或审理案件的权利）和判决的实施地点。国际私法也受到多边公约的影响，如《承认及执行外国仲裁裁决公约》《美洲国家间关于嘱托书的公约》《联合国国际货物销售合同公约》等。用国际私法处理法律争端时，国内法律体系仍是解决问题的主要依据。在与不同国家的企业进行交易时，必须对这些国家的法律体系的特点作深入了解。

二、国际经济组织

1. 国际经济组织的产生和类型

国际经济组织是近代国际社会国际关系发展的产物。其发展的经济根源是经济国际化过程中维持世界经济秩序，加强国际经济合作，合理维护和保证有关国家利益的需要。国际经济组织，包括政府和非政府组织，在当今的全球性社会里发挥着越来越重要的作用。国际经济组织可分为全球性国际经济组织和区域性国际经济组织，前者管理或协调世界各有关国家的经济，后者则管理或协调某一地区内的各国的经济。

从各组织的功能来看，国际经济组织可分为三种基本类型：一是促进国际经济贸易合作型，如世界贸易组织、经济合作与发展组织和国际商会等；二是管理国际货币与金融的机构，如国际货币基金组织、世界银行等；三是区域经济贸易合作或一体化组织，如北美自由贸易区、欧盟等。此外，还有一些跨地区、多功能，以政治、宗教、种族等方面的联系为纽带的多国经济组织。

2. 国际经济组织对跨国经营活动的作用

国际经济组织对跨国经营活动的重要作用表现在以下几个方面。

（1）创造良好的国际经济环境，为跨国经营提供机会。在国际经济贸易合作与发展中，一个很重要的问题是必须尊重各国主权、兼顾各国利益。由于各国不同的经济发展状况和主权利益，如果没有一个良好的国际经济环境，企业就很难开展国际化经营或必须以高成本开展国际化经营。国际经济组织首先是通过确定国际经济与贸易规则和基本原则来规范国际经济秩序，努力确保各国的企业能够平等地、公平地参与国际经营活动。此外，不同类型的国家进行国际合作的基础是共同的利益和目标。由于历史和现实的原因，发展中国家在国际经济合作中往往处于不利的地位。国家间的关系处理不当，不仅会损害有关国家的利益，而且会阻碍经济国际化进程。国际经济组织通过提供对话场所逐步消除国家间的分歧，通过经济与技术援助帮助落后国家实现经济发展，为跨国经营创造良好的投资机会。

（2）为国际经济贸易合作建立制度环境。第二次世界大战后，国际经济关系的发展使得仅从国内的角度对其进行管辖已远远不够，需要通过包括国际公约在内的国际法规来加以调整。国际经济组织在国际法的发展和完善方面所起的作用主要在于：

①作为各国聚会的场所，为各国进行多边谈判、缔结公约创造了有利的条件；②参与国际法规的编纂与制定工作（国际法的原则和规则大多散见于各国订立的多边、双边公约，以及基于各国实践形成的国际惯例中）；③通过的组织决议在主观上表达了各国的法律观点，在客观上促使各国采取类似的行为，从而促进了国际习惯法的形成和发展。国际经济组织制定的法律性文件，成为各国从事国际经济贸易活动的行为规范。

（3）稳定国际金融秩序，为跨国经营企业提供融资便利。在市场经济条件下，各主权国家不同的货币体系、货币政策与金融制度，在客观上妨碍着国际商品货币关系的发展。为稳定国际金融秩序而建立的一些国际经济组织在维护国际金融秩序、推动国际金融一体化方面起了很大的作用。例如，国际货币基金组织的宗旨就是稳定国际汇兑，消除妨碍世界贸易的外汇管制，在货币问题上促进国际合作，并通过提供短期贷款，解决成员国国际收支暂时不平衡时产生的外汇资金需求；世界银行本身就对符合贷款条件的国家提供优惠贷款，直接为企业提供了资金来源。

（4）有利于解决国际经济贸易争端。除了国际法院是解决国家之间政治、领土、法律争端的司法机构，一些国际经济组织根据国际条约的规定也具有解决国际经济贸易争端的职能。国际组织中的争端解决机构和程序具有国际法院和一般国内法院所无法替代的职能，对国际经济发展起到重要的保障作用。例如，世界贸易组织成立后，发展了关税与贸易总协定的争端解决机制，使该机制更完善、更具有权威性。欧洲一体化的重要支柱之一就是设立了欧洲法院，由各成员国政府协商一致任命的法官组成，负责审理和裁决在执行各条约中发生的争端。欧洲法院具有广泛的管辖范围和多方面的作用，成员国、个人或企业都有资格成为当事人。

三、国际行为准则以及道德规范

对国际经营活动的规范，仅有国际公法和国际私法是不够的。许多企业行为产生的影响超出了法律范畴，或者现有法律无法对其加以规范。这就需要利用某些行为准则以及道德规范来加以制约。

针对跨国公司制定的行为准则存在已久，但一直未得到广泛传播。联合国附属机构跨国公司中心和经济合作与发展组织已经颁布过跨国公司在东道国的一系列行为准则，以使跨国公司行为有一个道德标准。发展中国家是促使制定这些法规的主要动力，因为它们的利益经常被跨国公司所攫取。跨国公司在东道国常常取得控制地位，却不向东道国提供补偿或与东道国分享技术。此外，一些大企业也发展了自己的商业道德准则，或在其章程等文件中有所体现。尽管有这些努力，国际行为准则与道德规范环境仍未完全建立起来。问题的关键是这些行为准则不是法律，没有强制性，它们只是由一些政府或非政府组织制定并推荐给企业自愿实施的。这就使这些行为准则的效力大打折扣。这些规则是否被各跨国公司接受以及能否对商业实践产生巨大的影响，还有待观察。

小结

任何投资活动都会面临投资环境的问题，这是因为投资环境与投资效益有着极为密切的联系，所以投资者进行投资决策时，必须对所面临的投资环境进行分析，以求获得一个良好的投资环境。对于国际直接投资者而言，进行投资环境分析尤为重要，因为国际直接投资可能遭遇的风险比国内投资大得多，东道国的投资环境与投资者所熟悉的本国投资环境有很大的差异，甚至完全不同。对于东道国来说，为吸引更多的外国资金促进本国的经济发展，以适应经济全球化、金融一体化的发展趋势，就应该不断建设、改善投资环境。因此，投资环境问题已越来越受到国际直接投资者和各国政府的重视。

案例分析

前沿观点

在第四届中国国际进口博览会开幕式上，习近平主席指出，20 年来，中国经济总量从世界第六位上升到第二位，货物贸易从世界第六位上升到第一位，服务贸易从世界第十一位上升到第二位，利用外资稳居发展中国家首位，对外直接投资从世界第二十六位上升到第一位。这 20 年，是中国深化改革、全面开放的 20 年，是中国把握机遇、迎接挑战的 20 年，是中国主动担责、造福世界的 20 年。

加入世界贸易组织以来，中国不断扩大开放，激活了中国发展的澎湃春潮，也激活了世界经济的一池春水。中国将坚定不移同世界共享市场机遇，增设进口贸易促进创新示范区，优化跨境电商零售进口商品清单，增加自周边国家进口。自由贸易试验区改革创新不断推进，外资准入持续放宽，营商环境继续改善，中欧投资协定谈判业已完成，区域全面经济伙伴关系协定国内核准率先完成。

复习与思考题

1. 简述跨国公司环境因素的构成内容。
2. 简述跨国公司经营环境的主要特征。
3. 国际经济环境因素主要包括哪些方面？
4. 简述国际法的分类。
5. 国际经济组织对跨国经营活动的影响有哪些？
6. 论述超国家组织对跨国公司国际经营的影响。

第 4 章

跨国公司的战略管理

CHAPTER 4

阅读提示

跨国公司在经济全球化背景下已经成为一支不可忽视的力量，深刻地影响着世界经济、政治和社会生活。跨国公司面对激烈的竞争环境，为了求得长期生存和不断发展，对公司的生产经营活动实行总体管理，即公司战略管理，其核心问题是使公司自身条件与环境相适应，通过对实施战略过程及结果的评价、控制，以确保公司自身目标的有效实现。

关键术语

跨国公司战略管理　战略类型　战略模型　战略选择　战略联盟

思政要素

时过境迁，世界已进入全球化2.0时代。随着中国综合实力的提升，中国企业不再是配角，已逐步担负起出海发展的主角责任。从中国制造走向中国智造，中国跨国公司的管理者也需要适时调整战略，肩负更多责任。本章内容涵盖的思政要素主要包含以下三点。

1. 四个意识

跨国公司的发展根植于国家，其战略组织、控制实施、评估全过程均受到国际、国内环境的影响；是在一个动态的、复杂的环境中进行的。作为中国跨国公司的管理者，必须了解国际、中国国情，坚定四个意识，特别是具有大局意识、核心意识才能更好地做出科学的战略决策。

2. 辩证思维

国际形势多变，跨国公司在运营过程中面对的问题比国内公司更加复杂，中国跨国公司管理者需要灵活运用辩证思维，承认矛盾、分析矛盾，抓住关键、找准重点，做出适宜的战略调整，采用适当的战略模式，进行国际化运营。

3. 高质量发展

习近平总书记在党的二十大报告中提出："高质量发展是全面建设社会主义现代化国家的首要任务。"因此，中国跨国公司也需要在具体的战略实施过程中进行高质量发展的转型，进行合适的人员配备以及科技产业的研发，为全面建设社会主义现代化国家贡献力量。

第一节　跨国公司战略管理概述

一、跨国公司战略管理的含义

战略管理鼻祖——伊戈尔·安索夫在其 1976 年出版的《从战略规划到战略管理》一书中提出了“企业战略管理”，他认为，战略管理之所以不同于经营管理，是因为战略管理是企业为了面对未来外部环境的变化，对目前以及未来要进行的活动而做出战略决策到实现的过程。

美国学者迈克尔·波特在其 1980 年出版的《竞争战略》一书中认为，企业战略管理是通过分析企业的竞争环境、竞争对手和自身资源，制定能够使企业在市场中获得竞争优势的战略。这一过程包括对行业结构的分析、竞争对手行为的预测以及企业自身核心竞争力的识别，从而实现企业的长期发展和市场地位的巩固。

珀尔马特认为跨国公司战略管理的核心是强调跨国公司的价值体系、发展沿革、管理方法以及企业文化对企业战略控制的直接影响。早在 1969 年，珀尔马特就首创了所谓 EPRG 体系。该体系将企业的国际营销战略分为四个维度，Ethnocentrism（本国中心主义）；Polycentrism（多中心主义）；Regiocentrism（地区中心主义）；Geocentrism（全球中心主义）。企业采取不同的营销战略，则其经营哲学也有所不同。

（1）本国中心战略是指跨国公司将战略重心放在母国业务上，别国业务则放在较次要地位的战略。

（2）多中心战略是指跨国公司将战略重心放在海外各子公司业务上的战略。

（3）地区中心战略是指跨国公司将战略重心放在一定区域内的海外经营业务上，追求这一区域内海外子公司或分公司整体利益最大化的战略。

（4）全球中心战略是指跨国公司通过全球网络将不同的子公司统一起来协调行动，谋求跨国公司总体利益最大化的战略。

普拉哈拉德和多滋认为，跨国公司的战略主要是由政治约束、经济约束和组织约束这三种相互冲突的力量协同作用的结果。其中，政治约束主要指母国和东道国政府的政策，经济约束主要指该跨国公司的竞争能力、技术水平和产品差异等，组织约束指跨国公司组织适应外部环境的能力。

综上所述，跨国公司战略管理是指在经济全球化的背景下，通过对全球竞争形势（包括外部环境和内部形势）的分析，明确跨国公司的宗旨，确定跨国公司目标，进行战略规划，并组织实施与控制的全过程。

二、跨国公司战略管理的特征及意义

跨国公司的战略管理与跨国公司长期、整体的规划密不可分，是一种新型的管理化过程。跨国公司战略管理的特征有长远性、稳定性、竞争性、系统性、全球一体化。

战略的制定主要依靠跨国公司的长远目标，在做出重大决策时，首先考虑的是跨国公司整体的长远利益，这是战略管理的主目标，其次才是考虑中短期利益与长期利益的平衡，这是战略管理的子目标。战略的长远性决定了已制定的战略在一段时间内是不变的，即战略管理具有稳定性。跨国公司战略的制定涵盖了跨国公司所有子公司及其部门，各个子公司及其部门之间存在着长期、全面的信息与资源的交换，各子公司与部门之间既存在竞争又存在合作，每一个子战略与其他战略之间也存在着动态联系，各子公司的子战略共同组成了跨国公司的总体战略并为实现总战略共同努力。全球一体化是跨国公司战略管理的显著特征，主要表现在跨国公司具体战略的制定和评估必须基于全球视角，从全球范围考虑跨国公司的各种经营活动安排。

对跨国公司来说，进行战略管理的意义在于以下几个方面：强化了跨国公司在世界市场上的整体功能，为将各子公司在全球范围内联系在一起提供手段；使企业更快、更好地接受变化、适应变化，为预计和应付环境变化提供途径；为企业协调和整合各种各样而又分散在各国的业务提供工具；为企业提供新的中枢管理，使企业能达到其既定目标。

三、跨国公司战略管理的内容

跨国公司战略管理的内容主要包括明确跨国公司宗旨，确定跨国公司目标，制定跨国公司战略，跨国公司战略实施，战略实施控制，战略实施评价六部分。跨国公司战略管理的主要内容与过程，如图 4-1 所示。

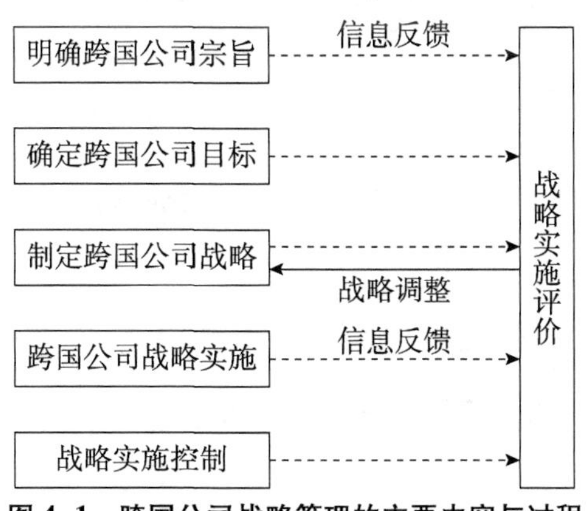

图 4-1 跨国公司战略管理的主要内容与过程

第二节　跨国公司的战略管理

一、明确跨国公司宗旨

跨国公司战略管理过程的第一步是明确跨国公司宗旨。跨国公司宗旨，是关于跨国公司存在的目的或者跨国公司在某一领域内对社会发展所应担当的角色和责任，是跨国公司的根本性质，说明跨国公司的经营领域、经营思想，为跨国公司目标的确立与战略的制定提供依据。简单地说，跨国公司宗旨是指高层管理人员对跨国公司将从事什么业务、发展成什么类型的跨国公司的一种长远设想。明确跨国公司宗旨，要完成三项任务：确定跨国公司经营业务、改变跨国公司宗旨、传达跨国公司宗旨。

二、确定跨国公司目标

在明确跨国公司宗旨后，则要确定跨国公司的目标。目标代表了对在特定时期内取得具体绩效成果的一种承诺。它把宗旨和发展方向转变成明确的绩效指标，使管理人员在完成这些绩效指标时感到压力。

在跨国公司的目标中，与财务绩效有关的目标是财务目标，与战略绩效有关的目标是战略目标。财务目标侧重短期效应，而战略目标注重长期结果。当跨国公司财务陷入困境时，高层管理人员往往重视财务目标，忽视战略目标，这种情况如果长期继续下去，就可能会危及跨国公司的市场竞争地位。战略目标的内容包括三个方向：生产经营方向，如产品种类、业务范围、经营方式；用户和市场方向；自身发展方向，如生产规模、管理水平、利润率等。战略管理的一个重要作用就是可以减少管理人员的经营行为短期化。对于跨国公司高层管理人员来说，财务目标和战略目标都很重要，需要付出很大精力协调两者之间的关系。

三、制定跨国公司战略

跨国公司制定的目标必须依靠一套切实可行的战略计划来实现，因此，跨国公司战略管理的核心环节就是制定跨国公司战略。

（一）跨国公司战略类型

1. 按照降低成本压力与地区调试压力的不同分类

（1）国际化战略。

国际化战略是指企业将其具有价值的产品与技能转移到国外市场，从而创造价值的战略。大部分企业采用国际化战略时，战略重点是技术扩散和适应性调整，把在母国所开发出的具有差别化的产品转移到海外市场来创造价值。在这种情况下，企业资源配置情况大多是把产品开发的职能留在母国，而在东道国建立制造和营销机构。在大多数的国际化企业中，企业总部一般严格地控制产品与市场战略的决策权。

如果企业的核心竞争力使企业在国外市场上拥有竞争优势，而且在该市场上降低成本的压力较小，企业采取国际化战略是非常有利的。但是，如果当地市场要求能够根据当地的情况提供产品与服务，企业采取这种战略就不太合适。同时，由于企业在国外各个生产基地都有厂房设备，会形成重复建设，加大了经营成本，这对企业也是不利的。

（2）多国化战略。

为了满足东道国的市场要求，企业可以采用多国化战略。多国化战略重点是提高国外子公司的自主经营灵活性，以适应不同国家的差异。多国化战略的资源配置情况是国外子公司分权管理，实行适当自主经营。多国化战略与国际化战略的不同之处在于，其要根据不同国家的不同市场，提供更能满足当地市场需要的产品和服务；相同之处是，多国化战略也是将母国所开发出来的产品和技能转到国外市场，而且在重要的东道国市场上从事生产经营活动。因此，多国化战略的成本结构较高，无法获得经验效益和区位效益。

在东道国市场强烈要求根据当地需求提供产品和服务并降低成本时，企业应采取多国化战略。但是，由于多国化战略生产设施重复建设并且成本比较高，在成本压力大的行业中不太适用。同时，实行多国化战略，会使在东道国的子公司过于独立，企业最终有可能会失去对子公司的控制。

（3）全球化战略。

全球化战略是向世界市场推广标准化的产品和服务，并在较有利的东道国集中进行生产经营活动，由此形成经验曲线和规模经济效益，获得高额利润。全球化战略的战略重点是通过集权和全球规模经营，建立成本优势。资源配置情况是全球规模的集权管理。因此，一些企业采用这种战略主要是为了降低成本压力。在成本压力大而东道国特殊要求较少的情况下，企业采用全球化战略是有利的。但是，在要求提供东道国特色产品的市场上，这种战略是不合适的。

（4）跨国化战略。

跨国化战略是在全球激烈竞争的情况下，形成以经验为基础的成本效益和区位效益，转移企业的核心竞争力，同时注意东道国市场的需要。其战略重点是同时建立全球效率、经营灵活性和世界范围的学习能力。资源配置情况是分散、相互依存和专门化的能力。为了避免外部市场的竞争压力，母公司与子公司、子公司与子公司的关系是双向的，不仅母公司向子公司提供产品与技术，子公司也可以向母公司提供产品与技术。同时，子公司之间通过资源共享、技术转移和市场信息交流，相互支持，共同提升企业的全球竞争力。

跨国化战略的显著特点是业务经营的多样化和市场的多样性。多元化跨国公司的管理者不仅要制定和执行大量的战略，还要根据各国市场条件的需求进行调整变化。

上述四种跨国战略的主要特征和优缺点，如表4-1、表4-2所示。

表4-1　　四种跨国战略的主要特征

	国际化战略	多国化战略	全球化战略	跨国化战略
战略重点	通过全球范围的技术扩散和适应性调整，将母公司利用知识和能力开发出的具有差别化的产品转移到海外市场来创造价值	提高国外子公司的自主经营灵活性，以适应不同国家的差异	通过集权和全球规模的经营，建立成本优势	同时建立全球效率、经营灵活性和世界范围的学习能力
资源配置	核心机能集中在母公司，其他分权给国外子公司	国外子公司分权管理，实行适当自主经营	全球规模的集权管理	分散、相互依存和专门化的能力

表4-2　　四种跨国战略的优缺点

战略	优点	缺点
国际化战略	通过全球范围内的技术扩散和适应性调整利用母公司的知识和技能 • 母公司能够获取更广泛的资源，包括人才、技术、原材料和资金，为发展提供保障 • 通过进入多个市场，母公司可以降低对单一国家市场的依赖，分散经营风险 • 可以向国外市场转移技术、品牌、创新能力等企业独特的能力	• 缺乏本土适应性 • 不能实现区位经济 • 不能利用经验曲线效应
多国化战略	通过强大的、随机应变的和开拓性的运营，保证灵活性，以对不同国家的特点做出反应 • 根据本土化要求提供改制的产品和特定的营销服务	• 不能实现区位经济 • 不能利用经验曲线效应 • 不能向国外市场转移技术、品牌、创新能力等企业独特的能力
全球化战略	通过集权、全球规模经营建立成本优势 • 利用经验曲线效应 • 利用区位经济	• 缺乏本土适应
跨国化战略	同时建立全球效率、经营灵活性和世界范围的学习能力 • 利用经验曲线效应 • 利用区位经济 • 根据本土化压力提供改制的产品和特定的营销服务 • 将核心竞争力转移到国外各国进行学习扩充	• 因组织问题而难以贯彻实施 • 需要在不同国家进行大量投资和资源分配，这可能带来较高的成本和风险

2. 按照跨国公司经营方式的不同分类

（1）多角化经营战略。

多角化经营战略是指企业尽量增加产品大类和品种，跨行业生产经营多种多样的产品或业务，扩大企业的生产经营范围和市场范围，充分发挥企业特长，充分利用企业的各种资源，提高经营效益，保证企业的长期生存与发展的战略。

多角化经营战略可以分散经营风险，提高经营安全率，避免由于经济衰退或波动而引起的企业收益急剧下降；便于从发展较慢、收益较低的产品或行业转向发展前景较好、收益较高的产品或行业，促进企业原有经营业务的发展。

但多角化经营需要相当大的投资，而且由于经营的内容、范围扩大了，各种经营业务之间又缺乏内在联系，致使领导精力和资源分散、管理复杂、风险增加。

（2）企业联合战略。

企业联合战略是指企业为实现战略目标，与有关企业及单位就某些乃至全部生产要素或生产经营活动进行统一组织与调配的战略。企业联合战略包括横向联合战略和纵向联合战略。

横向联合战略是指跨越既有区别又有相互联系的企业间的一系列目标和政策的综合，它为各分散经营的企业间提供明确的协调，加强这些企业的竞争优势。

纵向联合战略是指处于生产、流通领域之不同阶段，在业务上互相衔接或互补的成员之间的联合。比如产、供、销联合体，同一终极产品的零配件生产企业的联合体，上游企业和下游企业的联合体，供货商、分销商和零售商的联合体等。

企业联合战略可以帮助企业实现资源共享、优势互补、风险分担等目标，从而提升企业的竞争力和市场地位。

（3）集中化经营战略。

集中化经营战略又称聚焦战略，是指把经营战略的重点放在一个特定的目标市场上，为特定的地区或特定的购买者集团提供特殊的产品或服务，即企业集中使用资源，以快于过去的增长速度来增加某种产品的销售额和市场占有率。该战略的前提思想：企业业务的专一化，能以更高的效率和更好的效果为某一狭窄的细分市场服务，从而超越在较广阔范围内竞争的对手们。这样可以避免大而弱的分散投资局面，容易形成企业的核心竞争力。

集中化经营战略追求的目标不是在较大的市场上占有较小的市场份额，而是在一个或几个市场上有较大的甚至是领先的市场份额。其优点是适应了企业自身资源有限这一特点，可以集中力量向某一特定子市场提供最好的服务，而且经营目标集中，管理简单方便。使企业经营成本得以降低，有利于集中使用企业资源，实现生产的专业化，实现规模经济的效益。

但是集中经营对环境的适应能力较差，有较大风险，且放弃了其他市场机会。如果目标市场突然变化，如价格猛跌、购买者兴趣转移等，企业就有可能陷入困境。集中单一产品或服务的增长战略风险较大，因为一旦企业的产品或服务的市场萎缩，企业就会面临困境。因此，企业在使用单一产品或服务的集中化经营战略时要谨慎。

（4）特色经营战略。

特色经营战略是指企业生产和经营的商品或提供的服务具有与众不同的特色，以特色取胜。这种特色可以表现在产品设计、技术性能、质量、企业文化、销售方式、用户服务等的某一方面。

（5）内部发展战略。

内部发展战略主要是利用企业自己的技术力量和资金力量进行有效且多样化的市场营销、产品研发、技术改造等，并结合外部的资源，在企业内部进行发展的一种战略，其可以将企业的经营规模不断扩大，达到经营事业不断发展壮大的目标。内部发展战略是多元化途径和战略之一。利用企业内部现有的能力和通过企业内部新能力的培育，在企业现有框架内创建新业务。

（6）撤退战略。

撤退战略是指企业从某个经营单位、子公司、事业部或者某个产品系列上退出。撤退战略主要有三种类型，分别是放弃战略、收割战略、清理战略。撤退与发展常常是联系在一起的，因为撤退是为了更好的发展，而发展也需要必要的撤退。

（二）跨国公司战略模型

1. 典型的市场结构类型

四种典型的市场结构类型是完全竞争、完全垄断、垄断竞争和寡头垄断。一个市场的结构依赖于买者和卖者的数量以及产品差别的大小。依照市场上厂商的数量、厂商所提供产品的差异、对价格的影响程度以及进入障碍等特征，市场被划分为完全竞争、完全垄断、垄断竞争和寡头垄断四种市场结构。

（1）完全竞争。

一个完全竞争的市场需要满足以下条件。

第一，市场上有着大量消费者和生产者，他们相互独立，任何一个生产者和消费者都不能对市场价格施加影响。但是，他们的供求总量决定了市场的价格，就个别消费者和生产者而言，都面临着一个既定的市场价格，他们都是价格的被动接受者。

第二，某一种产品市场上所有的企业都提供相同的产品，也就是同质的、无差别的产品。它们在生产原料、生产过程、产品质量、包装、售前及售后服务、销售环境等与产品相关的所有方面都是完全一样的。也就是说，对消费者来说，购买任意一家厂商的产品都是完全一样的感受，所有厂商的产品特征几乎都毫无差别，产品没有个性。

第三，企业要进入或者退出该行业都很容易，可以自由地转移其主要生产要素投入，该行业几乎没有任何进入和退出壁垒。只要发生亏损，生产要素可以即刻从亏损企业退出来，迅速投入盈利企业。因此，完全竞争市场也被称为资源配置最有效率的市场。

第四，市场中与商品相关的信息都可以完全地传递出来，因此，市场中每个生产者和消费者都可以掌握与产品相关的所有信息。生产者不仅掌握相关的其他生产者的生产信息，同时对消费者的消费偏好和要求等信息都能及时掌握。而消费者同时也可以掌握生产者关于商品生产的一切相关信息。这样，每个消费者和每个生产者都可以根据自己所掌握的完全的市场信息，做出理性的经济决策，从而获得更大的经济效益。而且，由于消费者和生产者都知道既定的市场价格，都按照这一既定的市场价格进行交易，就排除了信息不通畅而可能导致的一个市场同时按照不同的价格进行交易的情况。

综上，满足四种条件的市场就是完全竞争市场，但是这四种条件在现实中很难同时实现。

（2）完全垄断。

完全垄断市场与完全竞争市场恰恰相反，该市场只存在一家厂商，换言之，该行业由该厂商构成，消费者没有选择厂商的权力，只能选择购买或是放弃购买。在其他类型的市场中许多商品都有着一定的替代品，即使该商品在该市场只有一家厂商，消费者也可以通过选择替代品来满足自身的需求。但完全垄断市场的产品没有替代品，因此不存在竞争对手。以自来水为例，大部分的城市居民无法找到干净自来水的替代品，因而只能选择从对应地区的自来水公司购入干净的自来水作为生活用水。由于不存在竞争对手，厂商有机会大胆地通过各种方式制定价格来实现自身利益的最大化。例如，以孟山都为代表的生物技术企业由于对其生产的抗虫病的蔬菜种子具有完全的垄断，因而可以自由地制定种子的价格来确保利润最大化。在完全垄断市场中，企业没有竞争对手，很有可能会生产出劣质的高价产品，在这种市场之中，消费者没有选择其他厂商产品的余地，只能购买这种劣质的高价产品，最终损害消费者福利，阻碍国民经济的发展。

但是，即使某一市场在特定时间点只存在唯一的厂商，也无法武断地将其视为完全垄断市场。必须存在一个进入壁垒让其他厂商无法或者难以进入，确保该市场在很长一段时间都只有唯一的厂商才能称为完全垄断市场。壁垒形成的原因有许多，如政府特许经营、技术垄断、资源垄断和自然垄断等。

（3）垄断竞争。

垄断竞争是一种市场结构，其特征在于众多厂商在竞争中提供差异化产品。在垄断竞争市场中，存在大量厂商，这些厂商通过生产具有独特属性的产品来进行竞争，市场进入壁垒相对较低。众多厂商的存在以及较低的市场进入壁垒赋予了垄断竞争市场一定的竞争特性。

厂商能够通过产品差异化策略赋予其产品独特属性，这是垄断竞争市场与完全竞争市场的主要区别。厂商通过产品差异化策略形成一定程度的市场垄断力量，若产品差异化程度足够高，厂商可能在特定产品领域获得垄断地位，从而具备一定的市场定价权。

然而，由于缺乏显著的进入壁垒，单个厂商的市场力量受到限制。尽管厂商可以通过产品差异化获得一定的垄断优势，但新厂商的进入和现有厂商的竞争会限制其长期的超额利润，使得市场在长期内趋于竞争性均衡。

（4）寡头垄断。

寡头垄断指一个市场只有少数几个卖方，通常受到进入壁垒的保护，产品或是标准化的或是有差异的。向其他企业出售资本品①的厂商通常生产的是标准化商品。一般只有少数几个生产厂商生产这种产品。更一般的，寡头向消费者出售差异化的商品，而大量的广告诱导消费者相信很多商品是有重要差别的。

2. 安索夫的战略模型

1957 年，安索夫以产品和市场作为两大基本方向，区别出四种产品/市场组合和相对应的营销策略，称为安索夫矩阵。安索夫后来又在产品和市场的基础上增加了地理位置这一因素，提出了地域增长矢量。

（1）安索夫矩阵。

安索夫矩阵如图 4-2 所示。

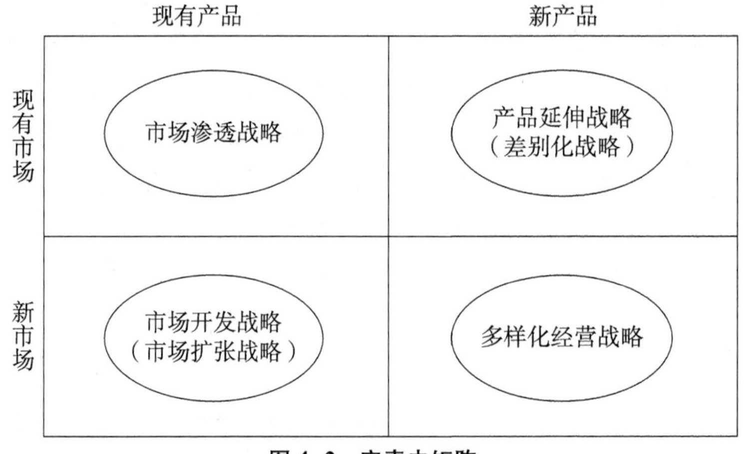

图 4-2　安索夫矩阵

① 资本品一般指一切协助生产其他商品或服务的物品。例如，企业用于生产的机器设备——车床便是一种资本品。

其矩阵的基本象限如下：

市场渗透（Market Penetration）战略：以其目前的产品市场组合为发展焦点，力求增大产品的市场占有率。采取市场渗透的策略，可以使用促销或提升服务品质等方式来说服消费者改用自己品牌的产品，或是说服消费者改变使用习惯、增加购买量。

市场开发（Market Development）战略：以现有的产品开拓新市场。企业必须在不同的市场上找到具有相同产品需求的顾客，其中往往产品定位和销售方法会有所调整，但产品本身的核心技术不必改变。

产品延伸（Product Development）战略：推出新产品给现有顾客。采取产品延伸的策略，需借助现有的顾客关系。通常是扩大现有产品的深度和广度，推出新一代或是相关的产品给现有的顾客。

多样化经营（Diversification）战略：提供新产品给新市场，由于此时企业的既有专业知识能力可能派不上用场，因此是最冒险的策略。其中成功的企业多半能在销售或产品技术等核心知识上取得某种综合效应，否则多样化的失败概率很高。

企业使用安索夫矩阵的核心步骤：①考虑在现有市场上，现有的产品是否还能得到更多的市场份额（市场渗透战略）；②考虑是否能为现有产品开发一些新市场（市场开发战略）；③考虑是否能为现有市场发展若干有潜在利益的新产品（产品延伸战略）；④考虑是否能够利用自己在产品、技术、市场等方面的优势，采用一体化战略使企业不断向纵深发展，面临新的市场、竞争和技术挑战（多样化经营战略）。

（2）地域增长矢量。

安索夫对矩阵做了修改，提出了地域增长矢量（如图 4-3 所示）。地域增长矢量由具有三个轴（市场区域、市场需求、产品/服务技术）的象限组成，企业可以用其来定义战略选择和业务的最终范围。

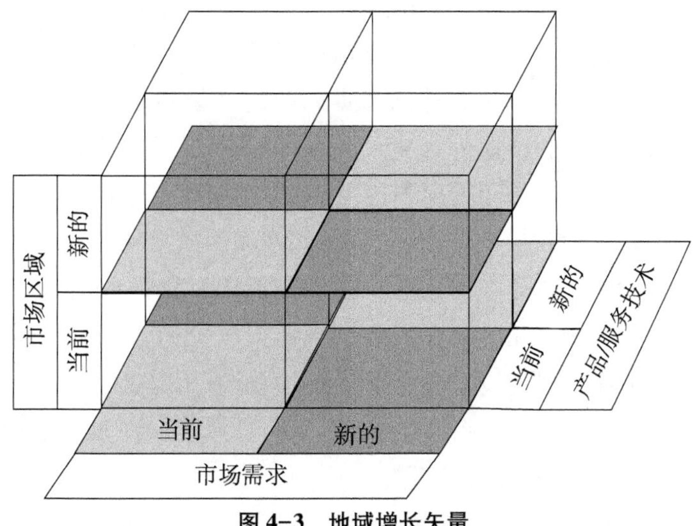

图 4-3 地域增长矢量

市场需求（如个人对于交通工具的需要或者电流信号放大的需要），产品/服务技术（如集成电路技术），市场区域（如地区或国家的州），这三个轴一起构成了一个立方体。它们为企业提供了不同的组合和战略方向：一方面可以选择强化的方式来利用现有技术继续服务目前的领域以满足传统的需求，另一方面也可以利用新技术进入新的领域以满足新的需求。

（3）安索夫的战略模型在企业国际化背景下的应用。

安索夫的战略模型本身并没有把市场区分为国内市场和国际市场。但是如果把安索夫的研究扩展到国际市场，也就是说，国内企业也向国际市场提供产品，从事国际化经营，对企业会有什么样的影响？

情况一：现有产品与现有市场。企业的现有产品要在现有市场上扩大市场占有份额，靠的主要是成本优势和服务优势。如果企业已经具备了特定的国际市场（即现有国际市场），它就可以通过增加向该国际市场的产品出口，以实现规模经济效益。此外，企业也可以在生产资源低廉的其他国家设立分厂生产现有产品，以降低产品的生产成本，增加产品的竞争力，从而使产品在国内和国际现有市场的销售额进一步扩大。企业产品在现有国际市场上的成功也会扩大企业在国内市场知名度及信誉度，从而促进产品在国内市场的增长。

情况二：现有产品与新市场。企业通过国际化经营活动，为企业的现有产品寻找国外新市场会有助于企业市场扩张战略的实现。市场扩张战略在国内的实施主要靠开发现有产品的新用途或新的细分市场定位；而该战略在国际范围的应用，使企业可以不依赖开发产品的新用途，只需要为现有产品寻找合适的国外客户。此外，企业还可以通过与国外厂商签署特许生产和经营协议、技术合作协议以及在海外直接投资生产该类产品等国际化经营方式，实现市场扩张战略。

情况三：新产品与现有市场。安索夫的产品延伸战略主要用于在企业的国内现有市场上推行新产品。企业的国际化一方面可以使企业从国外获得先进产品的生产技术和新鲜的产品设计和生产思路，从而提高产品质量和高新技术含量，促进企业新产品在国内市场的销售。国内外许多厂商利用这种方法取得了很好的效果。中国市场上也常见到如本产品“采用德国先进生产工艺生产”“采用丹麦引进机器设备生产”“款式由法国设计师设计”等宣传，以强调产品的质量和特征。另一方面，企业的国际化也可以表现为将企业在国内生产的新产品出口到国外的现有市场，或者由企业的海外子公司生产新产品，并在海外的现有市场上销售和返销到国内的现有市场，这些都有利于企业实现规模经济，提高企业的产品竞争力。

情况四：新产品与新市场。为了增加盈利和降低风险，许多企业采用多样化经营战略。它们由单一产品生产向多元产品生产转变，不断开发新产品，开拓新市场。企业的国际化可以使企业引进新技术和新产品，开拓国内外新市场；国内生产的有竞争力的新产品也同样可以开拓国际新市场。这些都有助于企业的进一步发展。

上述分析表明，安索夫的战略模型与企业国际化相结合能使企业有更大的发展空间；国内和国际新老市场的充分利用，能够提高企业的国内和国际竞争力，促进企业的发展。

3. 波特的战略模型

（1）通用战略矩阵。

波特致力于竞争优势和竞争战略的研究，是美国许多著名企业和跨国公司的竞争战略顾问。他不仅曾影响美国相关经济政策的制定，还兼任一些外国政府如葡萄牙和印度等国的顾问。20 世纪 80 年代，波特在对企业竞争优势研究的基础上提出了企业的通用战略模型。

波特在分析企业的竞争优势时提出，企业可以通过五种力量来评价竞争环境。这五种力量是：供应商的议价能力、购买者的议价能力、新进入者的威胁、替代品的威胁和同业竞争者的竞争程度。波特五力模型图如图 4-4 所示。

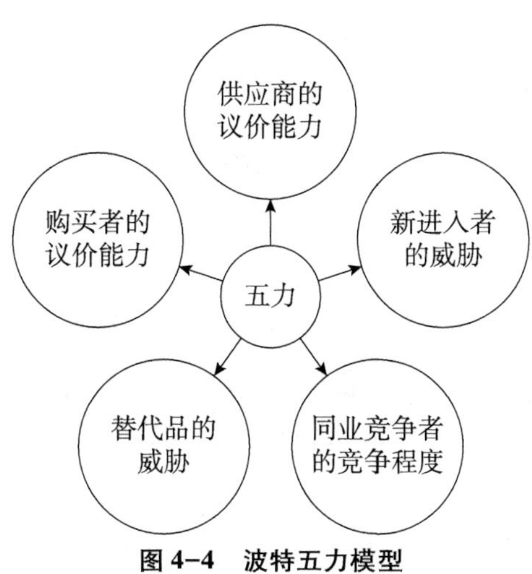

图 4-4　波特五力模型

购买者在市场上的可选择余地越大，其议价力量就越强。企业为了保持竞争优势，避免购买者转向其他竞争者，就必须采取如降价或提供更多、更好的服务等措施。同一行业的供货商数量越多，供应商的议价能力就越低，企业就可以利用其竞争优势地位，得到低价供货。市场上的替代品或替代服务越多，它对企业的威胁就越大。企业必须对替代品做出正确的预测和分析，采取抵消替代品影响的各种措施，改变自己处于劣势的竞争地位。新进入者则会威胁到企业的竞争优势地位。企业需要通过降低成本、提高客户对产品的忠诚度以及依靠政府采取关税等经济政策阻止或减少新竞争者的进入威胁，以保持竞争优势地位。为了保持企业的竞争优势，企业还必须分析现有竞争者之间的竞争状况并预测其发展趋势，以便采取相应的战略。

波特认为，企业的竞争战略优势可分为两大类：一是成本优势（低成本），二是服务优势（差异化）。这两种战略优势可以定位于两类不同的市场，即整个市场和局部市场。波特依此提出了“对付竞争力量的可行方法”，即企业通用战略（如表 4-3 所示）。

表 4-3　　企业通用战略

战略目标	战略优势	
	差异化	低成本
整个市场	差异化战略	成本领先战略
局部市场	专一化战略	

差异化（Differentiation）战略：面对整个市场，企业依靠服务优势为客户提供更多的产品附加价值，如更高的质量、更好的服务、更有特色的产品等，而客户需要为此付出较高的价格，这可以弥补企业在成本方面的劣势。

成本领先（Cost Leadership）战略：面对整个市场，企业充分利用其成本优势，以尽可能低的价格提供产品和服务。降低成本，保持成本领先的优势地位是企业实行成本领先战略的关键。

专一化（Focus）战略：又译为集中化战略或重点战略。如果企业只在局部市场上具有成本优势或服务优势，那么企业就应该专攻某一细分市场，采用局部市场的差异化战略或局部市场的成本领先战略。

波特认为，一个企业必须把注意力集中在上述企业通用战略的任何一个上，否则就会遇到麻烦。当一个企业缺乏市场份额和资本投入时，它就必须采用成本领先战略，而行业范围的差异化不可能容纳低成本定位，也不可能在较小范围内采取既差异化又低成本的方法。介乎于两者之间的战略成功的可能性很低。因为它既会失去大量的追求低价位产品的客户又会失去差异化产品的市场，因为这一市场已被实行差异化战略的企业所占有。

波特提出的企业通用战略模型和上述观点被当时的企业看作解决企业战略问题的合理方法，但是实践的发展却使企业不得不在所有方面与对手展开竞争。企业必须在实现产品的差异化的同时，成为总成本的领先者。而且企业不仅要面对国内竞争，还要面对国际竞争。

（2）国际战略矩阵。

在 20 世纪 80 年代末，波特把通用战略矩阵扩展为适应国际企业需要的国际战略矩阵。在这一矩阵中，企业的战略优势被划分为全球战略优势和国家战略优势，企业的战略目标市场仍然被划分为整个市场和局部市场。依此，企业有四种战略可供选择（如表 4-4 所示）。

表 4-4　　国际战略矩阵

战略目标	战略优势	
	全球战略优势	国家战略优势
整个市场	全球成本领先战略/全球差异化战略	受保护市场战略
局部市场	全球细分战略	当地响应战略

①全球成本领先战略/全球差异化战略：企业在总成本或产品的差异化上具有全球优势，应采取全球战略，定位于整个市场，尽量发挥自己特有的战略优势，以争取全球客户。

②全球细分战略：企业在全球范围的某一特定细分市场具有优势，就应努力为这一特定领域提供产品或服务，采用专攻某一特定细分市场的战略。

③受保护市场战略：不同国家的市场可能会有各种不同程度的保护本国市场的规定与措施。针对这种情况，企业在进入某一国家的市场前，需要对国家市场进行分析和鉴别，选择能够得到东道国政府保护的国家进行投资。

④当地响应战略：企业的优势如果只表现在某一国家的特定领域方面，企业就应采用当地响应战略，尽量满足当地对产品、销售、市场习惯等方面的特殊要求。

当波特把价值链概念与企业通用战略结合起来用于企业战略分析时，就形成了如表 4-5 所示的四种国际战略类型。

表 4-5　　国际战略类型

协调程度	活动配置类型	
高	高投资高协调战略	纯全球战略
低	以国家为中心的战略	以出口为基础的战略
地域	地域分散	地域集中

①以出口为基础的战略：一种最简单的战略，多为新国际化的企业广泛采用。

②以国家为中心的战略：企业的各个子公司之间很少或无需协调，在每个国家的子公司完成自己的一套价值链活动。

③高投资高协调战略：企业通过协调各个子公司的分散活动，以求降低成本，并实现共享资源。

④纯全球战略：要求企业对地域集中程度高的活动进行高度协调。

与安索夫的战略模型一样，波特提出的企业通用战略模型主要适用于国内企业。但是波特分析的新意在于，一是根据企业的竞争优势，而不是根据现有产品和新产品来制定战略方案；二是把市场区分为整个市场和局部市场，而不是现有市场和新市场。按照波特的模型，首先，企业应该明确自身的优势，这种优势不取决于企业经营的产品是现有产品还是新产品，而是取决于企业能够提供的产品服务（即差异化产品）或成本（即成本领先）。企业能否使现有产品市场扩大和为新产品开拓市场，主要是看企业的产品是否具有服务优势或成本优势。其次，在国内市场上，企业的优势可能覆盖整个市场或某一行业市场，也可能只限于某一局部的特定细分市场上。企业的优势只有具体结合其在市场上的竞争地位和类型，才能得以有效发挥。

当企业有意进行国际化经营，把国内业务扩展到国际，把企业通用战略转变为国际战略时，企业能够获得成功的最重要的因素是自己企业的服务优势或成本优势。但是在国际市场上，企业的优势可能表现为全球优势或只适用于某一国家或某几个国家的国家优势。企业要根据自己的全球优势和国家优势，在区分整个市场和局部市场的基础上决定采用差异化战略、成本领先战略或专一化战略。

一个国内企业如果能够把自己的优势扩展到国际市场，那么它对企业的发展无疑是有益的。它可以使企业的生产规模扩大、资源在国际范围内实现共享，从而进一步降低生产成本，保持企业的竞争优势和增强企业在国内外的竞争力。此外，企业优势在国外的成功也可以提高企业的声誉和知名度。

企业由国内经营向国外经营发展，其所面对的经营环境发生了重大变化，各国的政治、法律、经济、技术、文化、社会等各不相同。一个企业在本国市场上具有的竞争优势，并不一定意味着它在国际市场上也具有优势；而且即使有竞争优势，也会由于一些国家对本国市场的保护政策和措施而无法有效发挥作用。为此，企业应该选择自己在全球市场上具有绝对优势的产品和服务实现向国际化经营的转变，而对于特定国家的市场，特别是对具有严格保护本国市场规定的国家，可以通过与这些国家建立良好的关系，争取获得东道国的特别保护形成新的国际竞争优势，即受国家保护的竞争优势，也就是垄断优势。

波特的国际战略模型提出的竞争优势理论，特别是关于服务优势和成本优势、全球优势和国家优势的观点对企业的国际化经营是有积极意义的。然而，波特的国际战略模型没有说明企业如何赢得全球竞争优势和如何保持竞争优势的问题。波特谈到的企业竞争优势主要是指绝对优势。似乎只有具有成本绝对优势或服务绝对优势的企业才能进行成功的国际化经营。对于只具有相对优势的国内企业，例如发展中国家的多数企业，波特的国际战略模型没有涉及它们是否应该和能否实行国际化经营的问题。波特的国际战略模型也没有涉及企业现有优势的变化问题。企业在全球具有的成本和产品差异化上的优势，在国际经营环境下很难持久保持。例如发达国家企业产品在国际市场上的成本优势和产品差异化优势，会由于发展中国家的企业引进技术、改进生产、加入国际市场竞争而减弱，并会使其许多产品最终失去原有的竞争优势。

4. 普拉哈拉德-多兹的战略模型

（1）普拉哈拉德-多兹的战略模型概述。

美国密歇根大学教授普拉哈拉德先后与哈默尔和多兹合作，著文质疑流行的战略模式和相关战略概念（如“战略匹配”“通用战略”“战略经营单位”等），指出由于新的竞争者以完全不同的方式对待国际战略问题，国际企业也不应固守战略定式。战略应该定向于允许企业去实现那些超越自身规划能力的目标。企业不应该依据战略经营单位，而应依据企业的核心能力来建立自己的竞争优势。核心能力能够为企业提供进入各类市场的潜力，使企业明晰消费者的利益，并使企业具有竞争对手难以仿效的能力。

普拉哈拉德-多兹的战略模型可以用二人提出的一体化-响应方格图来说明，如图4-5所示。

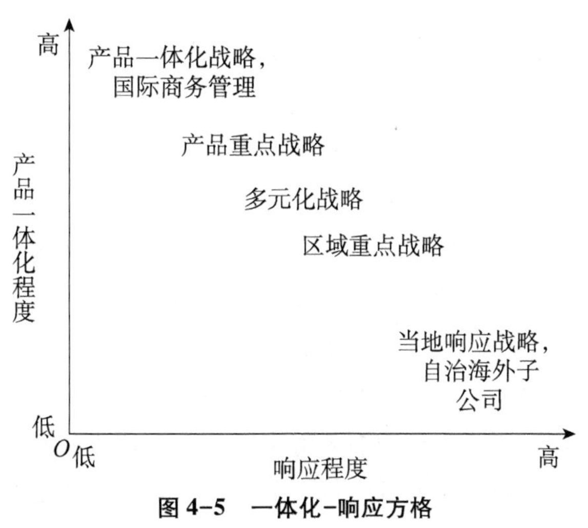

图 4-5　一体化-响应方格

该战略模型的纵坐标表示产品一体化程度的高低，横坐标表示对市场需求做出响应的速度的快慢，即响应程度的高低。有不同的因素能够促使国际企业提高产品一体化程度或者提高响应程度。国际企业要想建立和保持持久的竞争优势，必须处理各种不同的压力，如行业压力、全球化压力、本地化压力、成本压力、技术压力、竞争对手的压力以及客户需求变化的压力等，在一体化-响应方格图内选择相应的战略，并适时地从一种战略向另一种战略转变。

（2）普拉哈拉德-多兹的战略模型应用。

普拉哈拉德-多兹的战略模型应用示例，如图4-6所示。

图4-6中纵坐标表示全球产品一体化活动的潜在收益程度。全球产品一体化活动的潜在收益程度越高，因规模经济和低成本高效生产给企业带来的收益就会越大。横坐标表示由响应带来的差异化收益程度。对于各国在产业结构、分销体系和政府限制

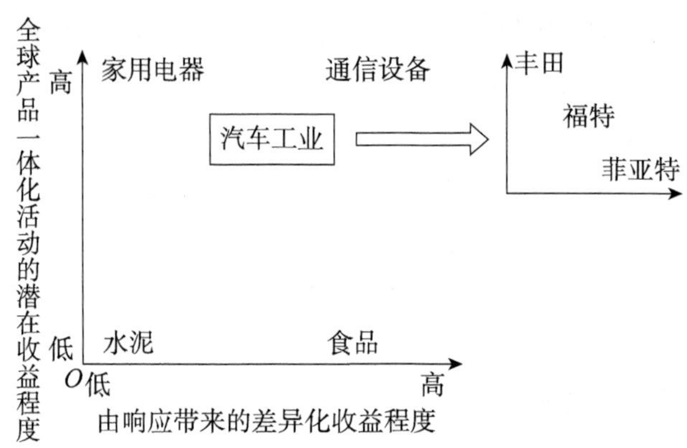

图 4-6　普拉哈拉德-多兹的战略模型应用示例

等方面存在的差异，企业做出的不同响应会给企业带来不同程度的收益。例如丰田汽车公司的成功，依赖于实施全球产品一体化战略。丰田汽车公司的开发与制造采用在日本本土集中化规模经济生产的方式；而菲亚特汽车公司则实施传统的跨国经营战略，其致力于在不同国家建立合资企业，在当地生产汽车，以求从对当地市场需要的快速响应中获利。采用当地响应战略常常能够得到当地政府的支持，从而可以形成受保护的国家市场，这能有效阻止外来竞争者的进入。

普拉哈拉德-多兹战略模型是在对传统的企业战略模型批判的基础上提出的。传统的企业战略模型虽然强调企业竞争优势的重要性，但是通常把企业竞争优势的基础看作是成本、服务和组织结构。普拉哈拉德和多兹的贡献之一是把核心能力概念引入企业战略模型的研究中。他们认为，企业的竞争优势不应只是简单地停留在企业的服务优势和成本优势上，因为企业具有的简单的服务优势和成本优势在国际范围很容易被其他国家的企业效仿，从而使企业的优势受到威胁甚至转变为劣势。企业应该根据自己的核心能力建立竞争优势。这种核心能力是其他企业很难仿效的能力，它们既可以包括硬因素，如产品的高技术含量和独特的优质服务，又可以包括软因素，如管理方式和管理系统等。

依靠核心能力建立起来的企业竞争优势，即核心竞争力优势不管对于国内企业还是对于国际企业都具有普遍意义，但是对于跨国公司其意义更为重要。

首先，企业在由国内经营向国际化经营转变时，如果依靠的是其核心竞争力优势，那么企业的竞争优势会保持得较为持久。例如，由于在国际经营环境下国际竞争异常激烈，一个在国内市场上依靠简单的低成本建立起竞争优势的企业，很容易被其他国家通过向国际市场提供更低价格产品的企业所取代；而对具有核心竞争力优势的企业，其他国家的企业就只有通过较长时间对相关技术和知识的认识、学习以及研究与开发，才有可能形成挑战力。

其次，在国际化经营活动中，不具备核心竞争力优势的企业，其优势的扩展会受到很大限制。因为企业的一般优势，如靠低廉劳动力成本取得的竞争优势本身会随着国民经济的发展和劳动力成本的提高趋势难以长期维持，成本继续降低会受到很大阻力。

再次，企业的核心竞争力优势往往能够成为降低企业国际政治风险的一个重要因素。一个国际化企业的核心竞争力越强，例如企业掌握的东道国所需要的特有技术越多，该企业受到其他国家政治因素冲击（如没收资产等）的可能性就越小。

最后，企业可以利用自己的核心竞争力通过国际化经营活动，与其他国家具有核心竞争力的企业合作或结成联盟，从而获得新的核心能力和保持企业的国际竞争地位。

普拉哈拉德-多兹模型对战略模型研究的另一个贡献，是提出从事国际化经营的企业不能固守战略定式，要根据自己核心竞争力带来的竞争优势选择战略，并适时地从一种企业国际战略向另一种企业国际战略转变。一个企业产品一体化程度越高，它的成本优势就越大；一个企业对市场需求做出响应的速度越快，即响应程度越高，它的服务优势就越大。跨国公司既可以通过提高产品一体化程度，降低成本以获得更大的利润（如丰田汽车公司），也可通过提高响应程度，发展差别化产品，以获取更大利润（如菲亚特汽车公司），还可以选择其他中间形式。企业要根据自己的优势选择相应的战略。此外，企业所选择的战略也不是一成不变的，因为企业的优势可能发生变化，国际经营环境（各国的情况）也可能会发生变化，所以企业需要适时调整战略，实现当地响应战略、区域重点战略、多元化战略、产品重点战略和产品一体化战略之间的顺利转变。

普拉哈拉德和多兹的研究实际上涉及企业依靠什么获得竞争优势和依靠什么保持竞争优势的问题，这为国际化企业提供了参与国际竞争的根本途径。普拉哈拉德-多兹模型的缺点在于，第一，它没有涉及尚无核心竞争力优势的国内企业如何国际化的问题。由于经济全球化已经使大多数国家的经济相互依赖程度极大提高，各国企业的经营活动在向跨国界和无国界发展，企业国际化成为21世纪企业生存和发展的决定性因素，这使大量不具有国际核心竞争力优势的企业也不得不卷入国际化的大潮中。这些企业也将面临国内战略向国际战略转变的问题。第二，它没有详细阐明企业获得核心竞争力优势的方式问题。企业不一定是在具备了核心竞争力优势后才向国际化发展的。企业可以在国际化发展过程中逐渐建立自己的核心竞争力或通过与国内外其他企业的合作获得核心竞争力。

（三）跨国公司战略选择

1. 跨国公司经营方式的选择

跨国公司进入国际市场的战略方式主要有出口进入战略、合同进入战略、投资进入战略、跨国战略联盟和其他进入战略。

（1）出口进入战略。

出口进入战略是最简单也是最普通的进入国外市场的方式，其中，出口可分为直接出口与间接出口两种途径。

①直接出口。直接出口是指企业生产的产品直接卖给国外的客户或最终用户，而不是通过国内的中间机构转卖给国外顾客。直接出口要求企业有自己的国际经营渠道，有专人负责出口营销的管理工作。与间接出口相比，直接出口投资较大，风险较大，但潜在的报酬也较高。直接出口有以下几种形式。

a. 设立企业驻外办事处。它直接负责本企业产品的销售，并兼有收集市场信息、提供售后服务等职能，海外办事处一般都设在市场潜力较大，并有希望向更高经营阶段过渡的国家和地区。

b. 建立国外销售子公司。其与设立企业驻外办事处的区别是在法律和税收方面具有相对独立性，企业能更深入地介入国际化经营活动。

c. 直接卖给最终用户。这种出口方式往往适用于大型设备或专有技术的出口。

d. 设立出口部。它是国内销售部门的分支机构，专门从事国际营销活动。

②间接出口。间接出口是指企业通过中间商或其他国内代理机构来经营商品出口业务。间接出口主要包括以下几种渠道。

a. 专业国际贸易公司。生产企业可以将产品卖给或委托给这些公司，由其自行出口销售。

b. “搭便车”出口。这是指一个企业利用另一个出口企业已经建立的国外渠道和经营能力出口。目前，中国大型企业或企业集团以及中外合资企业中已有相当一部分获得了外贸自主经营权，中小企业可借助这些企业的力量将本企业产品打入国际市场。

c. 出口管理公司。这是种专门为生产企业从事出口贸易的公司，是中小型企业进行间接出口的一种重要形式。它与专业性国际贸易公司的区别主要在于其业务是以代理的形式进行的，即出口管理公司以生产企业的名义从事产品的外销活动，并收取一定的佣金。

d. 外国企业驻本国的机构。这主要是指外国的大型批发商、零售商、原材料采购商和国际贸易公司在东道国设立的采购处，它们主要将东道国的商品出口到自己的国家或其他国家。

（2）合同进入战略。

合同进入战略主要包括许可证进入模式、特许经营模式、合同制造模式、管理合同模式、工程承包模式和双向贸易模式。

①许可证进入模式。这种模式是指企业在一定时期内向国外法人单位转让其工业产权（如专利、商标、配方等无形资产）的使用权，以获得提成或其他补偿。许可证进入模式最明显的好处是能绕过进口壁垒的困扰，而且政治风险很小，但是这种方式

不利于对目标国市场的营销规划和方案的控制，还可能将被许可方培养成强劲的竞争对手。

②特许经营模式。这种模式和许可证进入模式很相似，不同的是，特许方要给予被特许方以生产和管理方面的帮助。在这种模式下，特许方无须投入太多的资源就能快速地进入国外市场，而且还对被特许方的经营拥有一定的控制权。但是很难保证被特许方按照特许合同的规定来提供产品和服务，不利于特许方在不同市场上保持一致的品质形象。

③合同制造模式。合同制造模式是指企业向国外企业提供零部件由其组装，或向外国企业提供详细的规格标准让其仿制，由企业自身负责营销的一种方式。采取这种模式不仅可以输出技术或商标等无形资产，还可以输出劳务和管理等生产要素，以及部分资本。但是由于合同制造往往涉及零部件及生产设备的进出口，有可能受到贸易壁垒的影响。

④管理合同模式。这种模式是指管理公司以合同形式承担另一公司的一部分或全部管理任务，以提取管理费、一部分利润或以某一特定的价格购买该公司的股票作为报酬。采用这种模式，企业可以利用管理技巧，不发生现金流出而获取收入，还可以通过管理活动与目标市场国的企业和政府接触，为以后的营销活动提供机会。但这种模式具有阶段性，即一旦合同约定完成，企业就必须离开东道国，除非签订新的管理合同。

⑤工程承包模式。这种模式指的是企业通过与国外企业签订合同并完成某一工程项目，然后将该项目交付给对方的方式进入国外市场。它是劳动力、技术、管理甚至是资金等生产要素的全面进入和配套进入，这样有利于发挥工程承包者的整体优势。工程承包进入模式最具吸引力之处在于，它所签订的合同往往是大型的长期项目，利润颇丰。但也正是由于其长期性，这类项目的不确定性因素也因此增加。

⑥双向贸易模式。这种模式指的是在进入一国市场的同时，同意从该国输入其他产品作为补偿。双向贸易通常是贸易、许可协定、直接投资、跨国融资等多种国际经营方式的结合。根据补偿贸易合同内容的不同，双向贸易可分为易货贸易、反向购买和补偿贸易三种形式。

（3）投资进入战略。

投资进入战略包括对外直接投资和对外证券投资。

①对外直接投资。

采取对外直接投资进入国际市场，企业将管理、技术、营销、资金等资源以自己控制企业的形式转移到目标国家（地区），以便能够在目标市场更充分地发挥竞争优势。此外，对外直接投资也使企业跨越东道国的各种贸易和非贸易壁垒，有时直接投资还能享受东道国提供的某种优惠。

对外直接投资方式可分为全股子公司与合资经营两种形式。

a. 全资子公司（独资经营）。全资子公司由母公司拥有子公司全部股权和经营权，这意味着母公司在国外市场上单独控制着子公司的生产和营销。独资经营可以使企业拥有百分之百的控制权，全部利润归自己所有。此外，独资经营可以摆脱合资经营在利益、目标等方面的冲突问题。从而使国外子公司的营销战略与企业的总体战略融为一体。这种进入方式的主要缺点是企业投入的资金较大，风险也较大。同时，由于东道国政府与公众可能不欢迎外来企业，因而不能得到当地合作者的帮助，经营灵活性比较差。

b. 合资经营（股权式经营）。合资经营是指协议共同投资的各方各按一定比例的股份出资，共同组成一家具有法人地位，在经济上独立核算，在业务上独立经营的企业。合资经营是在对方国家投资建厂的时候，找到对方当地的企业合作共同投资，双方的持股比例应该是通过协商确定下来的，合作建立后，合资企业共同经营、共享收益、共担风险。合资经营可以分担风险压力，合资的企业通常是与合作伙伴共同投资，资本投入减少，压力就会减少，风险也会随之降低。再者，合资经营可以充分利用合作伙伴当地的资源，吸引东道国和资方的关键技术、营销技能等，进一步弥补自身经营经验不足的缺陷。但合资经营会使投资经营的企业出现协调上的矛盾，特别是当两个企业出现战略控制上的矛盾时，协调成本就非常高，这种矛盾冲突可能会使合资经营企业在当地没有办法正常运转。

②对外证券投资。

对外证券投资是指个人或机构取得外国证券，但并不控制该企业参与管理，购买外国股票可能出于以下重要的战略考虑：证券投资可能成为直接投资的前奏；证券投资可以作为企业长期计划的一部分；证券投资也是扩大企业在其他国家利益的一种方法。

（4）跨国战略联盟。

战略联盟是指两个或两个以上经营实体之间为了达到某种战略目标，在保持自身独立性的同时通过股权参与或契约联结方式而建立的一种较为稳定的合作关系，并在某些领域内采取协作行动。合并或兼并就意味着战略联盟的结束。

企业战略联盟作为现代企业组织模式的一种创新，其显著的特征主要表现在以下六个方面。

①组织的松散性，主要表现为机会来临，则组成联盟，一旦机会丧失，则为了各自的目标又与其他企业结成新的联盟。

②行为的战略性，联盟行为注重从战略的高度来改善联盟共有的经营环境和经营条件。

③合作的平等性，联盟成员应遵循自愿互利原则。

④整体利益的互补性，联盟关系是成员企业之间的一种利益互补关系。

⑤合作与竞争并存，为竞争而合作，靠合作来竞争，竞争中的合作与合作中的竞争同时存在。

⑥范围的广泛性，企业间的战略联盟涉及多种主体，包括企业、大学、研究机构等，还可以产生于企业价值链条的各个环节。

对于跨国公司的战略联盟，又表现出了其他的特征。

跨国战略联盟多是一种非资本参与型的国际企业松散联合组织，它所形成的并不是一国跨国公司对另一国跨国公司进行控制和支配的纵向从属关系，而是以协商产生的契约或协定为基础的合作关系。

跨国战略联盟以技术联盟为主要形式，联盟的战略目标多指向高技术领域。20 世纪 90 年代以来，跨国公司缔结跨国战略联盟主要是为掌握科技发展的制导权，这在信息技术、生物制药、汽车制造等高技术产业表现得尤为突出。

跨国战略联盟以大型跨国公司为主体，形成了规模庞大的国际合作网络。跨国公司规模越大就越要寻求发展和缔结跨国战略联盟的机会，同时也越能有效地构建合作网络。这是因为：第一，大型跨国公司多角化经营的程度和水平高，具有与其他跨国公司联盟的广泛基础；第二，大型跨国公司更能解决共同开发及其他合作所需的资本和其他资源；第三，大型跨国公司研究和生产的地点分布广泛，更能发现合作机会。由于西方大型跨国公司的广泛结盟，在客观上已形成了规模庞大的网络。跨国公司跨国战略联盟的形成意味着跨国公司竞争已不再是依托某一个跨国公司内部资源的竞争，而是依托一个跨国公司集群（联盟）“集合的资源”的竞争。

（5）其他进入战略。

①非股权安排。非股权安排又称非股权投资和合同安排，是 20 世纪 70 年代以来被广泛采用的一种新的国际市场进入方式。进入企业在东道国的企业中没有股份投资，而是通过签订一系列合同，为东道国提供各种服务。与东道国的企业建立密切联系，从中获得各种利益。非股权安排主要有管理合同、国际分包合同、工程承包合同、销售合同、劳务输出合同等多种形式。

②BOT 方式。BOT 方式是“Build-Operate-Transfer”的英文缩写，即“建设—经营—转让”的境外投资方式。一般是指企业与当地政府签订特许权协议，在一定期限内按合同要求对东道国的某一基础设施项目进行建设与经营，所得收益用于偿还项目债务及投资回报，合同期满后，将该设施无偿移交给当地政府。其有三个特点：一是初始投资大，二是经营周期长，三是不确定性投资风险较大。

2. 跨国公司经营地点的选择

跨国经营首先面临的问题是，如何在众多不同的国家和地区之间做出有限和正确的选择。鉴于企业自身可供资源的有限性以及国际市场的复杂性，跨国经营地点的正确选择更有利于实现资源分配和竞争优势最大化。

（1）国际市场结构的不完全性。

无论是一国市场还是国际市场，都存在市场结构的不完全性。对跨国经营地点的选择而言，国际市场结构的不完全性主要体现在六个方面：经济发展水平、技术基础结构、资源供给条件、政治法律体制、社会文化环境、国际机构组织的干预。

（2）区位障碍与区位优势。

国际市场结构的不完全性，对企业跨国经营的发展产生了双重作用：区位障碍和区位优势。区位障碍指各国政府对经济活动的干预，使商品和生产要素的国际流动面临着不同的市场壁垒。区位优势指各国的比较优势和市场运行的差异，使市场壁垒后面的不同国家和地区形成不同的区位优势。

跨国公司正是通过组织体系的跨国经营活动，绕过各种区位障碍来利用和获取市场壁垒后面的区位优势。跨国公司在选择跨国经营地点时应考虑以下有利因素：获得壁垒后面的产品市场、获得本国不易获取的生产经营资源、获得当地政府的政策优惠。

（3）市场机会与进入障碍。

选择目标行业和市场，是跨国经营的第二层次的决策分析。影响市场选择的行业因素主要有两个方面：市场机会和进入障碍。市场机会指分析目标国家的特定行业市场有无长期投资和经营发展的机会，应考虑该市场的容量、发展阶段、产业结构等因素。进入障碍指跨国经营的市场进入障碍，主要包括比当地现有企业多付出的额外成本、当地市场的竞争结构、当地政府与社会的态度等。

（4）分散与集中战略的选择。

分散战略是指跨国公司可以在较短时间内进入多个国家和地区的市场，并在各经营地点扩展生产经营活动，实现竞争优势。而集中战略是指跨国公司起初仅进入少数国家和地区的市场，在扩大经营实力和提高竞争地位之后再逐渐扩展到其他国家和地区。

四、跨国公司战略实施

在确定企业战略后，进入企业战略的实施阶段。战略实施是企业通过组织调配企业内外的一切资源，实施已制订的战略计划的过程。成功实施战略计划的标志是达到了预期的战略目标和财务绩效水平。

（1）国际化战略的实施。

国际化战略就是将企业所拥有的特有技能及产品转移到国外市场所创造价值的战略。国际化战略的实施需要考量多个因素。首先，在国外市场可能会遇到政治人文的差异，这些差异可能导致营销策略、商品开发的调整，甚至对生产线造成一定的影响，再者就是战略标准问题，跨国公司制定标准时会运用全球标准，然而在执行过程中失败了，这部分原因可能是执行者的水平差异或者和地理部署不一致造成的。最后是风险管控和资金问题，国际化战略的跨国公司可能会有着全球贸易和供应链，一旦这些出现了问题，如生产效果低下、再次收购等，都将对其经营造成额外风险，跨国公司在国际化过程中也需要更多的资金，资金链不可断裂，跨国公司需要在国际市场上进行融资等行为保证资金充足。只有把国际化战略实施所遇见的问题处理妥当，才能实现跨国公司的持续运营。

（2）多国化战略的实施。

多国化战略指根据不同国家不同市场所选择不同经营方式来提供当地消费者需要的产品和服务，注重运营的本土化。跨国公司若想进行多国化战略，就需要注重产品品牌本土化、营销方式本土化、人力资源本土化，以及技术研发本土化。第一，产品品牌本土化，一个国际化的品牌能否成功的关键在于其能否适应不同的文化思维。跨国公司在推广全球品牌的同时还应该关注产品品牌的本土化，例如，调整产品名称、外观等来适应不同国家、不同市场的价值观和消费水平。第二，营销方式本土化，跨国公司经营最大障碍之一就是没有自己的营销渠道，例如，杜邦公司初入中国市场不重视营销渠道建设，产生了渠道资金投入过大、品牌效应不强等问题，之后杜邦公司开始重视建设营销渠道，调整销售结构，建立四级经销商，也建立了品牌专营店、旗舰店，最终扩大了品牌在市场的知名度。第三，人力资源本土化，管理人员的本土化有利于跨国公司熟悉东道国的国情，并有助于深入了解当地市场的消费文化、生活习惯，使跨国公司的运作更好地“入乡随俗”，确保平稳运行。此外，东道国多为发展中国家，人才成本低、优势多，启用当地人员既能缩短跨国公司与东道国消费者之间的距离，为跨国公司本土化经营发挥管理作用，还可以大大增强公众的认同感，提高跨国公司影响力和产品竞争力。第四，技术研发本土化。技术研发需要在东道国进行适当的投入，例如世界知名的跨国公司都在中国建立了独立研发机构。杜邦公司在上海、深圳设立生物化工、防护科技等的研发机构，开发适合本土市场的产品，更好地满足消费者要求。

（3）全球化战略的实施。

全球化战略是多方面的，为了实现企业全球化的经济发展，跨国公司可以采取以下几种实施策略。第一，通过市场参与进行定位。市场参与是指跨国公司在全世界选择目标国家时，要参考各国对国际市场经济利益的潜在贡献。这也就是说，跨国公司应当进入一个就其本身来讲没有什么吸引力，却具有全球战略意义的市场。第二，开展价值增值活动。全球化战略布局的特点是，价值增值链是分散的，可在不同的地区开展各种增值活动。这种手段的好处是可以降低成本。第三，营销战略。跨国公司在实施全球战略时，采取一定的营销策略，包括在不同国家使用相同的品牌名称、广告和营销手段，可以更有效地满足全球客户的需求。第四，竞争战略，在全球战略中，跨国公司还可以采用竞争战略，即在每个国家开展作为全球竞争战略组成部分的竞争策略。竞争策略可以是对一国的竞争企业发起攻击，以此消耗其在他国的资源或转移其视线，或者是在对一国竞争企业发起攻击后遭到该企业在其他国家发起的反击的情况。第五，融资战略，任何一个企业要想发展都必须有雄厚的资金支持，这也是跨国公司在海外开展业务往来活动的坚强后盾。跨国公司在世界金融市场上，通过差异化选择融资形式、融资币种、融资地点、融资布局的组合，努力降低融资成本和风险，建立最佳的财务结构，保证其始终具备足够的融资能力，以实现全球经营目标。

（4）跨国化战略的实施。

企业的跨国化战略不仅需要注意多国化战略本土调试的问题，多多打造出适合本土情况的产品，进行运营、营销、人力、研发本土化来满足当地消费者的需要，也要注意国际化战略实施的资金流和战略标准问题，这些都可能导致跨国化战略实施的失败，跨国化战略实施还需要注重母公司和子公司之间的技能转移问题，需要进行全球人力资源培训，来进行母公司和子公司的人员交流与技术迁移，克服组织上的协调困难，进行战略标准的制定和升级，最终保持持久运营。

五、战略实施控制与评价

战略实施控制主要包括全球战略实施控制，全球战略实施控制是指为保证全球战略计划的执行，对实际经营成果、信息反馈和纠正措施等不断进行的评审工作。当战略实施结果与预定目标有明显差距时，企业要对战略进行修改。

1. 主观认识上的偏差

从主观方面看，由于个人的知识、能力、掌握信息的局限性，或者在战略执行过程中由于指挥上的失误，很可能造成战略实施的实际成效与战略目标之间的差距。

2. 客观条件出现意外改变

从客观方面看，全球战略计划的局部或整体，可能由于客观因素的变化而与跨国公司的内、外部环境不符。

3. 评价

全球战略是对跨国公司的未来作出的总体构想，不确定的因素很多，需要在实施过程中进行不断的评价和修订。对跨国公司全球战略方案执行控制的基本要素具体如下。

（1）战略评价标准。

（2）实际经营成果。

（3）经营成果评价。

（4）战略调整。

六、跨国公司战略调整

跨国公司战略调整主要包括国际贸易战略调整和国际投资战略调整。

1. 国际贸易战略调整

在国际贸易战略调整之前，跨国公司需要对其现有的战略进行全面评估。主要的评估因素包括跨国公司的市场地位、竞争力、资源配置和利润状况等。通过这一过程，跨国公司可以更好地了解其所处的市场环境，并为制定新的战略做好准备。在制定新的国际贸易战略时，需要考虑以下五个方面。

（1）多元化市场。

跨国公司应该将市场扩展至多个国家和地区，以降低单一市场带来的风险并寻求更多的机会。

（2）技术创新。

投资于技术研发和创新对于提高跨国公司的竞争力至关重要。通过不断引入新技术和产品，跨国公司可以保持在国际市场的领先地位。

（3）联盟和合作。

跨国公司可以通过与其他企业建立战略合作伙伴关系来拓展市场份额。联盟可以提供更多的资源和市场渠道，同时加强在国际市场的竞争力。

（4）参与地域经济整合组织。

跨国公司可以通过积极参与地域经济整合组织，如自贸区和区域经济联盟，来增加在该地区的市场份额和竞争力。

（5）风险管理和可持续发展。

在国际贸易战略调整过程中，跨国公司需要高度重视风险管理和可持续发展。风险管理包括对政治、经济、环境等方面的风险进行评估和防范，以减少贸易摩擦和不确定性带来的影响。同时，跨国公司还需要关注可持续发展，并将其纳入国际贸易战略中，以实现经济、社会和环境的均衡发展。

随着全球贸易环境的不断变化，跨国公司的国际贸易战略调整将成为常态。未来，跨国公司应继续加强与各方的合作，并不断调整和改进战略，以适应市场的变化和挑战。

2. 国际投资战略调整

（1）跨国公司国际投资战略调整的直接原因。

跨国公司国际投资战略调整的直接原因如下。

①越来越激烈的市场竞争。

随着中国等社会经济的快速发展和政府放开国际投资限制，一些发展中国家市场竞争越来越激烈。对于那些没有战略布局和实力的小型跨国公司来说，他们需要更长时间才能适应这种竞争。因此，他们会调整他们的投资战略，以适应这种竞争更加激烈的市场。

②国内政策环境的变化。

一些国家政策环境的变化也使跨国公司在东道国的投资战略发生调整。一些投资较久的跨国公司，他们已经适应了当地的政策环境。

③本地化战略的深入推进。

跨国公司在东道国的本地化战略一直在深入推进。随着其他跨国公司进入当地市场，原有的跨国公司需要做出改变，以更好地适应市场。因此，他们需要调整他们的投资战略，使其更加本土化。

（2）跨国公司国际投资战略调整的方式。

①转变发展模式。

面对市场竞争加剧的现状，跨国公司需要转变发展模式，注重战略性投资，宣传品牌，增强跨越发展能力，抢占市场份额，并增加品牌知名度。发展的战略应当突出产品定位、对销售渠道的重视以及对价格的优化。跨国公司还可以考虑向高端市场发展，发挥其技术优势，改进产品。

②与政府合作。

跨国公司投资战略调整的一个重要方面是与政府的合作。政府的政策和资源化优势是跨国公司在东道国发展的重要保障。跨国公司可以选择与政府合作，寻求更好的政策支持和资源保障，

③发挥自身优势，加强创新。

跨国公司应该针对东道国市场的变化趋势，发挥自身优势加强创新，重视产品研发。研发出适合当地市场的产品，对于打开市场和占领市场都具有重要意义。

④建立联盟合作。

在东道国市场，玩家之间竞争激烈，人际交往的力量就显得越来越重要。建立联盟合作，开发上下游产业链，有助于缩小市场上玩家之间的议价空间。

⑤提升品牌形象。

随着一些国家市场竞争的加剧，品牌形象对于跨国公司的成功变得至关重要。跨国公司需要注重其品牌形象，加强宣传，提高知名度。通过提升品牌形象，跨国公司可以增加其市场份额，进而推动其业务的发展。

小结

本章主要讲述了跨国公司战略管理的相关内容，对跨国公司战略管理含义、特征以及跨国公司战略的类型、模型、选择等内容进行了详细的阐述。跨国公司在不同的国家需要适应市场全球化、资本国际化、贸易和投资自由化的新形势，需要在遇到不同问题时积极采取不同的竞争战略，在竞争理念、市场战略、经营战略、投资战略等方面进行调整，以便进行更加长久的运行。

中国企业已经与世界大型企业在国际市场上展开了激烈的竞争，要想在竞争中不断取得进步，除自身踏实努力之外，还需要好好地向世界大型跨国公司学习。世界上知名跨国公司的管理体系根据市场情况与时俱进，在各方面的战略层面出现了新的变化，中国企业要向这些世界大型跨国公司学习，学习它们不断创新、不失时机地调整竞争战略的进取精神。对中国企业来说，当前应深入研究跨国公司竞争战略的新发展和新变化，并借鉴利用、趋利避害，发展我国相关产业和跨国公司，深入贯彻“走出去”战略。

案例分析

前沿观点

技术协调论。其代表人物理查森认为，企业之间的合作起因于对它们各自从事的不同职能而又彼此关联的经济活动加以协调的需要。当企业在竞争性的市场需要进行彼此间的合作时，虽然处于不同生产经营活动阶段的这些企业可以通过相互认可的计划和长期合同约束合作者的市场行为，但是，因为可能存在的知识、意识、利益上的差距往往使市场机制协调作用缺乏应有的效率。

所以，在需要发展不同经济活动但又无法获得规模经济、需要从事研究与开发却又面临动荡不定的市场时，合作性协调就不可缺少，而国际战略联盟正是有助企业间协调的一种在市场和企业之间的制度性安排。

市场权力论。市场权力论的学者认为战略联盟不过是垄断企业相互勾结起来共同控制价格、谋取垄断租金的一种市场卡特尔。联盟性合作背后的驱动因素是大企业企图寻找凌驾于操纵市场的权力，限制竞争并形成市场位置的有序结构。市场权力论暗含着合作各方皆为投机者的假设，主张建立严格的监督控制机制以对付这种机会主义行为。

交易成本论。内部化资源配置、外部化市场交易和企业间战略联盟三者之间孰优孰劣，如何进行权衡和选择，这是技术协调论未曾给出答案的问题。威廉姆森根据交易成本理论对此给出答案：在竞争环境中，最佳的管理机制或组织机构的选择是由以最低成本管理交易的效率来决定的，交易成本论认为，合作协定或战略联盟可以视为由一系列技术、组织结构及区位特定因素决定的有效交易方式之一。交易成本论认为，一方面，知识资产的特殊性、业务的复杂性以及劳务的交换都偏爱于企业内部的交易机制，因为它在协调不同的经济活动时耗费的资源较少；另一方面，商品服务的标准化及其大量生产与购买却与外部的市场安排更为适配。跨国公司战略联盟介乎两者之间，在某种程度上恰恰是一种折中。

技术创新论。技术创新论是在抨击交易成本论的过程中脱颖而出的。该理论认为，技术创新性质以及最大限度地获取创新利润的战略行动，是跨国公司间联盟的催化剂。根据蒂斯和安托奈里等人的观点，战略联盟是企业借以直接接触那些共同专用的知识资产的一种方式，这些资产对技术创新的有效市场化是至关重要的。为了获得创新利润，并且也由于交易市场具有的不完全性特点，企业倾向于通过创新进程的内部化来实现增长。但是，这种增长受到协同经济活动的复杂性及其成本的制约，于是战略联盟便应运而生。

复习与思考题

1. 跨国公司战略管理的含义。
2. 简述跨国公司战略管理的特征。
3. 跨国公司战略类型包括哪些方面？
4. 简述四种典型的市场结构模型。
5. 跨国公司进入国际市场的战略方式有哪些？
6. 论述跨国公司如何选择经营地点。

第5章 跨国公司的文化管理

CHAPTER 5

阅读提示

跨国公司在海外市场进行生产经营，不仅是一种跨地域的活动，而且是一种跨文化的活动。不同的国家、地区和民族，存在着明显的文化差异性。跨国公司往往是由两个以上的国家企业组建起来的，如外商在中国设立的合资、合营企业，中国企业在海外投资建立的合资公司，而且跨国公司雇用的人员往往也是多国籍、多种族、多文化的，这就使得跨国公司的经营管理大大不同于要“单纯”得多的一国或一民族的企业的经营管理。企业的跨国经营是从母国的文化制度进入异质性的另一种文化制度之中，这就势必会遇到文化环境、文化观念、文化传统等复杂的“软性”因素的影响和制约，因此，跨文化管理对跨国公司具有重要意义。

关键术语

跨文化管理沟通　文化冲突　跨文化管理策略

思政要素

在跨文化管理中无不体现着习近平总书记的“文明观”，“美美与共，和而不同”的理念也在不断推动人类社会的发展和进步，本章内容涵盖的思政要素主要包括以下三点。

1. 多样性是世界的基本特征，也是人类文明的魅力所在

人类文明多样性是世界的基本特征，也是人类进步的源泉。文明没有高下、优劣之分，只有特色、地域之别。文明差异不应该成为世界冲突的根源，而应该成为人类文明进步的动力。在跨文化管理中，跨国公司要尊重不同的文化，形成正确的经营理念和价值取向，不断解决跨文化冲突。

2. 各美其美，美美与共

我们要尊重文明多样性，推动不同文明交流对话、和平共处、和谐共生。跨国公司要在尊重不同文化的基础之上，包容各国和各地区文化差异，推动不同文化之间的交流，画出最大同心圆，形成推动公司发展的合力以促进跨国公司的长久发展。

3. 推动不同文明交流对话、和平共处、和谐共生

以开放、合作的心态推动文明交流互鉴。习近平总书记指出，“文明因多样而交流，因交流而互鉴，因互鉴而发展。”跨国公司在跨文化管理中要做到取长补短，取其精华，去其糟粕，打造出自身独特的企业文化以谋求长足发展。

第一节　文化与文化差异

一、文化的概念

随着经济全球化进程的加速，跨国、跨文化的交往活动日益频繁，不同文化背景人员的跨国往来与日俱增，跨国公司内部员工文化背景多元化趋势日益明显。在影响跨国公司的诸环境因素中，文化因素是非常重要的，它几乎对其他所有的环境因素都产生作用。在全球化时代，跨国公司必须重视不同的文化对企业跨国经营与管理的影响。从某种程度上讲，跨国公司的管理也是跨文化管理。

从跨国管理的角度来定义文化概念，文化是为指导一个群体日常生活的普遍和共享的信念、准则和价值观。文化信念代表了人们对真理的理解；文化准则指导着人们的行为；而文化价值观告诉人们什么是善良的、美好的和神圣的东西，以及人生的合理目标等。文化普遍存在于各个社会及各社会阶层中，它几乎影响我们所做、所见、所感和所相信的每一件事物。一个人生活的任何方面都有可能受到文化的影响。文化对我们生活的影响如此之大，以至于人们对日常生活中发生的事情所体现出的核心价值观、准则和信念都习以为常。

对跨国公司的经理而言，理解和面对文化差异是重要的和不可避免的。为了成功地跨越文化界限，跨国公司经理们必须尽其所能地了解其所处社会的重要的文化准则、价值观和信念；他们还必须学会识别一种文化的重要象征、价值观和礼仪。这些知识有助于跨国公司的经理理解其顾客、工人和同事行为背后的原因。

二、文化的层次

企业有必要了解可能影响跨国经营的四个文化层次，包括国家文化、经营文化、职业文化和企业文化。它们在不同层次上影响着跨国公司的经营行为和效果。

国家文化是一个国家政治边界内占主导地位的文化，通常代表拥有最多人口或最大的政治或经济权利的人们的文化。占主导地位的国家文化不但影响商业交易的语言，而且影响管制交易的法律性质与种类。但政治边界并不意味着文化边界，任何国家内部，哪怕它是一个文化相对单一的国家，也存在着各种各样的亚文化。

经营文化不仅体现在商业惯例方面，而且体现在与经营相关的准则、价值观和信念方面。每种国家文化都包含其特有的经营文化。在一个十分宽泛的层次上，经营文化是对国家文化的一种反映，它影响着工作和组织生活的各个方面，包括经理的选拔与雇员的提升、对下属的领导与激励、组织的构造、战略的制定以及商业谈判的方式。

职业文化是同一职业群体形成的相同的准则、价值观、信念以及期望的行为方式，而与这些人所工作的组织无关。职业文化更有可能存在于专业性和技术性的职业领域，如医生、律师等行业。这种相似性来自专业人员的相似的教育背景。

企业文化是一个组织或团体的成员所共享的一些准则、价值观和信念。一个企业里很少有单一的企业文化，因为下属单位（子公司、部门）面临着不同的情况，从而形成不同的亚文化。当然，下属单位也会保留母公司的许多特征。

三、文化差异

文化是一种无形的力量，在企业中通常是产生了文化冲突问题，人们才会感受到文化和文化差异的存在。一些研究发现，在跨国公司中，文化差异是十分重要的。它可以促使企业在不同文化的相互影响中不断改进管理方式、增强活力。因此，管理人员必须学会把文化差异作为一种企业优势加以利用。

世界各国都有自己特殊的文化，一国内部又有不同的文化群体。有些国家的文化很接近，而有些国家的文化差别较大。文化差异主要体现在价值观差异、传统习俗差异、信仰差异和语言差异上。

在多元化背景下，跨国公司在全球经营中面临的文化差异是客观存在的，文化差异对跨国公司管理的影响既有积极的一面，又有消极的一面，如表 5-1 所示。

表 5-1　　文化差异对跨国公司管理的影响

积极影响	消极影响
产生新观点、新方法	导致文化冲突与困惑
提高对环境的适应力和应变力	管理更复杂，管理成本增加
解决问题的途径、技巧增多	难以达成统一的行动方案

第二节　跨国公司的文化冲突

既然世界上存在着多种不同的文化，那么，在不同文化的接触与交流中，就必然会产生文化的碰撞与冲突，尤其是在正走向交流与融合的人类社会的今天，文化冲突更是日益频繁和突出。跨国公司经营管理的多元性和复杂性，决定了它们在文化冲突中的首当其冲。

一、文化冲突

文化冲突（Culture Shock）是一个跨国公司在进行跨国经营的过程中不得不面对的客观现实。如果管理人员不能恰当地处理存在于跨国公司内部的文化差异，必然会产生文化冲突。文化冲突意味着不同文化形式和不同文化要素的相互对立与相互排斥。

跨国公司的全球化战略使它面对一个跨文化经营的环境。一般来讲，选择在文化背景相似的国家进行投资更容易些，但随着国际市场竞争的激烈和跨国经营范围的扩大，企业不得不面对与母国之间存在着巨大文化差异的东道国。这种存在于跨国公司内部和外部的文化差异在企业的经营中会以文化摩擦和文化冲突的方式体现出来。

总之，文化冲突常常导致工作/生活失调，工作/生活失调又将加剧文化冲突。两者交叉影响，将出现如图 5-1 所示的四种不良结果。

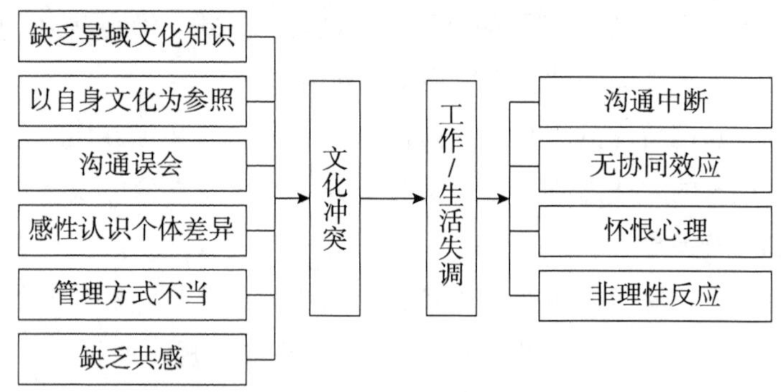

图 5-1　文化冲突产生的不良结果

二、文化冲突在跨国公司管理中的表现

文化冲突对跨国公司管理的各个方面都有影响，包括经营理念、组织设计、激励制度、市场选择、产品与营销策略等方面。其中某些特定的管理职能对文化更加敏感。

（一）经营理念

经营理念的冲突直接源于文化要素中最重要的一个方面——价值观。没有共同的价值取向，或者价值取向的差异性比较大，人们就不太容易确立相互间的信任。企业员工之间没有建立相互信任的关系，就很难贯彻共同的经营理念；相反，价值取向的相似性或一致性程度比较高，有助于信任关系的建立和维持。显然，价值观是一个很重要的文化要素，文化的不同在很大程度上表现在价值取向的差异上。

企业的价值观渗透于管理活动的各层级、各方面，是企业文化的基础。好的企业文化具有高度的凝聚力，能让员工认同它、实践它、发扬它。但不同背景员工的价值体系的核心构造不同，个人对经营理念的基本认识不同，这就可能产生根本性的文化冲突，对企业的发展很不利。一些企业常常为精心设计的目标落空而迷惑。殊不知，企业的经营绩效不仅取决于自身战略计划和组织的性质，而且与所在国的经济发展水平以及文化也有密切的联系，不同民族的工作动机和价值观直接影响海外投资的效果。

（二）组织设计

文化冲突对企业组织设计的影响主要体现在两个方面：一是明确个人在组织中的地位和作用，保持一定的权力距离；二是建立适当的管理控制系统，正确地评估个人的努力程度。在权力距离较大的组织中，个人在组织中的地位和作用并不那么重要，集体主义倾向占主导地位。在这种文化氛围下，组织的评估体系和方法是由管理人员负责组织，建立起的是以团体为单位的培训和奖励机制，每个成员都将自己看成协作体内的组成分子，与其他成员保持密切的合作关系。相反，在权力距离较小的组织中，个人主义的倾向要求业绩评估必须以个人的行为、效率和成就为基础，充分肯定个人对组织的贡献。

（三）激励制度

在激励制度方面，工资是调动员工积极性的关键因素，但各个国家由于文化不同而导致对工资的态度和政策不同。当美国的海外经理通过给东道国的工人涨工资以鼓励他们努力工作时，墨西哥的工人却减少了工作时间而去享受闲暇。这是因为他们对工作所持的态度不同。美国文化中人们对工作的态度是积极、热情；而墨西哥人认为工作仅仅是为了维持所期望的生活水平而采取的方法，是一种谋生的手段。

（四）市场选择

对一个国家文化的理解，将影响跨国经营战略中对市场类型和进入方式的选择。按照创新波及理论的观点，新思想的传播或交流，在文化背景相似的群体内部较容易。社会学家的解释与创新波及理论很类似。他们将世界文化分为“高背景”和“低背景”两大文化类型。在高背景文化中，内部同文同种，约定俗成相同，因此信息容易传播。而在低背景文化中，社会内部差异大，存在许多相互独立的亚文化，信息既不易传播，也不易被接受，在商业上表现为新产品的创新过程中模仿者较少。例如，研究表明，日本和韩国的高背景文化市场的“模仿倾向系数”都大于美国，企业的新产品引进比较晚，但普及速度都比美国快。

因此，企业跨国经营的早期对进入市场的选择都倾向于文化背景相同或近似，至少是选择一种熟悉的文化。而随着业务的扩大，开始进入文化差异较大的市场时，企业也尽可能地在进入之前充分了解东道国文化。

（五）产品与营销策略

文化差异决定了跨国经营的产品与营销方式和策略的不同。在决定向国外市场提供什么样的产品和服务，以及采取什么方式销售这些产品和服务时，必须考虑文化差异。因为不同的文化影响人们的消费偏好和消费习惯。例如，麦当劳在印度提供鸡肉汉堡以代替牛肉汉堡。

此外，企业由于文化差异还可能造成商业目标、原材料选择、管理方法、交易风格、生产性安排等方面的冲突。如何进行有效的跨文化沟通，如何解决由于文化差异导致的冲突问题，对于跨国经营成功与否非常关键。正确区分不同类型的文化和发展文化认同是消除因文化差异造成的文化冲突的有效途径。

三、跨国公司文化冲突的成因分析

文化冲突的核心实质是社会利益和社会心理的冲突。当社会群体认为自身的利益正在受到损害，或者传统的优势心理正在遭到削弱时，这种利益和心理上的失落就会激发起群体对外来文化及其势力的强烈反应，把外来文化看作一种严重的威胁，从而产生抵触、排斥甚至攻击。而外来文化为了自身利益的需要，也试图去压倒甚至是摧毁本地文化。这样一来，在不同文化的碰撞、接触之中，由于文化所固有的特性，就使冲突成为不可避免的了。跨文化研究表明，团体间的跨文化联系抑制了其内部的冲突，但同时却增加了外部冲突发生的可能。对跨国公司而言，利益是文化冲突产生的原因之一，因为虽然从总体上而论，跨国公司的发展对东道国和母国都是有利的，但是显然各方面对此的认识不可能完全一致，况且这种利益上的分割也存在或多或少的差异，总是有在实际上或者在心理上自认为吃了亏的一方或多方。利益上的不平衡必然导致冲突发生。但是，从实际情况来看，引起跨国公司文化冲突的更主要原因在于文化心理的冲突。在特定的文化背景下，人们形成了特定的文化价值观念，它是一种比较持久的信念，决定着人们选择生活方式和行为模式，影响着人们对是非、好坏、美丑和爱憎的判断，因此，文化价值观念更容易引起文化冲突，它主要表现在以下几个方面。

（一）种族优越感

这是一种以种族为中心的优越意识，认为本种族天经地义地优越于其他种族，谁也不允许置疑，认为自己的文化价值体系比其他文化价值体系优越。种族优越感往往可能会在管理者身上以及企业管理过程中有意无意地流露出来，比如，在提职加薪时，优先考虑属于母国或同宗同族的雇员。再如，面对不同国籍的工作人员，给予不同的待遇或采取不同的态度。这种在跨国公司内部所存在的不合理的、不公平的差异，必然招致东道国雇员的强烈反感和激烈抵制，如此一来，企业管理“内求团结”的目标必难实现，也就谈不上企业的稳定和发展。

种族优越感的产生其实是文化优越感使然，管理者认为自己种族的文化为最优秀的文化，自我感觉相当良好，而自己的管理方式也是最理所当然的。对不同的文化和生活方式、管理方式，他们不是试图去认识、沟通、理解和尝试，而是本能地排斥，视其为不开化的、野蛮的，如果选派这种人去海外工作，极有可能导致管理的失败。所以，跨国公司应尽量选派对他国文化有一定认识和了解，或者至少是心胸开阔、敢于主动增进与他国文化沟通的人出任海外子公司的管理者，才能尽可能减少跨文化冲突的发生，以免给企业管理带来更多的麻烦。

（二）管理习惯的差异

不同的管理习惯要针对不同的管理环境才会有效，在一国、一企业内被实践证明是最佳的管理方法不能成为一种固定不变的模式，照搬照用到另一国家、另一企业也许就不适宜。书本上、理论上是成功的管理方法只是关于管理的一般原则，在实践中还必须调整和完善才经得起检验。但是，相当一些管理者总是习惯于将在本国的管理模式生搬硬套到海外的企业中，而不管是否适宜。在管理原则和技术能力相同的条件下，管理是否有效，在于管理者的文化环境适应能力高低。文化环境制约着管理行为，管理者在其自己的文化环境中运用他的管理知识和原则可能行之有效，但是如果换种文化环境，管理就可能是低效或无效的。如果管理者缺乏变通性、灵活性，在管理过程中就很有可能发生文化冲突。

（三）感性认识的差异

感性认识是通过感觉器官对客观事物的各方面的认识，一个人的独特感性认识是在自己特殊的文化背景中通过自身经历形成并获得发展的。感性认识存在个体的差异，也存在基于不同文化背景的群体差异，即人们所看到的事物是一种客观存在，但是，人们对同一客观事物的认识和评价是不一致的、有差异的，有的看到了整体，有的看到了局部；有的注重形式，有的注重内容。人们的行为是根据他们所看到的或他们认为看到的事物做出的，而感性认识的差异就影响到了人们行为的差异。例如，日本文化突出团队意识，所以日本人对劳资双方关系的感性认识是强调双方相互配合，为实现组织目标共同努力；美国文化强调个人主义，所以劳资双方各自是独立的，一旦产生劳资纠纷就要通过集体谈判来解决，以达到利益上的协调。由此可见，文化背景的差异对人们感性认识差异的形成是有重要影响的。

（四）沟通的障碍

管理的重要职责是沟通，通过沟通以达到企业内各部门、各成员之间行为的协调一致。沟通的主要方法有书面语言、口头语言、非语言沟通等，那么，沟通的双方在语言、媒介、行为等方面是否存在障碍就直接影响到了沟通的效果。如果缺乏沟通，企业各部门、各成员就会各行其是，企业行动就无法统一，企业目标就难以实现。沟通的过程也是信息传递的过程，信息沟通的内容最重要的是企业目标的沟通，即通过信息沟通以使企业内各部门、各成员明确行动的目标和方向，指导他们明确自己的工作范围和任务，并且掌握他们的工作对实现企业目标所做出的贡献和取得的成果，以进行业绩评估。另外，沟通还是决策的基础。决策的科学化要以掌握大量信息为前提，以找到问题，制定措施，并控制和评估结果，这些决定了沟通要贯穿于决策过程的始终。总之，沟通在企业管理中的作用是极其重要的。跨国公司在文化背景上的多元性、复杂性，各种语言交流的障碍，风俗习惯、价值观的差异等，加大了信息交流的难度，极易造成沟通的障碍和误会，从而产生文化冲突。

（五）文化态度的倾向

每一个人的个性都是以先天遗传生理素质为基础，在一定的社会历史文化环境下，通过社会实践活动所逐渐形成和发展起来的。因此，一个人的个性就是在他的文化背景下的心理特征。就管理者而言，当他碰到另一种文化时，如能理解这种文化及由这种文化产生的个性并加以正确对待，即在态度上表现为积极、宽容和理解，那么，他就能够比较顺利地解决在另一种文化环境中经营管理企业有可能面临的一系列问题。换句话说，解决了文化心理转换的问题，也就解决了跨国公司管理中的一个重大问题，文化态度是决定一位管理者在另一种文化环境中经营管理是否有效的关键。如果做不到这一点，文化隔阂就会始终存在，文化冲突必然产生。

四、跨国公司文化冲突的结果分析

如果导致文化冲突的原因不能被排除，那么产生文化冲突只是迟早的事情。事实上，跨国公司几乎难以避免文化冲突，只不过表现的形式和程度不同而已。文化冲突一旦产生，就可能带来消极后果。企业管理是要协调企业的人力和物力，通过人的要素与物的要素的结合，以实现企业的目标。冲突则使这一目标难以实现，企业不是把主要精力放在实现既定目标上，而是放在了解决冲突上，时间因此被白白浪费掉，资源因此被大量消耗掉。冲突还导致企业职工心态的不稳定，造成紧张、焦虑、沮丧、压抑、愤怒等不健康心理。由于冲突频繁，企业职工之间难以建立起稳定而持久的互相信任、互相支持的关系，处于怀疑、冷漠、对抗的状态，进而企业也就丧失掉了凝聚力、向心力。文化冲突产生的不良后果主要有以下四种。

1. 沟通中断

文化冲突的加剧会直接导致企业内部沟通渠道的断裂。当不同文化背景的员工对信息传递方式、表达习惯存在根本性分歧时，重要指令或反馈可能因误解、曲解而无法准确传达。高语境文化中隐晦的暗示在低语境文化下易被视为含糊其辞，引发执行偏差。管理者若无法弥合此类差异，沟通链条将逐渐失效，基层真实诉求被屏蔽，战略决策失去实际依据。长此以往，信息孤岛化与沟通信任的流失，会使组织陷入“各自为战”的困境，协调成本攀升，整体运作效率持续走低。

2. 无协同效应

文化差异若未被有效调和，企业内部分工协作将难以形成合力。不同部门或团队因文化认知偏差，可能对同一目标产生截然不同的优先级判断。注重风险规避的团队会抵触创新部门的激进提案，而强调效率的群体则对流程烦琐的合规要求心生抵触。此类割裂不仅造成资源重复投入与目标分散，更可能催生“表面合作、实际对抗”的消极模式。管理者若仅依赖制度强行推动协同，忽视文化价值观的整合，最终会使跨团队合作沦为形式，企业错失“1+1>2”的潜在价值，整体竞争力被无形削弱。

3. 怀恨心理

长期的文化冲突易在员工群体中埋下怨恨的种子。当个体感受到自身文化习惯被刻意忽视或贬损时，不满情绪会逐渐累积，甚至演变为对管理者或同事的隐性敌意。强调等级文化的团队中，扁平化管理可能被解读为“权威缺失”，引发保守派员工的不安与抗拒；而开放文化下的成员则可能因“过度拘谨”的流程心生怨怼。这种心理隔阂一旦形成，轻则导致消极怠工、暗中抵触，重则引发恶意泄密或集体对抗行为。企业若未能及时疏导，文化裂痕将固化为难以愈合的组织创伤。

4. 非理性反应

文化冲突的激化会显著加剧管理中的情绪化决策倾向。当管理者对异文化员工的行为动机产生误判时，可能采取过度压制或放任自流的两极化措施。注重人际关系的“慢决策”被视为效率低下而强行提速，或误读直率沟通为“冒犯权威”而过度惩戒。与此同时，被管理者也可能因文化误解陷入“受害者心态”，以非黑即白的极端态度回应管理指令。此类非理性反应会迅速升级矛盾，导致制度失效、规则失序，甚至触发群体性对抗事件，使企业陷入混乱与内耗的恶性循环。

总之，对企业管理者来说，理智、理解、开放、尊重是必需的，而冲动、保守、封闭、偏见、固执则要尽可能克服和消除。

当然，文化冲突也可以成为企业变革的动力。认识冲突、解决冲突的过程，可以改变企业的固有规定和模式，推动企业进行积极变革，增添企业发展的活力和动力。另外，寻求解决冲突的途径不仅可能引起革新和变化，而且可能使改革更容易为人们所接受，甚至人们所期望。一个过于四平八稳、波澜不惊的企业，并不一定是一家好的企业。企业总是面临着不断的挑战，要积极地去应战，在挑战中才能迅速发展壮大起来。

第三节　跨国公司的跨文化管理

跨国公司不仅是跨地域的经营管理，也是跨文化的经营管理。文化冲突的经常性和冲击性，决定了跨国公司做好跨文化管理的必要性和重要性。

一、跨文化的概念

跨文化是指在不同的文化环境下，研究人与人之间的相互关系，处理因文化背景不同而导致的冲突以及寻找减少和避免这种冲突的方法。对跨文化的研究是在第二次世界大战以后开始的，是伴随跨国公司大规模发展而形成的一个研究课题。作为一种文化现象，早在古代社会时期，在各国家、各地区、各民族之间的文化交流过程中，跨文化就已经出现了。第二次世界大战结束后，随着生产国际化的迅速发展，企业之间、国家之间、经济区域之间的联系不断加强，跨国公司开始逐渐占据了国际经济舞台的主导位置，这就给跨文化研究带来了契机。跨国公司的跨地区经营管理，不仅改变着东道国的文化，也影响着母国的文化，成功的跨国经营，也必然是成功的跨文化活动，所以，跨文化研究就显示出其重要性。

企业是由各部门、各成员所组成的，企业目标的实现必须通过协调各部门、各成员成为一个整体，使他们形成共同的目标来达到，这就是管理的实质。在企业管理过程中，共同意识也就是共同文化价值观念的形成是重要的，如果文化背景是单一的，那么这种共同文化价值观念的形成就比较容易，但在跨国公司管理中，文化背景是双重、多重的，文化环境以及经济、社会、政治因素的不同，决定了冲突产生的难以避免。但是，冲突却可以得到控制和解决，只要人们形成了一致的目标，在维护共同利益的基础上，人们是可以努力去克服由于文化差异而引起的冲突的，跨文化是可以存在的。

二、跨文化管理

成功的跨国公司，必然具有成功的跨文化管理。做好跨文化管理，是任何一家跨国公司都不敢和不能轻视的。虽然，企业各自具有其特点，经营管理环境在不断变化，从来就不可能有千篇一律的管理模式，但是，管理活动毕竟有其科学基础，有其核心实质，所以，从这个意义上来说，管理的原则应该是通用的。

人们行为的差异主要产生于政治、经济、社会和文化背景的不同。如果一个管理者不能了解和适应另一种文化，驾驭和化解文化差异和文化冲突，那么他就不能有效地搞好跨国公司的管理工作。人们其实是应该能够了解并且适应不同文化的。也就是说，虽然跨国公司在另一种文化背景下进行经营管理活动时，总是存在着或多或少的文化冲突，但是，通过学习和了解另一种文化，管理者可以在不同的文化中找出异同之处，处理好不同文化之间的关系，从而去适应不同的文化环境，这样就可以控制文化冲突的程度，大大减少文化冲突的消极后果。

不论是在中国，还是在美国或其他国家，不论是大型企业，还是中、小型企业，不论是国际企业还是国内企业，管理的原则和作用都应该是相同的。当然，共同的管理原则在具体管理过程中或一定环境条件下的运用肯定存在差异，不同的文化背景、管理资源和技术条件、企业状况等因素都会导致采用不同的企业管理方法来进行经营管理。

在管理原则和技术能力相同的条件下，跨国公司的管理是否有效，在于跨国公司及其管理人员的文化适应能力。要知道，人的行为必然受其文化背景的影响和制约，跨国公司管理人员如此，一般员工亦如此。在一种文化环境下被证明是行之有效的管理知识和方法，在另一种文化环境下就不一定行之有效。所以，在坚持管理基本原则的前提下，跨国公司实现有效管理的关键在于“变通性”，要灵活应变、因地制宜才能顺应环境的要求。

例如，如果一家跨国公司打算在美国发展，首先就应该对美国文化有基本了解。从历史上看，美国的国家历史比较短暂，是一个由多种族、多民族、多国家、多地区的移民所组成的国家，他们原本有着不同的文化背景，带来了各种各样的风俗习惯、宗教信仰和价值观念，这就决定了美国文化的多元性特征。但是，这并不等于美国文化就没有什么固定的内容，经过长期的文化交流与融合，美国人形成了一些共同的、基本的文化价值观念，主要表现在：①个人主义。虽然西方文化普遍以个人主义为中心，但尤以美国文化为甚。这是美国生活方式中最根本的观念。在美国人看来，个人利益、个人自由、个人权利等是必须首要受到维护和保障的。②平等意识。从思想观念上说，美国人强调平等意识，父母与子女之间是平等的，老板与雇员之间也是平等的。③竞争意识。可以说，美国社会的竞争是最为激烈的，因为美国人认为，只有通过激烈竞争，人的能力和产品的质量才能得到提高，社会才能保持活力。④勤奋工作。美国人喜欢娱乐和享受，喜欢寻求刺激，喜欢冒险，但是美国人也知道勤奋工作是这一切的基础。因此，勤奋工作以取得成就，奠定个人生活的基础，已经成为美国文化一项极其重要的价值观。⑤实用主义。美国人非常讲求做人行事的实用主义，他们判断事物的标准主要是实际情况，而非什么理论，光说不练的花架子、空架子是绝对行不通的。所以，美国人注重效率和时间，行事简练果断。作为一家外国公司，如果想在美国站住脚并且迅速发展，没有对美国文化的风格、美国人的性格的了解和适应是很难成功的。同理，跨国公司在欧洲、非洲、亚洲等地投资，进行经营管理，也离不开对当地文化的适应。

三、跨文化管理战略阶段

制定科学的跨文化管理战略是跨国公司成功的基础。跨国公司的跨文化管理战略必须着眼于全球，必须高度重视文化差异对跨国公司发展的影响。加拿大著名的跨文化组织管理学家南希·爱德勒研究了跨国公司的发展模式，提出文化差异的变化与跨国公司发展有着紧密联系，认为研究跨文化管理必须了解人们不同的文化价值观念、不同的行为方式、不同的激励方法，要掌握跨国公司发展与世界市场需求变化之间的关系。南希·爱德勒将跨国公司的变革和公司的跨文化变革分为四个阶段，并具体提出了各种管理措施。

第一阶段，是在第二次世界大战结束后的短时期内，跨国公司的运行主要是从国内的和种族优越意识的角度出发的。跨国公司产品独一无二，在国外市场上几乎没有可与之匹敌的产品，几乎独占市场。由于产品的奇货可居和在国际市场上缺乏与之竞争的产品，所以跨国公司在生产和出口产品时，并不在乎国外消费者的消费习惯和偏好，主观性比较明显。在这一阶段，母国的产品设计、生产和经营人员，实际上也就是跨国公司整体，表现出了强烈的文化本位主义，而外国消费者则通过消费行为主动或被动地接受了异质文化。在某种意义上，这意味着“我们允许你们购买我们的产品”。当然，其基本前提是外国人愿意或实际购买。在这一阶段，跨国公司的母国国民性和哲学文化支配着管理，在管理过程中表现出了文化强权主义的色彩。同时，作为跨国公司来说，并未认识到跨文化管理的必要性和重要性。

第二阶段，随着竞争的开始，需要对海外市场和生产进行开发。与第一阶段不同的是，在这一阶段，文化差异的敏感度对于有效实施跨国公司经营管理战略变得至关重要，跨国公司必须根据各国市场的不同制定不同的市场战略。与第一阶段的独特技术、产品优势和种族优越意识成为中心的营销策略相反的是，在第二阶段，跨国公司开始假设有多种可供选择的良好营销方案，选择何种方案取决于方案对各国市场的适应性，即成功的营销方案不是依赖于外国的消费者来吸收文化差异，不是将产品“强加”给外国消费者，而是母国企业管理人员必须调整其经营管理方式以适应外国市场上的客户、同行和员工、消费者。更进一步说，不仅文化差异使适应外国文化的产品设计和营销变得重要，而且文化差异在跨国公司的各分支机构、分支工厂中显得极为关键。管理人员必须了解和适应异国文化，才能有效地管理好企业。

第三阶段，是目前许多跨国公司正处于的阶段。国内外社会与经济环境的剧烈变迁，促使企业在经营管理中不得不提升对文化差异的敏感度，以应对多元市场中的复杂挑战。然而，这一阶段的显著特征是：大量企业涌入全球市场，生产高度趋同化、功能几乎无差异的同类产品。在此背景下，竞争的核心迅速向成本与价格优势倾斜，企业为抢占市场份额，不得不将战略重心转向压缩生产成本、优化供应链效率等短期目标。这种以价格为主导的竞争模式，使得文化意识在战术执行层面的优先级被暂时降低——尽管企业对文化差异的认知更为深刻，但在同质化产品的激烈角逐中，文化适配往往被视为“次要优化项”而非“核心竞争力”。与此同时，世界市场上各国竞争者的涌入加剧了价格战的激烈程度。当不同文化背景的企业以几乎相同的产品展开厮杀时，消费者决策更易受价格、促销等即时因素驱动，文化差异对市场渗透的直接影响在短期内显得微弱。然而，这并不意味着文化差异真正失去价值。在品牌忠诚度建设、本地化服务深化等长期维度上，文化敏感度仍是企业避免同质化陷阱、构建差异优势的关键要素。

南希·爱德勒认为，虽然许多跨国公司目前正处于第三阶段，但是第四阶段正在到来，并对跨国公司未来的发展将会产生深远影响。

第四阶段，竞争不仅体现在价格上，而且更体现在商品的质量上，高质量、低价格将成为客户可以接受的最基本标准。竞争优势来源于战略性的思考和大量的顾客化。产品的构思是从世界范围的资源来考虑的，要素的配置和产地的选择亦是如此。然后，企业生产出最终产品并推销给世界各地。文化再次成为这种市场分割的要素之一。在此阶段，成功的企业必须懂得如何理解他们潜在顾客的需求，并把这种需求作为产品和服务的出发点，在最低成本价格的基础上生产出能够满足顾客需求的产品和服务，然后以一种易于接受的方式将产品和服务提供给顾客。在这一阶段，过去几个阶段中那种独一无二的产品、销售或价格倾向几乎完全消失，取而代之的是适合新市场的快速、低成本的生产机制。显而易见，文化成为这一阶段生死攸关的重要因素，所以跨国公司搞好跨文化管理就有着重要意义，不是可有可无、可轻可重的，而是关系到跨国公司生存、发展和成功的最基本要素。

四、跨文化管理策略

（一）海外分支机构的文化管理的具体策略

从跨国公司海外分支机构的角度来看，对待有差异的母公司文化，可供选择的跨文化管理策略主要有文化移植策略、文化嫁接策略、文化兼容策略与文化创新策略。

（1）文化移植策略。这种策略是一种相对冷门的跨文化管理策略，是跨国公司在进行国外直接投资时，直接将母公司的企业文化强行注入国外的分支机构，国外分支机构只保留母公司的企业文化。这种方式一般适用于母公司企业文化为强文化，并且当地消费者能对母公司的文化完全接受的情况。有些大型跨国公司通过无差异战略扩展它们的产品时，可能会采用该种策略。但从实际情况来看，这种策略采用得非常少。

采用文化移植策略，人力资源政策的核心是跨国公司在全球分支机构的所有重要职位要由来自母国的管理人员担任。因为这不会造成母公司管理人员和分支机构管理人员的文化差异，从而为分支机构和总部之间的信息沟通提供了便利。母公司的文化传统通过高级经理被全部移植到分支机构。当地雇员不得不接受这一外国文化并逐步适应新环境下的工作模式。人力资源战略由母公司制定，分支机构必须严格地执行这些标准化的管理政策。

（2）文化嫁接策略。这种策略将母公司的文化转为分支机构文化的主要部分，并将东道国企业的文化嫁接到母公司文化上。它意味着将母公司的一般战略塑造为东道国分支机构的政策基础，由分支机构按照东道国的实际环境制定它们自己的具体政策与措施。员工的职位安置如下：母公司所有的高级行政人员来自母国、大部分分支机构的高级行政人员也来自母国，少数的重要职位由东道国人员担任。

文化嫁接策略的有利之处是同时考虑了企业文化的统一和东道国的特殊文化背景。但不利之处也很明显，两种文化与两种植物一样，它们能否成功地嫁接在一起取决于许多具体的条件，也许需要花费很长的时间才能将两种文化融合在一起。来自母国的管理者往往很难保持原则和灵活性之间的平衡。

（3）文化兼容策略。根据文化兼容的不同程度可以将该策略细分为以下两个不同层次。

①文化的平行兼容策略。母国文化和东道国文化之间虽然存在着巨大的差异，但却并不互相排斥，反而互为补充。在这种情况下，跨国公司母国的文化与东道国的文化同时并存于子公司内，但都不作为子公司的主体文化。企业可以充分发挥跨文化的优势。这是文化相互包容的最高形式，习惯上称为“文化互补”。

②隐去主体文化的和平兼容策略。跨国公司中的母国文化和东道国文化之间存在着巨大的文化差异，而且两种文化的差异也很容易在子公司的日常运作中产生“文化摩擦”。管理者在经营活动中可以刻意模糊这种文化差异，隐去两种文化中最容易导致冲突的主体文化，保存两者文化中的次要部分。由于失去了主体文化的强大影响力，使不同文化背景的人可以在同一企业中和睦共处，即使发生意见分歧，也很容易通过双方的努力得到解决。

（4）文化创新策略。文化创新策略是将母公司的企业文化与国外分支机构当地的文化进行有效的整合，通过各种渠道促进不同文化的相互了解、适应和融合，从而在母公司文化和当地文化基础之上构建一种新型的分支机构的企业文化，并以这种新型文化作为国外分支机构的管理基础。这种新型文化既保留了母公司企业文化的特点，又与当地的文化环境相适应；既不同于母公司企业文化，又不同于当地企业文化，是两种文化的有机整合。对于管理者来说，关键就在于如何跨越文化差异的障碍，在两种文化的结合点上，寻求和创立一种双方都能认同和接纳的、发挥两种文化优势的管理模式。

（二）母公司的文化管理策略

从跨国公司母公司的角度出发，其对子公司的文化管理可分为文化规避策略、文化渗透策略和借助第三方文化策略。

（1）文化规避策略。这是当母国文化与东道国文化之间存在着巨大的差异，母国文化虽然在整个子公司的运作中占主体地位，可又无法忽视或回避东道国文化存在的时候，可以采纳的一种文化管理策略。由母公司派到子公司的管理人员，必须特别注意规避双方文化的重大不同，不要在这些“敏感地带”造成彼此文化的冲突，如在宗教势力强大的国家特别要注意尊重当地的信仰。

（2）文化渗透策略。文化渗透是指在海外分支机构逐渐培育母公司文化的方式，这是一个需要长时间观察和培育的过程。跨国公司派往东道国工作的管理人员，基于其母国文化和东道国文化的巨大不同，并不试图在短时间内迫使当地员工服从母公司的管理模式，而是凭借母国强大的经济实力所形成的文化优势，对当地员工进行逐步的文化渗透，使母公司文化在不知不觉中深入人心，东道国员工逐渐适应这种母公司文化并成为该文化的执行者和维护者。

（3）借助第三方文化策略。跨国公司在其他国家和地区进行全球营销时，往往无法在短时间内完全适应有着巨大文化差异的经营环境。这时跨国公司所采用的人事管理策略通常是借助比较中性的、与母国文化已达成一定程度共识的第三方文化对设在东道国的子公司进行控制、管理。这种策略可以避免母国文化与东道国文化发生直接的冲突。例如，欧洲的跨国公司想要在北美洲设立子公司，可以先把子公司的海外总部设在思想和管理比较国际化的美国，然后通过美国总部对在美洲的所有子公司实行统一的管理。而美国的跨国公司想在南美洲设立子公司，可以先把子公司的海外总部设在与其管理思想和经济模式较为接近的巴西，然后通过巴西总部对南美洲其他的子公司实行统一的管理。这种借助第三国文化对母国管理者所不了解的东道国子公司进行管理的方式可以避免资金和时间的无谓浪费，使子公司在东道国的经营活动可以迅速、有效地取得成果。

第四节　跨文化管理策略的实施

跨国公司需要根据自身的实际情况，综合考虑其实力、战略目标、文化差异现状等，选择适合企业发展的跨文化管理策略，然后通过建立独特的企业文化，进行跨文化培训以及实施本土化战略等措施逐步实现其跨文化管理策略。

一、建造独特的企业文化

企业文化的主要内容包括价值观、行为规范、精神风貌、心理状态、思维意识、风俗习惯和制度规章等，其中价值观居于核心地位。企业文化与经营管理活动的诸多因素有关。

跨国公司的分支机构遍布世界各地，在一个员工众多、民族不同、价值观各异的复杂而权力分散的环境中，明确且独特的企业文化有可能成为凝聚员工、激励跨国公司发展的内在动力。企业文化的建立实际上是在企业内部建立起共同的价值观。当然，根据跨文化管理策略的类型，共同的价值可以是来自母国文化、东道国文化、其他文化或混合文化。

共同的价值观作为文化的重要组成部分，是一种比较持久的信念，它可以决定人的行为模式、交往准则，以及帮助人们判别是非等。不同的文化具有不同的价值观，人们总是对自己国家的文化充满自豪，大多数人总是有意无意地把自己的文化视为正统，而认为外国人的举止行为古怪。而事实上，这些看似古怪的言谈举止、价值观念对该国人民来说是再自然不过的了。因此，我们要尽可能地消除这种种族优越感，尊重和理解对方的文化，以平等的态度交流。在此基础上，找到两种文化的结合点，发挥两种文化的优势，在企业内部逐步建立起统一的价值观。

二、进行跨文化培训

进行跨文化培训是防治和解决文化冲突的有效途径。作为跨国公司，要消除文化差异、跨文化管理有赖于一批高素质的跨文化管理者。这些人员，尤其是高层管理者，除了要具备良好的敬业精神、技术知识和管理能力，还必须思想灵活、不守成规、有较强的应变能力；尊重他人，有强烈的平等意识；能够容忍不同意见，善于同各种不同文化背景的人友好合作。在可能的情况下，应尽可能选择那些在多文化环境中受过锻炼及懂得对方语言和文化的人担负跨文化管理的任务。但是，毕竟大多数员工并没有跨文化工作和生活的背景，也不一定具备相应的知识，因此，在企业内部进行跨文化培训成为跨文化管理最基本、最有效的手段。

世界各大跨国公司常用的跨文化培训方法如下。

1. 不同文化背景的管理者体验工作和相互学习

为了提高跨文化管理能力，许多企业将管理者派到海外工作或者学习，让他们亲身体验不同文化的冲击，或者让他们在自己的国家与来自不同文化背景的人相处，对他们进行一些跨文化知识和理论的培训。

例如，日本富士通公司为了开拓国际市场，早在1975年就在美国檀香山设立培训中心，开设跨文化沟通课程，培训国际人才。现在，该公司为期4个月的跨文化管理课程除了用于培训本公司的人员，还用于其他跨国公司跨文化管理人才的培训。

2. 设立全球服务项目

可口可乐公司实施的“全球服务项目”有500位中高级管理者参与，每年约有200人调动工作岗位。这些人参与该项目一方面是为了对公司的全球发展做出贡献，另一方面为了丰富自己的国际管理经验。该项目的最终目的之一，是建设一个具有国际意识的高层经理团，可口可乐公司的高层管理者将从这些人中选拔出来。

许多著名的跨国公司都设立了类似的特殊项目来培养高级国际人才，如花旗银行的全球管理人才项目，渣打银行的国际管理培训生项目，等等。

3. 设立企业学院

很多跨国公司在内部设立企业学院，培训国际人才，如摩托罗拉大学、西门子学院等。在这些企业学院中，最有名的要数通用电气公司的GE克劳顿管理学院，通用电气前董事长杰克·韦尔奇每月都要花两天时间亲自到GE克劳顿管理学院给他的经理们讲课，十几年风雨无阻，GE克劳顿管理学院成了通用电气全球发展的引擎。

通常，跨文化培训的主要内容应包括对本企业母国文化和其他国家文化的认识和了解；文化的敏感性、适应性的培训；语言培训；跨文化沟通及冲突处理能力的培训；接收其他先进的管理方法及经营理念的培训；等等。

三、实施本土化战略

实施本土化战略是跨国公司缓和文化冲突的又一种方法。这种方法比较好地照顾了东道国文化在企业经营中的影响。越来越多的跨国公司已意识到本土化对于在异国投资取得成功的重要性。在跨国公司的全球网络中，生产制造中心、研究发展中心和管理运营中心是三个重要的节点，也是跨国公司本土化战略的主要内容。跨国公司的本土化战略具体体现在人力资源本土化、品牌文化本土化、研发中心本土化、管理本土化、生产本土化、采购本土化和服务本土化等。其中，人力资源本土化是实施跨文化管理的重要组成部分。通常，跨国公司在海外进行投资，必须雇用相当数量的当地雇员。这主要是因为东道国雇员熟悉当地的风俗习惯、市场动态以及政府方面的各项法规，而且和当地的消费者容易达成共识，雇用当地雇员无疑方便了跨国公司在当地拓展市场。为避免母国与东道国文化的冲突，在具体实施人力资源本土化战略时，尽量选用有当地国籍的母国人、具有母国国籍的外国人、到母国留学或工作的当地外国人、到当地留学或工作的母国人等。

本土化有利于跨国公司降低海外派遣人员和跨国经营的高昂费用，与当地社会文化融合，减少当地社会对外来资本的危机感；在东道国任用管理人员方面，可以主要考虑该雇员的工作能力及与岗位的匹配度，选用最适合该岗位的雇员。但其缺点也是不容忽视的。如果跨国公司的各个成员都只重视自我的发展，无法形成一种集体价值的企业文化，就会使跨国公司对个体缺乏长久的凝聚力。

总之，跨国公司要正确认识文化差异，灵活地确立跨文化管理体系，根据实际情况选择适当的跨文化管理策略及其实施方案。

小结

随着经济的全球化和知识化，对企业文化也提出了新的挑战。作为一个跨国经营的企业，不但要回答如何跨越文化差异进行管理的问题，还要结合所在国的具体情况进行知识管理，进而解决如何进行知识创新和企业内的知识共享问题。从一些企业的实践来看，传播差异所造成的误解，严重地冲击企业的跨国经营，使之付出高昂的代价。不同市场的文化差异，经常困扰着企业海外经营的决策及其执行。即使企业奔赴海外开拓业务的决策是正确的，也不一定能保证获得预期的经营结果。企业本部派赴海外的经理人，如何与当地员工进行有效的沟通，从而使经营决策得到贯彻落实？在海外业务运作过程中，如何利用第三方资源，减缓甚至消除不同文化所引起的企业内部冲突？这些问题，都是海外经营企业必须直面的挑战。

案例分析

◎ 前沿观点

我国改革开放后，合资企业和跨国公司出现，我国学者开始研究跨文化管理问题。近年来我国经济快速发展，从以往“引进来”到如今“走出去”的转变，我国跨国公司越来越多，理论研究提出企业管理方面的相关建议，我国研究主要集中在根据具体案例针对中外合资企业提出的共同管理文化的新理论与模式。

国外跨文化理论相对国内理论研究更早、更深入、更成熟，而国内理论更多延续国外理论，在国外理论基础上，国内学者观点主要侧重于从国家文化层面来研究跨文化管理，强调文化协同和文化适应，但都没有提出如何解决文化冲突，从而实现文化协同，也较为忽视文化创新的概念，更多地停留在文化适应上。

国外跨国公司跨文化战略模式，主要以“四中心论”：本国中心论、多国中心论、区域中心论和全球中心论为主。这是不同的企业类型和发展阶段相对应的战略模式。在总结国外跨文化管理模式的基础上，国内学者提出了我国跨国公司的文化管理模式，其代表主要有向中兴、庄道军提出的三种模式，即占领式、共存式、创新式。归纳我国学者提出的观点，我国跨国公司的跨文化管理模式大致有以下四种情况：文化悬殊、强强或强弱文化联合、文化融合和皆不采用。不同情境有不同的方法。

跨国公司跨文化管理战略模式的选择与跨国公司海外分公司的规模、两个文化差异、经营方式、职能部门、行业都有关系，因此选择何种管理战略模式需要就特定跨国公司情况制定。

基于国外成熟的理论基础，在国内学者研究中，笔者比较认同的管理战略模式是俞文钊在《合资企业的跨文化管理》中提出的文化整合与一体化模式（Integration-Assimilation Model，IAM）。该模式旨在整合企业内部和外部的资源，在求同存异的基础上，将多种文化转化为企业新的共同价值观。这一模式尤其适合中国跨国公司，因为中国具有悠久的传统文化，很多思维根深蒂固，在管理过程中，对于多元文化可能存在的差异和冲突，以整合的方式进行管理，发挥跨文化优势，能够更为有效。

复习与思考题

1. 文化的层次有哪些？
2. 简述文化差异对跨国公司管理的影响。
3. 跨国公司文化冲突的原因包括哪些方面？
4. 简述母公司的文化管理策略。
5. 跨文化管理策略有哪些？
6. 论述如何实施跨文化管理策略。

第6章 跨国公司的人力资源管理

CHAPTER 6

阅读提示

随着全球经济一体化，越来越多的企业把大量人力资源带到另一个国度，跨国人力资源的流动越来越频繁和猛烈，这使在复杂多变的国际经营环境中始终保持自己的优势变得难上加难。据一份对跨国公司最高管理层的调查结果显示，在企业国际化经营最重要的60项工作中，有12项与人力资源相关，足见培养人力资源在企业实施国际化乃至全球化战略中的重要性。无论是在国内企业还是在跨国公司中，人事管理都是一项重要任务。然而，当一个企业的雇员来自许多不同的国家，其中又包括许多派往不同国家、不同岗位的人员时，挑选、培训、报酬、晋级等基本人事管理工作就变得相当复杂，更何况其中又牵涉文化、政治和复杂的人事关系等因素。虽然不同跨国公司人事管理方法不尽相同，但大多数跨国公司都公认人事管理对于实现海外成长与经营目标至关重要。

关键术语

跨国公司人力资源管理　国际化　价值观

思政要素

“人才是衡量一个国家综合国力的重要指标。”党的十八大以来，以习近平同志为核心的党中央作出人才是实现民族振兴、赢得国际竞争主动的战略资源的重大判断。随着经济全球化的快速发展，资源要素在全球范围的流动越来越快。在所有的资源要素中，人力资源是最核心的；在跨国公司的竞争中，对人才的争夺就成为抢占未来发展制高点的关键一招。本章内容涵盖的思政要素主要包括以下三点。

1. 全面提高人才自主培养质量

党的二十大报告中提到，要“全面提高人才自主培养质量，着力造就拔尖创新人才”。对于跨国公司而言，面对复杂多变的国际市场，国际化综合型人才就是其企业竞争力的核心体现。跨国公司要在激烈的竞争中脱颖而出，必须牢牢抓住人才这个核心竞争力，加快创新型人才培养。特别是我国的跨国公司，更要坚持造就世界一流的企业家队伍。

2. 文明交流互鉴

党的十八大以来，习近平总书记多次阐述对文明交流互鉴的看法和主张，他指出：

“文明因交流而多彩，文明因互鉴而丰富。”跨国公司往往具有多元化的文化背景和人才队伍，不同语言、不同习惯等差异带来的文化冲突是影响跨国公司成功的一个重要因素，跨国公司在经营管理中需树立正确、多元的文化观，加强促进不同文化间的融合与交流。

3. 人才是第一资源

习近平总书记指出：“要从党和国家事业发展需要出发，以更高的站位、更宽的视野发现人才、使用人才、配置人才。”在世界经济全球化日益加快的今天，人力资本已经成为企业首要的战略性资源。这对跨国公司人力资源管理提出了更高要求，跨国公司作为国际人才的汇聚地，需带动国际化高水平人才集聚，推动高水平对外开放。

第一节　跨国公司人力资源管理概述

一、人力资源管理的含义

人力资源是企业的重要资源，人力资源管理是企业资源管理的核心。跨国公司的人力资源管理归属于国际人力资源管理的范畴。它与国内企业人力资源管理相比，有相似之处，但又有很大的差异。

二、跨国公司人力资源管理的发展趋势

跨国公司人力资源管理相对于国内企业人力资源管理，主要表现出以下趋势。

1. 人力资源管理的跨文化性

在跨国公司中，由于来自不同国家的成员的文化背景不同，在行为方式、价值观念和管理理念上都会存在很大的差异，而这些差异的存在常常会使跨国公司的管理者之间、管理者与员工之间以及员工与员工之间发生矛盾和冲突，从而使工作效率下降。因此，在跨国公司人力资源管理中，应更加关注员工与员工之间的跨文化沟通问题。对于跨国公司人力资源管理者来说，了解跨国公司母公司及其子公司之间的文化差异，是做好跨国公司人力资源管理工作的必要条件。

2. 管理人员选聘路径的多样性

对于国内企业来说，管理人员选聘的途径主要有两个，即企业内部晋升和企业外部招聘。跨国公司管理人员选聘的途径要更加广泛和复杂，其选聘通常是跨国界的，管理人员来源主要有三种途径：从本国外派、从东道国公民中选聘和从第三国中选聘国际化专职经理人。①从本国外派是指将具有跨国公司母国国籍的管理人员外派到海

外工作，该管理人员也称外派人员。例如，德国西门子公司雇用德国管理人员派往中国的子公司。②从东道国公民中选聘是指跨国公司在东道国中选聘当地人作为海外公司的管理人员。例如，美国福特汽车公司在英国的子公司聘用英籍经理。③从第三国中选聘国际化专职经理人是指跨国公司选聘具有第三国国籍的专门从事跨国公司经理工作的管理人员。例如，德国汉莎集团在北京的凯宾斯基饭店曾聘用了奥地利籍经理。

由于选择管理人员途径的多样性，跨国公司人力资源的管理者要对跨国公司管理人员选择途径做出正确的决策。为了决策的正确性，必须对跨国公司管理人员选聘的各种途径的利弊有明确的认识。只有掌握了各种选聘途径的利弊，才能对跨国公司管理人员的选择做出正确的决策。

3. 人力资源管理模式的差异性

人力资源管理模式的差异性导致了跨国公司在人员招聘、工资待遇、业绩评估方法等方面的不同。这些差异涉及跨国公司员工能否接受的问题。比如，美国人力资源管理模式的特点是人力资源的市场化配置和人力资源工资价格水平决定机制的市场化。也就是说，企业用人只要到劳动力市场公布一下需求信息就会有相应的人员供你挑选，员工的工资是通过劳资双方的谈判来确定的。在美国，员工往往可以接受被解雇的现实，而不能接受工资下调。因为，下调工资意味着能力的下降，再到新的工作单位会被误解。而在日本则不然，日本经常更换工作会被人歧视。因此，在日本，即使企业处于非常时期，员工也很少有提出辞职的；而作为企业，也很少辞退员工。又如，在员工薪酬方面，墨西哥人按全年365天领取薪酬；而在巴西，员工工作满1年就会自动具有30天的带薪休假待遇。

三、跨国公司人力资源管理的特点

1. 人力资源管理的战略地位得到不断提升

战略意识高度作为人力资源管理的重要概念之一，是指将人力资源作为企业发展的战略资源，将人力资源管理同企业的发展战略相互统一，将企业的人力资源管理，从日常工作、辅助性的管理层面，提升到与企业市场竞争力发展相联系的战略层面。把人力资源管理同企业发展的战略高度相互结合，以顾客为导向，是提升人力资源管理效果的基础。

2. 人力资源管理的机制得到全面优化和创新

企业激励制度是当代跨国公司人力资源管理的重要手段。通过借助递延收入、股票期权、利润共享等激励措施，提升参与式管理、培训、教育、奖励、更个性化的精神激励手段的运用效果。

3. **人力资源管理的信息化平台得以构筑**

随着信息技术的产生和被全面使用，在有效推动跨国公司人力资源管理工作的过程中，既实现了人力资源管理信息化的全面性，也推动了人力资源管理信息化的进程。以电子商务创新理念为核心的人力资源管理信息化，是实现企业内部协同工作电子化的基础。这些类型的业务主要包括网上人才招聘系统、企业人力资源管理信息系统等。信息化水平的提升，一方面满足了企业员工个性化发展的需求，另一方面有效提升了人力资源管理的效果。

4. **人力资源管理组织结构的优化得到最大程度的实现**

新的时代背景下，信息技术和网络技术的快速发展和应用，提升了跨国公司内部的组织结构，对跨国公司人力资源管理组织的创新和改革有着重要的意义。跨国公司通过内部管理制度的改革，有效降低了纵向的组织机构层次，并对横向组织机构之间的联系、合作起到了良好的促进作用，促使跨国公司的组织机构向着扁平化的方向发展，有效降低了跨国公司人力组织机构管理系统的信息流程，提升了信息的保真度，为有效利用信息创造了条件。

四、跨国公司人力资源管理的基本模式

跨国公司人力资源管理的基本模式有很多，其中最具代表性的有以下四种。

1. **民族中心模式**

跨国公司把本国母公司中的政策与操作方法直接移植到海外的子公司，这些子公司由母公司派出的母国人员管理，同时母公司对子公司的政策实行严密的控制。在这种情况下，子公司的人力资源经理就需要在公司总部的规定与东道国当地的员工可以接受的政策之间进行协调，工作的难度比较大。

此种管理模式的优点如下：①母国员工占据绝大部分海外子公司的高层管理职位，当地员工只占据较低层次的职位，因此母公司可以对海外子公司加以强有力的控制；②因为母国员工的职业生涯主要受母国文化支配，因此对母公司有较大的忠诚度；③有利于经营活动中技术、诀窍的保密；④重要决策集中在公司总部，因此有利于总部统筹兼顾，从整体角度来考虑问题。

此种管理模式相应的缺点如下：①限制了东道国员工的职业发展，高素质的东道国员工无法获得晋升的机会，造成人才的浪费；②由于文化差异，东道国员工的行为常常会与跨国公司的管理政策相冲突，因此东道国员工对跨国公司的忠诚度较低；③因为重要决策权都集中在总部，外派人员只是被动地执行，可能会限制外派人员的职业发展。

2. **多中心模式**

母公司与子公司基本上是相互独立的，各个子公司实行适合当地特定环境的人力资源管理政策，人力资源管理人员也由当地员工担任。在这种情况下，子公司的人力资源经理有很大的自主权，因此工作起来就比较简单。

3. **地区中心模式**

子公司按照地区进行分类，如欧洲区、大中华区和北美区等。各个地区内部的人力资源管理政策尽可能地协调，子公司的管理人员由本地区任何国家的员工担任。在这种模式下，地区内部的协调与沟通的程度很高，而在各个地区与公司总部之间的协调与沟通是非常有限的。

多中心和地区中心的跨国公司在高层管理职位和技术职位上通常使用母国员工来控制海外经营。与民族中心模式不同，采用这两种管理模式的企业允许国家和地区经理有一定的决策权利，可以根据当地情况来决定子公司的人力需求。

这两种模式的优点如下：①主要使用东道国员工可以减少面临语言障碍和调整问题的母国外派人员的数量，因此对外派人员的培训投资和调整成本都会大大降低；②东道国员工通常比母公司外派人员的费用低，发展中国家尤是如此，因此降低了人力资本；③增强了子公司管理的文化弹性，有利于减少冲突；④增加了当地员工的工作积极性和动力；⑤符合东道国的民族倾向，有助于子公司同当地消费者、政府机构、员工等建立融洽的关系。

这两种模式的缺点如下：①由于东道国员工在子公司的职位层次的上升和权利的增大，会出现与公司总部的协调问题，因为东道国员工可能对当地子公司比母公司更忠诚；②东道国经理的职业生涯发展机会依然有限，他们的晋升和发展可能被限制在异国或地域内；③由于当地管理人员和母公司文化、利益不一致导致经营目标相矛盾，可能会导致母公司战略实施的失败。

4. **全球中心模式**

公司总部与各个子公司构成一个全球性的网络，该网络被看作一个经济实体而不是母公司与各个子公司的一个简单的集合。全球中心模式下的人力资源管理政策服务于整体最优化的目标，因此既可以有在整个网络中普遍适用的政策，也可以有局部适用的政策。人力资源管理和其他管理工作可以由最适合的任何国家的员工来担任。与地区中心模式一样，全球中心模式下的子公司人力资源经理需要在整体的人力资源战略要求与当地的人力资源管理政策之间进行平衡。

全球中心模式的优点如下：①因为要选用的经理和专业人员不受国籍和地域限制，因此可以使企业建立更大的人才储备；②大批有国际任职经验的经理及专业人员的存在可以使企业迅速积累大量的国际知识；③因为淡化了国家文化的影响，有助于建立跨国组织文化。

全球中心模式对应的缺点如下：①由于某些东道国法律（如移民法）的限制，公司有时难以引进外籍人才；②外派和重新分配的成本很高。

五、跨国公司人力资源管理模式的决定因素

1. 东道国政策的影响

许多发展中国家的管理人才和专业技术人才严重缺乏，它们鼓励跨国公司到本国投资的一个重要目的就是发挥跨国公司培训本国人才的作用。因此，在政策上引导跨国公司大量招聘、培训和发展本国人力资源。在这种情况下，跨国公司就需要采取民族中心模式，并派出本国员工管理子公司和担当子公司中的重要职务。

2. 东道国的管理和技术发展水平的影响

跨国公司可以在经济发达的地区和国家开展业务，也可以在经济比较落后的地区和国家开展业务。在经济发达国家和地区，存在着大量的素质良好的管理和技术人才，因此跨国公司可以采取多中心、地区中心甚至全球中心的人力资源管理模式；而在经济落后的国家和地区，大多数员工缺乏运营现代化的生产过程或从事服务活动所需要的基本技能，因此跨国公司就必须采取民族中心模式。

3. 产品性质和生产技术特征的影响

如果跨国公司提供的产品和服务需要复杂的技术，为了确保达到特定的生产标准和进行质量控制就需要采取民族中心模式，派出本国的管理人员和技术人员到海外各个子公司进行生产过程的监督和管理。尤其是在子公司的东道国缺乏必要的管理人才和技术人才时就更应该如此。但是，如果产品的生产和技术并不复杂，例如食品，而且还可能需要根据当地市场的需要进行生产技术的调整，跨国公司需要用当地的人才才能取得在东道国市场的成功。

4. 文化差异的影响

（1）母国国别的文化差异。跨国公司总部的国别差异引起的文化差异对跨国公司人力资源管理模式有重要影响。有些文化更加支持民族中心模式。例如与欧美相比，日本的跨国公司更倾向于用本国的员工来填补海外子公司的管理空缺。

（2）子公司的文化差异。跨国公司各个子公司的文化的混合以及这些子公司之间文化差异的程度对人力资源管理模式的选择起到限制作用。随着一个跨国公司子公司数量的增加以及由此引起的文化差异的增加，跨国公司越来越难以在所有的业务单位中采取整齐划一的人力资源管理模式。

除上述四项决定因素之外，跨国公司人力资源管理模式的选择还取决于生活习惯的差异、劳动力成本的差异、员工态度的差异等。

第二节　跨国公司人力资源开发

跨国公司面对的是多元的、复杂的、不断变化的社会、经济和文化环境。跨国公司的生产者和经营者对不同的文化环境、不断进步的生产技术、不断变化的消费者偏好和不断出现的新技术的适应能力是有限的，这就要求跨国公司不断地进行人力资源的开发。

跨国公司人力资源开发包括以下三个层次。

1. 基础层次

基础层次——员工训练，这是跨国公司为改善员工目前实际担负或指定将要担负的工作需要而采取的措施，主要包括技巧培训、态度培训或知识培训等。

2. 扩展层次

扩展层次——员工教育，即跨国公司为超过目前所具备的综合能力而开展的训练活动，包括提升训练和职业发展两项内容。

3. 高级层次

高级层次——员工开发，这是为跨国公司组织的变化发展准备可以晋升和重用的员工。

员工训练集中在工作岗位的上岗训练上。员工教育和员工开发则注重跨国公司个体（员工）与跨国公司整体（组织）之间的协调。跨国公司的人力资源开发往往偏重于扩展层次和高级层次。

一、跨国公司人力资源开发的扩展层次

跨国公司员工教育是为了提高员工在特定方向上超过目前所具备的综合能力而开展的系列人力资源的拓展活动，主要是为了迎合个人职业生涯发展的需要。跨国公司员工教育一般包括提升教育和职业开发两方面内容。

1. 跨国公司员工的提升教育

员工教育的基本目标是为跨国公司组织内部向上流动准备合格的人选，短期内可为员工晋升做准备，如海外经理人员的选派，如果事先任命后，再加以接受某些特殊的培训，一方面限制了挑选优秀经理人员的范围，另一方面可能影响受训人员受训的能动性发挥，进而影响经理层的素质保证。采用提升教育的方法则可以在广泛教育基础上选择一批人员，然后提供相同的教育训练，使有能力担任海外经理职务的员工越来越多，在精挑细选后择优录取，更加符合跨国公司发展的需要，同时相当一批员工

的潜能得到挖掘，为组织提供了后备梯队。

2. **职业开发**

职业开发是为了保证跨国公司内部员工由低向高的流动而进行的人力资源管理的一项经常性的工作。职业开发主要是为了维持员工与跨国公司组织相对的稳定性，提升教育则是为了某些员工在短期内的职位晋升。职业开发的推动力，一方面来自员工个人的进取，另一方面来自跨国公司长期发展的需要，后者因素往往居多且更加主动，比如跨国公司组织经常发生退休、改任等突发事件引起的员工替换问题，员工教育可将替换人员提前纳入受训计划，从而在事前做好准备。职业开发主要有两种形式：一种是为保证跨国公司人力资源的合理配置，使各类人员都有一个“职位阶梯”，使员工可以逐步被提拔或越级晋升。另一种形式为“改行”，是考虑员工重新优选职位的自由。改行可以使员工找到发挥其特长的工作，甚至可能使其成为个人业绩卓越者，员工的职业开发往往可以发现这些独特的人选。

二、跨国公司人力资源开发的高级层次

跨国公司员工开发是人力资源开发的高级层次，具有很大的发展前途。

1. **员工开发的形式**

员工开发是现代高科技发展的必然要求，处在此环境下的跨国公司的内部结构和外部环境经常变化，对人力资源的要求、标准也会变化，没有员工开发，跨国公司将难以保持长期稳定的发展。员工开发表现形式有三个经常性内容：第一，内部组织的新形式；第二，企业组织更新；第三，人力资源潜力开发。

2. **员工开发的方法**

员工开发的方法主要如下：第一，有组织的课堂教育；第二，跨国公司内部交叉工作锻炼考察；第三，跨国公司人员间交流；第四，有组织地让员工接受技术知识更新训练；第五，思想储存，既让某些员工脱离生产一线，在超脱的位置上研究跨国公司情况，从而形成有创建的新思想。

第三节　跨文化人力资源管理

一、跨文化人力资源管理的内涵

跨文化人力资源管理，是指企业对来自不同文化背景的员工有计划地实施选拔、招聘、培训、薪酬管理和考评等活动的一系列过程。跨国公司进行跨国经营，也就意

味着跨国公司从一种文化的经营跨越到另一种文化的经营，所以跨国公司也可以称为跨文化公司。跨文化人力资源管理的根本目的是充分利用跨文化的优势，避免跨文化带来的劣势，获取竞争优势。

二、跨文化人力资源管理的内容

跨文化人力资源管理从过程上来讲和一般企业的人力资源管理是一样的，即包括人员的选拔、招聘、培训、考核和薪酬管理等过程。但是由于跨文化企业面临不同文化背景的员工，使其人力资源管理的内容要考虑更多的因素。跨文化企业的人力资源管理的内容从管理的对象进行划分可主要分为两个方面。

1. 对一般员工的管理

一般来说，跨国公司在海外投资设厂，一个重要的原因是东道国有丰富的、价格低廉的劳动力，母公司一旦决定在东道国招募员工，就需要针对公司的目标计划确定招收员工的数量和标准。这就需要对东道国有关劳动的法律规范、劳动力资源状况、平均工资水平等方面进行详细的调查，然后通过东道国的政府部门向社会公开招募。一般来说，跨国公司招募的员工都有较高的素质，薪酬也适当地高于当地的平均工资。

跨国公司需要对招募的员工进行职业培训，通常利用学校、专门的培训机构进行培训，或采用在职培训。除了对工人进行严格的专业培训，还进行必要的思想道德培训，以增强员工的团结进取的精神。由于文化差异的存在，被指派进行培训的管理人员必须了解当地的文化特征，并能较熟练地掌握当地的语言。

2. 对高级管理人员的管理

子公司的管理人员可以来自母国，也可以来自东道国，或者第三国。被任命的管理人员除了需要具备工商管理、法律、营销等专业知识，还应能对所辖企业了如指掌并能与东道国周旋。一般来说，从母国派出的管理人员具有较高的文化素质与丰富的国际管理经验，但是从母公司选派长期进行海外管理的人员有一定的阻力，他们一般只愿进行短期的考察与访问。另外，由于海外子公司所处的政治、经济、法律等环境和母国不同，选拔出的母国优秀的管理人员未必就能成为成功的驻外人员。再加上派遣费用较高，所以跨国公司倾向于在东道国选择自己的管理人员。

一般来说，发达国家在发展中国家投资设厂，由于当地缺乏适当的企业管理人员和技术人员，在当地物色所需要的管理人员实非易事。在这种情况下，跨国公司可以派遣一批管理人员担任子公司的各层管理岗位。同时，在东道国招募一些优秀的人员进行教育与培训，逐步让当地员工担任重要的领导岗位，会使当地员工产生归属感和忠诚度。更为重要的是当地员工熟知那里的文化风俗、商业习惯、消费倾向等经营环境。

三、如何进行有效的跨文化沟通

有效跨文化沟通的结果应当是文化融合，跨国公司的管理者要做到以下几点，才能真正地让两种或多种文化的精髓相融合。

1. 端正文化态度

文化态度是决定一位跨文化人力资源管理者在跨国公司中管理、经营是否有效的关键。如果一位跨文化人力资源管理者不熟悉或不能正确理解这一点，往往会由于文化冲突而影响跨国公司的人力资源管理者与东道国员工的和谐关系，从而加大管理者与员工的社会距离，影响企业内部上下级的沟通与协作，造成管理困难。跨文化管理者应认识到文化差异不应使人沮丧或局促不安。

2. 跨文化培训

一些西方管理专家提出，跨文化培训是人力资源发展的重心所在。跨国公司应通过有效的培训，培养目光长远、能适应多种不同文化并具有积极的首创精神的经理人员。跨文化培训的主要内容有文化认识、文化敏感性训练、语言学习、跨文化沟通及处理跨文化冲突的技巧、地区环境模拟等。

跨文化培训的主要目的：减少驻外经理可能遇到的文化冲突；促进当地员工对跨国公司经营理念及习惯做法的理解；维持组织内良好的人际关系；促进跨国公司内信息的畅通及决策过程的效率；加强团队协作精神与跨国公司凝聚力。

3. 跨文化的文化适应和变革

经营者不仅需要对东道国的文化进行学习和适应，还应提高对不同文化变化的鉴别能力。因为各国文化的某些方面是可以变化的，跨国公司在很多情况下为达到自己的商业目的而对东道国文化的某些方面加以变革。如在民族性极强的日本，青年一代受欧美文化的影响很深，在他们一边吃着麦当劳，一边听着美国摇滚音乐的同时，文化观念已经发生了潜移默化的变化了。

第四节　跨国公司人力资源管理本土化

一、跨国公司人力资源管理本土化的动因

人力资源本土化是指跨国公司启用东道国本地人员，代替其在全球范围内或从母国总公司进行人员配置。实施人力资源本土化是跨国公司占领当地市场的前提条件，正所谓“造物之前，必先造人”。一些跨国公司在选才时，无论国籍、信仰、肤色与性

别，只要这个人“适合”，就会被录用，这种“不拘一格降人才”的做法很值得借鉴。但跨国公司在开拓本地市场时，无一例外地都青睐本地人才。在经营本土化成为跨国公司全球化经营的前提下，各大跨国公司在全球化战略中，将人力资源本土化列为首要战略。

1. **消费者消费品位和偏好的差别**

这是来自消费者需求的压力。跨国公司经营具有很强的国别或地区差异特性，因此，在不同国家和区域必须满足不同消费者的需求，因而需要一个本土化的战略。

2. **树立良好的企业形象**

跨国公司为了寻求在其他国家的发展，会努力争取东道国政府以及公众的支持，以便能够树立起良好的企业形象和知名度。通常东道国会把跨国公司对本国就业、资源利用、价值创造等方面作为判断其是否对东道国有利的依据和标准。跨国公司在东道国进行项目投资，解决本土就业，实行本土化经营，有利于缩小跨国公司和公众之间的距离，提高公众的信任和好感，树立跨国公司良好的形象。

3. **融入东道国文化**

跨国公司在实现全球化经营的过程中，势必要面对不同的社会文化、企业文化以及其他方面的差异，这些差异对跨国公司融入当地社会形成很大的障碍。实行本土化经营，利用东道国本土人力资源，能很快地适应环境差异，避免激烈的文化冲突，实现与当地文化的融合，促进新市场的开拓。

4. **降低综合性成本**

跨国公司进行全球化经营的目的就是获得更多的利润。跨国公司在全球范围内进行资源配置，目的就是利用东道国廉价的劳动力、丰富的资源，降低各方面的成本，提高经济效益。

5. **适应当地市场环境的需要**

跨国公司进入一国之后，面临的市场环境跟其他国家不完全一样，在消费者的人文环境和消费观念、政府的法律制度和倾向、地理自然条件的差异、原材料的供应、市场竞争者等很多方面会存在差异，这样，其市场营销渠道也就需要适应新的环境。

二、跨国公司人力资源管理本土化的原则

跨国公司要想成功地实现人力资源本土化，需注意以下三点：第一，跨国公司应该有明确、清晰的本土化目标，并让这个目标成为子公司本土化的标准；第二，跨国公司在制定了准确的本土化目标后，还应该有可执行的本土化计划方案，以确保计划的执行；第三，跨国公司人力资源本土化策略应该能够使外籍员工和本土员工同时受益，而非忽略一方利益或牺牲一方利益。于跨国公司而言，本土化是一个过程，不是

短时间内就能够完成和实现的，跨国公司应该把本土化作为一个项目来进行，这样才能收到较好的效果。

对于跨国公司而言，并不是所有的跨国公司都需要本土化，也不是跨国公司的所有部门都需要本土化，人力资源本土化是由跨国公司内外部环境因素决定的。内部环境因素包括跨国公司把企业文化、管理、技术等向子公司进行转移时难度的大小。外部因素包括企业对客户、本地供应商、政府关系等方面的重视程度。

如果跨国公司母国文化与子公司所在国文化差异很小，并且母国文化很容易在新的国家落地、生根、发芽，那么跨国公司就易实现本土化。在实现本土化的过程中，东道国是否有合适的管理、技术方面的人才也是影响本土化很重要的一个方面。如果跨国公司对本地客户很重视，而且认为本地市场会是公司所占市场份额中很重要的部分，那么跨国公司就会非常重视人力资源的本土化。如果本地供应商的货源符合跨国公司要求甚至物美价廉，或者跨国公司需要和当地政府维持良好的关系，以便获得政府某些方面的支持，在这些影响之下，跨国公司对当地环境的依赖性就比较强，本土化就显得非常重要。而对于电信设备制造、能源类等对技术管理、原企业文化依赖性比较强的企业，并且这种依赖性超过对外部环境的依赖时，企业的核心业务部门以及中高管理层的本土化程度就不能太高，这样做的目的是保证子公司内部以及总公司和子公司之间沟通顺畅、保证企业文化上的一致性和确保核心技术不外传；如果本土化程度较高，这些行业在相关方面的控制就比较困难。

对于一些从事高科技产业或者制造和销售高附加值产品的企业，由于核心技术掌握在母公司人员手中，因此，本土化的步伐可能相对就要慢一些，甚至某些部门不进行本土化。对于服务业，由于相关人才培养要更容易，一些跨国公司可选择的人力资源范围也较宽，因此，本土化进程就要显得更快一些。从事服务业的跨国公司通过加快本土化，以便在较短的时间内了解东道国文化、融入东道国文化，有针对性地提供服务。

三、跨国公司人力资源管理本土化的意义

随着国际市场竞争的加剧和跨国公司自身的全球化发展，仅依靠母国的人才难以满足其日益发展的需要，因此，跨国公司必须把它的人力资源配置放在一个更广阔的范围内，才能招募到足够多且适合跨国公司发展的人员。实践证明，对于绝大多数跨国公司而言，从综合角度考虑，在人力资源管理上实行本土化不失为一个很好的方法。人力资源管理本土化是跨国公司在一个新的区域谋求发展的捷径。

现代管理理论提倡跨国公司“思维的全球化和行动的当地化”，在行动当地化的内容里，其中之一就是人力资源管理本土化。人力资源管理本土化是一种观念，不是人

种问题。本土化不仅包括跨国公司启用东道国本土人员，同时还包括外籍职员本土化。跨国公司进行人力资源本土化的意义包括以下几方面。

1. 节约成本

对于追逐利润的企业来说，“开源节流”是永远正确的增加利润的途径。就跨国公司而言，跨国外派人员的薪酬比其在原籍工作高出很多，这无疑增加了公司成本。在人员素质、能力接近或相同的情况下，跨国公司会招聘当地人员，以降低人力成本。另外，外派人员要接受东道国文化的培训，适应当地生活，在适应期内其工作效率会受影响，这些显然也增加了人力成本。从人本管理的角度来说，有外派员工，就可能关系到外派员工的家属。有些大的跨国公司为了使外派员工安心工作，通常对其子女学习、生活等给以足够的关照。比如苏州工业园的外国公司为其员工子女安排入学，超市有适合员工生活的商品，创造适合员工习惯的居住环境等，这些都会增加跨国公司的成本。

2. 便于子公司迅速适应东道国文化

从东道国招聘员工，一个最大的优势就是员工熟悉本土文化，缩短了企业文化和当地文化的融合时间，便于子公司和当地各个相关方面的交流沟通。跨国公司在建立具有东道国特色的企业文化时，主要的问题应该是如何让本土员工接受母公司企业文化，形成格调一致的管理方法，并将企业文化与本土文化有机融合，使本土文化能接受企业文化，并有利于企业文化的完善和发展。

3. 有利于子公司迅速开展工作

从跨国公司发展角度来说，本土员工熟悉当地地理环境，对于本土居民的消费状况、消费能力、风俗习惯等非常了解，有利于准确进行市场信息的收集、分析以及进行市场定位，便于子公司迅速开展工作。对于外籍人员，需要经过一段时间才能对上述情况了解、熟悉，这不利于跨国公司迅速开展业务。

4. 便于制定正确的市场营销策略

由于市场营销部门是和消费者直接打交道，因此，需要对本地消费者的消费偏好、消费能力、消费潜力等有一个完整、清晰的认识，这样才能有针对性地开发市场、渗透市场，提供消费者能够接受的售后服务。例如，在美国万向集团公司的案例中，“市场营销本土化”是其营销战略方案，并收到了很好的效果。

四、跨国公司人力资源管理本土化的策略

1. 管理人员本土化

跨国公司在全球进行竞争，其竞争力不仅体现在拥有雄厚的资本、先进的技术、知名度很高的品牌、科学的管理、独特的销售网络等，更体现在跨国公司先进的人力

资源管理能力。近年来，跨国公司在东道国大力实施本土化战略，这种本土化已经从基层的一线生产、营销人员以及基层管理人员的本土化发展到企业中高级人才的本土化，由原来的局部本土化转向全面本土化，使海外子公司的大部分管理职位由当地人担任。

管理人员本土化是跨国公司在东道国竞争中保持其竞争力的重要战略。很多知名跨国公司管理人员本土化程度都在90%以上，如雀巢公司、诺基亚公司、西门子公司等。为了促使管理人员本土化，许多跨国公司都建立了自己专门的大学来对管理人员进行管理知识的培训，以保证本土化管理人员在企业文化、管理水平等方面能够和母公司保持一致，促进海外子公司和跨国公司的协调发展。

2. 销售渠道本土化

跨国公司在其全球化经营过程中，针对不同区域、不同国家的具体情况，必须采用与本土消费者购买方式相一致的销售渠道设计，也就是通过销售渠道本土化使产品销售通路顺畅。比如安利公司全球统一的直销模式在中国遭到了重创，不得不建立新的销售渠道。很多跨国公司在新进入一个跨国市场后，往往把在其他区域和国家成功的销售网络在新的国家继续扩散，忽视东道国销售渠道的特殊性，不能把这种特殊性和原来成功的销售渠道进行融合，结果在进行市场开拓过程中就会遇到各种挫折，甚至导致失败，不得不从东道国撤出。销售渠道本土化的重点在于市场部、销售部、产品设计部、人力资源部的本土化。营销本土化是跨国公司开发新市场的重要战略。从职能部门角度来说，不同部门要求本土化的程度不一样。一般与本土文化环境结合紧密的部门，比如市场部、销售部、产品设计部、人力资源部等部门对本土化要求较高。因为这些部门以和人打交道为主，需要比较高的人际关系处理技能。相比之下，只有对本土文化、人际交往方式、社会惯例有充分的了解，才能很好地代表跨国公司对外交流，并且在与这些相关的工作中表现出比外籍人员更为快速有效的处理能力。如果市场部、销售部等部门无法最大限度地做到人力资源本土化，对于市场信息的收集、分析就不利，也很难做到适应市场瞬息万变的形势，无法及时向产品设计部门提供市场信息，导致设计出的产品很难符合当地消费群体需求，因此很容易被市场淘汰。

文化始终是跨国公司进入一个新市场时最难以解决的问题。尤其是在市场、销售、人力资源等领域，传统文化与风俗习惯的影响根深蒂固，外籍人士很难完全适应，使得本土化人才的优势显得尤为突出。销售部、人力资源管理部、产品设计部和市场部历来是本土化人才体现优势的重要阵地，很多跨国公司出现的市场战略偏差，都可以归因于优秀本土化人才的缺位和外方人员对瞬息变化的市场情况的失察。解决文化冲突的最有效方法之一是管理人员的本土化。

3. 研发本土化

跨国公司要想适应东道国消费市场的需求状况，就必须使产品的设计研发能够和本土消费者的消费偏好、消费习惯、消费能力相一致。很多跨国公司把自身先进的技术转移到东道国，利用东道国独特的、低廉的原料，结合本土消费者的民族特点研发出与本土消费者的消费喜好相协调的产品，使跨国公司在每一个区域的产品都各有千秋，各有对应的市场。

为了促使产品本土化，跨国公司就要在研发本土化上进行投资。另外，跨国公司在东道国市场竞争的加剧，也促进了研发本土化的竞争。为了巩固其在东道国市场领导者的地位，跨国公司把研发活动定位于满足东道国市场的特定需求，从而实现对市场变化的快速反应。东道国拥有众多的科技人才和良好的科研设施成为跨国公司实现研发本土化所需要的重要条件。

五、跨国公司人力资源管理本土化要注意的问题

1. 不应为了本土化而本土化

本土化的目的是使海外子公司迅速适应东道国的环境，利用东道国员工迅速开展工作，制定正确的发展战略。如果为了追求本土化而本土化，不顾及东道国人力资源的实际情况，就有可能适得其反。比如，一些生产高附加值产品的跨国公司，需要大量的高级技术，如果东道国技工数量很多，但员工技能不达标，这时强求本土化可能会降低产品质量，或劳动效率较低，达不到预期效果。

跨国公司在本土化尤其是高级管理人员本土化的过程中，应该持稳健的方式，以避免由于在聘用中感觉到不合适而频繁更换高层，这会给本土公众和企业造成一种公司内部不稳定的印象，从而影响其他企业与跨国公司的业务往来。世界各国参与国际分工的角度和时间各不相同，因此，各国在拥有国际企业管理经验和懂国际经济规则的人才数量和质量上会存在很大差异，这些都会影响跨国公司在不同国家的本土化进程。

2. 管理人员在本土化过程中权利与责任的对应

有的跨国公司表面上看本土化程度很高，外籍管理人员的本土化程度甚至也很高，但是其权利相对比较集中。虽然有本土化的大量管理人员可以根据本土情况提出针对各种问题的各种方案，但是最终拍板做决策的是外籍管理人员，这从一定程度上不仅挫伤本土管理人员和其他员工的积极性，而且由于外籍人士对本土惯例的理解远不如本土人士，因此其最终的决策可能会偏离实际情况甚至背道而驰，造成经济上的困境。

跨国总公司为了达到对其分公司的控制，通常会在关键岗位上委派其信任的外籍人士，一般管理岗位由本土人士担任，为了保证对应管理岗位的责任得以履行，应该赋予对应责任的对等权利，以保证资源的合理配置和决策的正确性。

小结

人力资源管理是20世纪中期开始出现的，引入我国是在20世纪80年代。人力资源是指一定时间和一定区域范围内的人口总体所拥有的劳动力的总和，通常包括能够为社会创造物质财富与精神文化财富，从事体力劳动与智力劳动的人的数量与质量两个方面。

人力资源管理和人事管理不同。人力资源管理体系包括：①人力资源战略和目标规划；②工作分析及员工能力素质模型；③员工招聘系统；④员工培训系统；⑤科学的薪酬管理系统；⑥基于战略的绩效管理系统；⑦员工职业生涯规划设计系统。

跨国公司人力资源管理本土化的动因在于存在着消费者消费品位和偏好的差别、树立良好的企业形象、融入东道国文化、降低综合成本，以及适应当地市场环境的需要。跨国公司人力资源本土化的意义在于节约成本、便于子公司迅速适应东道国文化、有利于子公司迅速开展工作、便于制定正确的市场营销策略。跨国公司人力资源管理本土化的策略包括管理人员本土化、销售渠道本土化和研发本土化。

案例分析

前沿观点

随着科学技术不断发展，知识要素逐渐取代土地要素等物质要素，成为现代企业发展的重要资源，人力资源作为企业发展过程中的核心要素，如何结合企业知识资源，优化企业的资源配置，提升企业竞争力是现代企业面临的重要问题。

社会人才冗余，高学历人才比重节节攀升，很多企业由生产性企业转为创新性企业，人才和知识资源成为主要动力。实施知识管理的必要性包括员工需求层次上升、员工流动意愿强、员工团队观念薄弱。

复习与思考题

1. 跨国公司人力资源管理的发展趋势有哪些？
2. 简述跨国公司人力资源管理的基本模式。

3. 跨国公司人力资源管理模式的决定因素包括哪些方面？
4. 如何进行有效的跨文化沟通？
5. 跨国公司人力资源本土化的原因有哪些？
6. 论述跨国公司人力资源本土化的意义。

第7章 跨国公司的研发、生产、营销管理

CHAPTER 7

阅读提示

随着全球化进程的加快，新的国际分工格局开始出现，主要发达国家着重发展知识密集型产业和服务业，而把劳动密集型产业向发展中国家转移。全球化浪潮中，发展中国家已成为世界的主要制造基地。来自发达国家的跨国公司不断在发展中国家建立企业和技术中心，规模化生产后再进行全球分配。这导致国际市场竞争愈加激烈，也使得各国的跨国公司必须直接面对在技术、人才、资源等方面的正面竞争。本章通过对跨国公司研发、生产、营销管理进行基本介绍，阐述了跨国公司研发、生产、营销等环节的规范做法，说明研发与生产、营销等环节衔接的必要性和重要性，对跨国公司在国际市场进行相关经营活动具有指导意义。

关键术语

跨国生产　知识管理　技术转让　国际营销

思政要素

我国积极引导多元主体和多方资源向基础研究领域聚集，不断激发创新活力，强化跨国公司技术创新主体地位。要不断构建具有活力的企业创新生态，充分发挥新型举国体制优势，使我国在全球技术、人才、资源等方面的正面竞争中跟紧潮流，制定符合我国国情和发展实际的营销策略。本章内容涵盖的思政要素主要包括以下三点。

1. 发挥制度优势

中国政治环境稳定、经济基本面长期向好，超大规模市场和人才红利优势突出、基础设施先进，这些体制优势和要素优势增加了跨国公司的投资回报率和安全性，使我国长期成为跨国公司青睐的目的地。

2. 创新驱动发展

全球知识创新已经成为全球竞争环境的重要特点，全球跨国投资呈现流向服务业和高技术产业的趋势，这与我国人才丰裕、产业体系完备、数字基础设施先进、创新能力强等特点高度匹配。应牢牢把握新技术革命和数字经济发展大势，以高质量外资促进高水平双循环和新质生产力发展，以扩大知识密集型服务业开放为重点优化外资结构。

3. 因地制宜

相比于国内环境，国际市场营销的范围更广，要考虑的问题更多，面对的市场环境和消费者更复杂。因此，营销管理要坚持从实际出发，因地制宜，加大新质产业招引力度，先立后破，分类指导。根据本土的资源禀赋、产业基础、科研条件等，有选择地推动新产业、新模式、新动能发展。跨国公司要扬长避短，根据自身特点进行跨文化分析、商业模式分析等，选择适当的差异化战略或标准化战略。

第一节　跨国公司的研发管理

一、全球知识管理

2010年年末，英国《金融时报》刊文说，创新已经不再是发达国家的专利，引领世界市场的创新产品，其开发地正在向中国、印度、巴西等发展中国家转移。随着新兴经济体国家创新能力的不断提升，知识创新的多点并发趋势逐渐呈现。如海尔的迷你冰箱、巴西航空工业公司的商用小型飞机……这些创新产品虽然并不涉及技术转型式的重大变化，但是至少可以印证创新思维已经在新兴市场国家迸出了星星之火。

新兴经济体国家创新能力的不断提升，使跨国公司越来越多地将其研发中心以及具有创新能力的子公司设置在这些国家和地区，产生于这些研发中心和子公司的创新成果也越来越多地为跨国公司的母公司以及其他子公司提供帮助，全球知识创新已经成为全球竞争环境的重要特点。

如今，绝大多数跨国公司的管理者意识到了同时获得全球效率、当地响应以及创新能力三个要素的重要意义。对于跨国公司而言，获得全球效率是一种获得全球竞争的手段；获得当地响应不仅可以争取更大的市场份额，更是一种在国际经营中获取灵活性的工具，利于跨国公司在全球范围内开发并利用知识。

（一）全球知识管理的特点

跨国公司的知识管理有其自身的特色，其经营的全球性，决定了跨国公司的知识获取、积累、共享、创新、应用等知识管理活动也是基于全球背景的。与单一民族企业相比，跨国公司全球知识管理具有以下特点。

1. 全球知识管理范围大

单一民族企业由于经营空间和制度的局限性，其知识积累、转移与共享及创新的范围往往局限于国家和地区的范围内，而跨国公司全球范围内的经营促使其必须对全球范围内的知识资源进行有选择的利用，知识管理工作的范围也随之扩大。

2. **全球知识管理难度大**

跨国公司的经营跨越了国家、体制和文化的边界，因此，面临着如何有效地将在一个特定国家和地区创造的知识转移到另一个国家和地区并成功应用的挑战，国家、体制、文化和组织的差异性都可能对知识转移和共享产生障碍。

（二）全球知识管理的内涵

为了更好地分析跨国公司知识管理战略的组成，首先用迈克尔·波特的价值链理论来分析跨国公司的知识价值链。

由美国哈佛商学院著名战略学家迈克尔·波特提出的“价值链分析法”，把企业内外价值增加的活动分为基本活动和支持性活动，基本活动涉及企业生产、销售、进料后勤、发货后勤、售后服务。支持性活动涉及企业基础设施、人力资源管理、研究与开发、采购等，基本活动和支持性活动构成了企业的价值链（如图7-1所示）。不同的企业参与的价值活动中，并不是每个环节都创造价值，实际上只有某些特定的活动才真正创造价值，这些真正创造价值的活动，就是价值链上的“战略环节”。企业要保持的竞争优势，实际上就是企业在价值链某些特定的战略环节上的优势。

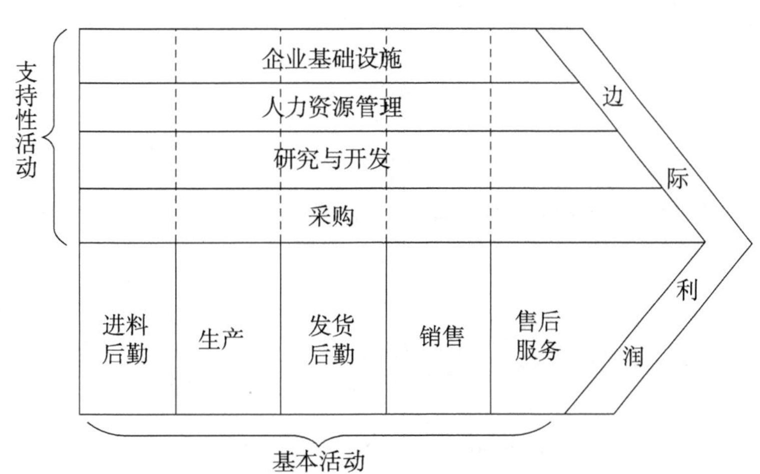

图7-1 迈克尔·波特的价值链分析模型

迈克尔·波特用价值链理论将企业活动分成若干过程，每一过程都能为提供给顾客的产品或服务添加一定的价值。由于企业活动的任何过程都伴随知识的流动，知识在流动的过程中不断丰富、创新，因此，基于上述基础价值链的扩展，我们同样可以用知识价值链来描述跨国公司内部的知识活动。

根据迈克尔·波特的价值链模型，可将跨国公司的知识活动分为基本活动和支持性活动两部分，其中基本活动包括知识积累、知识转移与共享以及知识创新，这是跨国公司知识管理战略中最重要的三个环节。支持性活动包括 Internet/Intranet（互联网/内联网）等信息基础设施的维护、企业文化建设、知识员工的激励与管理（如图 7-2 所示）。

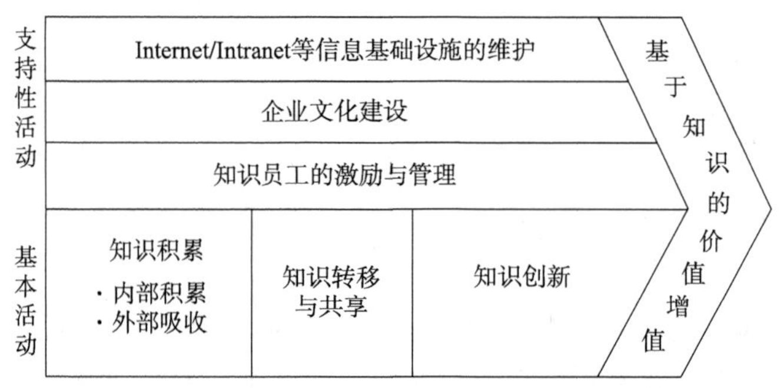

图 7-2　跨国公司的知识价值链分析

基本活动中，知识积累活动不断为跨国公司构建和夯实知识基础，知识转移与共享活动可以实现现有知识在更大范围内的运用，从而发挥知识的乘数效应，知识创新活动可以促使跨国公司在现有知识基础上持续创造新知识，从而保持动态的竞争优势。因而，可将跨国公司知识管理战略分为以下三个子系统：知识积累战略、知识转移与共享战略以及知识创新战略，三个子系统之间的关系如图 7-3 所示。

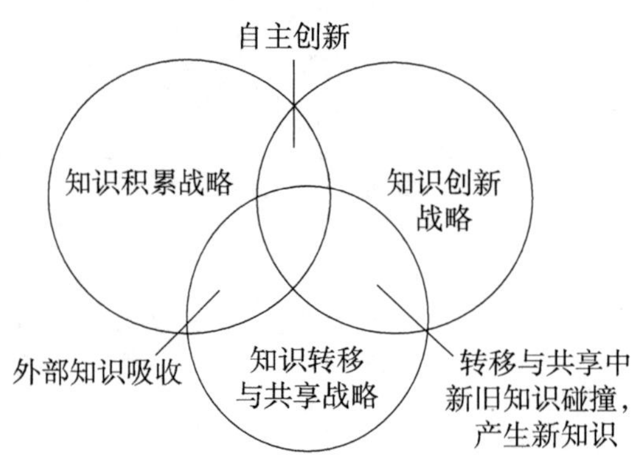

图 7-3　跨国公司知识管理战略的图解模式

任何企业，包括跨国公司的知识积累过程都包含了企业自主创新和外部知识吸收两部分，企业成长的过程就是一个不断将自身创造出来的知识与外部吸收来的知识相结合的过程，从而使企业的知识基础不断扩大。对外部知识的吸收离不开知识的转移与共享。因此，知识积累与知识创新、知识转移与共享有重叠。关于知识转移与共享和知识创新的关系，我们认为在企业内外部知识转移与共享中，新旧知识间会发生碰撞，从而产生新的知识。

（三）知识管理战略的实施

1. 知识积累战略的实施

21世纪的企业竞争归根结底是其创新能力的竞争，而创新能力的高低与企业知识存量的水平以及学习创造新知识的能力密切相关。跨国公司的知识积累过程具有以下三个特点。①历史长：许多跨国公司的历史超过百年，如通用电气公司，技术和经验的积累极为丰富；②范围广：跨国公司全球范围的经营，所带来的是全球范围的技术知识和管理经验的积累；③速度快：跨国公司可以在全球范围内招聘和选拔顶尖的职业经理人和优秀的员工，他们丰富的个人知识将迅速融入跨国公司，迅速增加跨国公司的知识存量。

跨国公司实施知识积累战略的主要方式有以下几种。

（1）设置专门的知识管理机构和高层知识管理职位。

据统计，美国《财富》杂志中排名前1000位的企业中，到1997年已有40%设立了知识主管，即CKO（Chief Knowledge Officer），也称首席知识官、知识总监。CKO的主要任务是将公司的知识转化为公司的效益，其主要职责如下：建立和造就一个能够促进学习、积累知识和信息共享的环境；监督和保证知识库内容的质量、深度、风格，并及时更新；保证知识库设施的正常运行；加强知识的集成和创新。

（2）全球性的知识搜集系统。

跨国公司通过其分支机构（如制造工厂、研发机构），将全球技术的最新发展、当地用户的需求变化、竞争对手的产品和战略信息等及时反馈给母公司，成为跨国公司的知识源。

（3）建立并逐步完善跨国公司的知识库。

利用Internet/Intranet等技术和现有的知识管理软件，跨国公司可以快速地建立自己的内部知识库，为显性知识的积累、筛选、分类、整理以及实时的数据交换和更新提供物质基础。目前，许多大的跨国公司都建有自己的知识库，并赋予每个员工不同的访问权限，一方面保证员工可以很容易地接触到与自己工作紧密相关的知识，另一方面也较好地保护了企业的知识产权。

（4）完善员工的教育和培训体系。

大型跨国公司在员工教育和培训方面有许多可供借鉴之处，他们经常会选送一些员工去大学或科研机构进行深造，甚至有跨国公司自己开办大学进行员工教育和培训。

2. 知识转移与共享战略的实施

虽然在跨国公司内部使用知识通常会比通过市场交易的方式更能有效地实现知识的价值，但是内部化知识平台并不能保证跨国公司内部知识的自由流动。跨国公司内部知识的流动面临诸多障碍：跨国公司长期的优势地位所导致的 NIH（Not Invented Here，非本地发明）综合征，使员工不屑于从其他子公司或公司外部获取知识；不同语言、不同文化和社会背景的员工之间共享和交流知识的障碍；子公司对母公司某些决定的抵触情绪；隐性知识本身所具有的难以编码、难以传播特性；原有的层级组织结构对人们的观念和行为方式的影响难以立即消除等。因此，在跨国公司内部必须建立起知识共享与转移的内部协调与激励机制，以最大限度地克服知识转移过程中的各种障碍，降低转移成本，当然内部协调与激励机制的建立可能会增加管理费用，决策者需要在增加的管理费用和降低的转移成本之间进行权衡。

知识的类型不同，其转移与共享的方式和难易程度也不同。符号化知识的流动和共享，可以通过手册、知识库以及互联网等形式完成。可交流知识常常通过员工讨论（面对面或网上讨论）来实现共享，接受者的掌握程度依赖于其自身的知识背景和理解能力。而默会性知识是最不容易转移与共享的，一般要接受者通过观察或亲身体验来找出最佳操作方法。

由于跨国公司中母公司和各个子公司相距较远，员工的社会文化背景千差万别，经营环境的差别很大，导致知识的复杂程度和模糊程度较单一民族企业更高，另外当人们意识到自己所拥有的专门知识可能为个人带来特殊利益时，人们往往不情愿与他人分享，这就需要建立有效的知识共享激励机制，倡导并培育“知识需要者、提供者的共同体”。

知识转移与共享的策略，除了一般的讨论、人员轮岗、内部知识库等方法，针对跨国公司跨文化、跨体制和跨地区经营的实际，以下几种方法的采用更显重要。

（1）创造性的转移与共享。

知识转移与共享的目的是知识的再利用，而特定的知识往往是在特定的环境中产生的，知识的有效性也往往是和特定的背景紧密相连的，因此在企业的知识库中，一定要将知识产生的背景纳入其中，防止在实际运用已有知识的时候生搬硬套。

（2）数字技术的应用。

针对跨国公司知识的分布性，其内部某一领域的专家如能通过电子邮件和视频会议等手段加强沟通，对于疑难问题的解决、新知识的创造将是十分有益的。

（3）对员工进行多文化背景的培训。

针对跨国公司知识的模糊性，一方面可以采取统一的知识交流工作语言，另一方面可加强多文化背景的培训，以增强员工对不同文化背景知识的理解程度。

（4）建立和完善跨国公司的知识地图。

知识地图是企业知识资产的指南，协助使用者快速且正确地找到所欲寻找的知识。知识地图仅指出知识所在的位置或来源，并不包含知识的内容，其所联结的信息包括人员、程序、内容以及它们的相互关系。

（5）内部组织结构的扁平化、网络化。

跨国公司经过多年的经营，其组织结构往往十分庞大，如不进行组织结构的扁平化、网络化，会导致组织的协调成本过高。组织结构的扁平化可以通过减少信息传输的环节来减少信息的失真和时滞。在网络组织中，信息结构是开放的，人们可以在组织中越过正式的界线和级别，去寻找他们所需要的东西——水平的、垂直的或是对角线的——而感觉不到它们是在破坏组织协议。在网络组织中，“走动管理”方式正被日益采用。

3. 知识创新战略的实施

创新是企业竞争优势的不竭源泉，技术创新、组织创新、管理理念创新等的共同之处是都是人类知识的创新。

日本管理学者野中郁次郎认为，知识创新的方式有四种，①隐性知识的整合：知识工作者在潜移默化中通过知识的重新组合而产生新知识，改变原有知识结构；②隐性知识向显性知识的转化：表现为知识的利用过程；③显性知识之间的借鉴和应用：主要体现在知识的应用中通过不同领域或对象中知识元素的相互借鉴，产生与原有知识不同的新知识；④显性知识内化为隐性知识：总结经验教训，吸收实践中产生的新知识。

跨国公司知识创新战略的具体实现方式有以下几种。

（1）建立鼓励知识创新的企业环境。

最重要的是，建立创新失败宽容机制，这是因为人们对于风险的好恶不同，风险喜好型自然会热衷于创新，而风险厌恶型则会回避创新。回避创新的主要原因是害怕失败，为了让所有的员工都能创新，就必须建立创新失败宽容机制。

（2）明确企业的知识需求。

一方面，明确企业对员工的知识需求，使员工的学习和知识创新活动更有针对性和目的性。另一方面，随时把握顾客对企业所提供产品和服务的需求，跨国公司经营的跨文化、跨体制和跨地区特点，促使其更深入地了解不同国家和地区的顾客在特定的价值观、文化和支付能力的前提下对跨国公司产品和服务的需求，这些高度差异化、个性化的需求正是跨国公司不断进行创新的强大动力。

（3）建立全球一体化的 R&D（Research and Development，研发）体系。

随着经济全球化和一体化的发展，大型跨国公司为适应其全球战略，越来越多地由原来集中化的 R&D 体系向全球一体化的 R&D 体系转变，以便利用分布于全球的有价值的科研技术成果和人才。改革开放多年后的中国，正以优秀的人才、逐步完善的法律和基础设施迎接跨国公司在华设立 R&D 机构。据不完全统计，目前在北京市注册设立的、成立三年以上的大型跨国公司的独立 R&D 机构主要有微软亚太研发集团、三星电子中国研究院、松下电器研究开发（苏州）有限公司、NEC 中国研究院、富士通研究开发中心有限公司、北京宝洁技术有限公司、威盛电子股份有限公司等，中国已经成为跨国公司全球 R&D 投资的一个热点。

4. 跨国公司知识管理的支持性活动

跨国公司知识管理的支持性活动具体体现在以下几个方面。

首先，Internet/Intranet 等信息基础设施的建设与维护，是跨国公司全球视角知识积累、转移和共享、创新活动的基础和前提，是跨国公司知识管理活动得以实施的“硬环境”。

其次，与知识活动相关的企业文化建设主要包括对创新失败的容忍、对知识共享风险的承担意愿等，是跨国公司知识管理活动得以实施的“软环境”。

最后，知识员工自身的专业知识与受教育程度较高，对工作的需求更多表现为对社会尊重及自我实现的需求，因此对知识员工的管理更多体现为通过尊重、理解、授权、物质和精神激励相结合等方式逐步构建起的基于知识互助的长期心理契约，这种长期心理契约具体表现为知识员工个人之间、知识团队之间以及知识员工与团队之间的心理契约。

5. 基于知识战略的跨国公司企业文化建设

知识基础理论将企业看作一个知识的集合体，跨国公司也不例外。跨国公司在跨国界、跨体制、跨文化经营过程中形成了独特的知识结构和知识体系，与之相匹配的是跨国公司注重创新的企业文化，其特点主要表现为以下几个方面。

（1）在企业文化的核心层面，形成“鼓励创新与冒险，容忍失败”的核心价值观。跨国公司知识管理活动的目的是知识创新基础上的产品和服务创新，这是一个高投入、高风险的活动，其失败的比例相当高。

（2）在企业文化的制度层面，有与知识共享相配套的绩效考核与评价体系。在跨国公司员工的绩效考核与评价体系中设置与知识共享行为及其效果相匹配的指标，员工的知识共享行为可以从精神和物质上得到尊重和认可。

（3）在企业文化的行为层面，员工形成基于长期心理契约的行为模式。知识共享行为的贡献往往是长期的，其一部分表现为薪酬方面的回报，更重要的部分表现为组织内部不同团队之间知识方面的回馈，例如帮助其他团队解决某项技术难题，而这种知识回馈往往不是即时进行的。在长期心理契约的基础上，员工对于未来知识回馈的期望可能是员工当前积极共享知识的动力源泉。

二、技术转让

在《联合国国际技术转让行动守则（草案）》中，技术转让是指关于制造产品、应用生产方法或提供服务的系统知识的转让，不包括贸易的单纯买卖或租赁。国际技术转让指的是将三种技术要素即技能、工艺和知识，从一国到另一国、从一个企业到另一个企业的转移。技术转移可以通过技术援助、技术贸易以及技术人员的流动与共同研究开发等途径进行。技术转让的行为，从技术供应方来讲，是技术的输出；从技术接受方来讲，是技术的引进。从商业角度考察，技术的传播可以是无偿的，也可以是有偿的。通常，以经济利益为动机的技术传播称为有偿的传播。国际技术贸易的迅速发展表明，技术的有偿传播在当今世界的技术传播中起着越来越重要的作用。

随着科学技术的迅速发展，科技开发费用日益昂贵，技术创新难度加大。这就决定了任何一个企业、一个部门、一个国家，都不可能发明和创造出经济发展的全部技术，因此客观上需要通过技术转让来获得新技术。同时，在技术本身存在生命周期的情况下，技术的发明和拥有者为了获得最大利润，总是要把技术投向市场。最后，世界及各国知识产权制度的确立和专利制度的实施，又为技术转让提供了法律保证。这些都大大促进了国际技术转让的发展。

（一）跨国公司国际技术转让的内容

1. 跨国公司是当代国际技术转让的主体

跨国公司是国际技术转让的最重要的主体。跨国公司技术转让的技术可分为两类。

（1）工业产权的技术。工业产权也称为产业产权，是一种无形的财产权，也是一种商品。工业产权的持有人，有权自行使用它，也有权把它出售给他人或转让给他人使用，从中取得利益和报酬。工业产权包括发明专利、实用新型专利、外观设计专利和商标专用权等。

（2）非工业产权的技术，非工业产权主要是技术诀窍，也称为专有技术。其内容包括设计方案、设计图纸、技术说明书、技术示范和具体指导等。

2. 跨国公司考虑技术转让的因素

跨国公司选择技术转让时考虑的主要因素如下。

（1）被转让技术所处的竞争地位和它的成熟程度对跨国公司技术转让形式的选择起着决定性影响。

①从技术所处的地位考察，不同技术所处的竞争地位可分为五类：支配地位、优势地位、有利地位、维持地位以及微弱地位。处于前两类地位的技术，跨国公司不愿意以技术许可形式对外转让。

②从技术生命周期看，当技术处于创新阶段时，跨国公司大多不愿对外转让新技术；当技术处于发展阶段时，那些不会影响跨国公司竞争力的外围技术可以适度对外转让。

（2）企业规模大小影响着技术转让形式的选择。

大型跨国公司比中小企业选择余地大，而中小企业对外直接投资能力差，有时只能选择技术许可形式。大型跨国公司把技术交叉许可贸易作为分割销售市场和进行产品竞争的一种寡头合作战略。

3. 技术转让已成为跨国公司对外扩展的重要形式

（1）跨国公司需要转让那些不能被跨国公司直接使用的新技术。

（2）对外技术转让能帮助跨国公司获取潜在的销售市场。

（3）借助技术转让促进跨国公司与竞争者之间建立良好的合作关系。

（4）东道国限制建立子公司，跨国公司只能以技术转让形式进入对方市场。

（二）跨国公司国际技术转让的特点

1. 技术转让的先进程度与股权投资成正比，技术使用的限制性条款与股权投资成反比

跨国公司的技术向外传播，主要是通过直接投资转移技术。国外投资越多，在企业中占有股权份额越大，跨国公司提供的技术就越先进。跨国公司主要考虑的是向当地的技术转移是否符合国际专业化分工和能否带来最大的或长远的利润机会。因此，提供技术的先进程度是以跨国公司的利益为标准，而不是以当地经济的需求为标准的。跨国公司可以利用诸如技术分割转让、技术专利、超经济的限制性使用条款，甚至技术欺骗等手段，把技术进口国置于从属地位。当跨国公司国外投资占有的股权比例较小，甚至在非股权参与形式下，跨国公司可利用其技术垄断地位，用超经济的力量，严格限制关键技术的使用和防止技术的扩散。这种技术限制性条款主要包括限制技术使用的保密条款、单方面的技术反馈条款、束缚性的购买与搭销条款以及限制出口的条款等。

2. 采用持续的技术转让战略，加强企业内部技术转让的控制

跨国公司的技术转让战略是指在全球范围比较生产成本，选择最佳生产基地以确保高额利润，跨国公司的绝大部分技术转让活动在其内部进行，实行内部纵向技术转让形式。首先在母公司研制新技术和新工艺，并将其专利成果应用于母国的国内生产；若干年后，再将新技术转让给设在其他发达国家的子公司；又过若干年后，再向发展中国家的子公司转让技术，到那时母公司又有了新一代的技术。在这种垂直转让形式下，母公司是唯一的技术供应者，子公司的研究工作主要是使技术适应当地市场条件，并且必须将使用技术的信息反馈于母公司，形成一套技术传输、消化、应用相互反馈的机制。跨国公司这种分期分批的技术转让战略，无疑可以延长技术独占时间。同时，子公司间接转让几次，便可获得几次技术转让费。

3. 严格控制技术转让条件

跨国公司向外转让技术的条件包括技术的使用范围、技术的管理与扩散、技术的改进以及产品的销售方向等。跨国公司作为技术的卖方，对技术高度垄断。它们控制着技术转移的主动权，关键技术只发生空间上的转移，而不能成为当地经济的有机构成要素，并推动当地经济技术迅速地“起飞”。东道国对先进技术的需求并没有削弱跨国公司的垄断优势，反而为其延伸和维持垄断提供了市场。

参与这种国际技术转让的政府与私人团体、受国内专利法和国际公约与条约支持的专利机构及国际标准化组织，都受到转让程序的严格控制。

4. 各种技术保护主义的因素制约着技术转让

跨国公司以技术作为商品向外传播，技术转让的层次以考虑自身利益为主，但是也会受到各种技术保护主义因素的制约。技术保护主义因素主要来自母国政府的制约，大企业之间的相互技术封锁，以及对社会主义国家的非经济因素的限制。

（三）跨国公司国际技术转让的策略管理

1. 跨国公司不同技术生命周期的策略

跨国公司应按照技术产品生命周期的不同阶段，结合企业在竞争中所处的创新、发展、成熟、衰老四种地位，在时间上做出技术转让选择。处在不同竞争地位的企业，在技术产品生命周期的不同阶段，所采取的技术转让策略有所不同。

（1）当技术处于创新阶段时，无论是处于支配地位还是处于弱势地位的企业一般都不转让技术。

（2）当技术处于发展阶段时，处于支配地位和优势地位的企业原则上不转让技术，而处于有利地位的企业可考虑适当转让；处于维持地位和弱势地位的企业则考虑转让。

（3）当技术处于成熟阶段时，居支配地位的企业可考虑有选择地转让，但转让条件苛刻；居于劣势地位的企业，比较愿意转让，但也有一定的转让条件；处于有利地位的企业愿意转让，条件要求也较少；处于维持地位和弱势地位的企业，则主动寻找转让机会，使其创造更多的利润。

（4）当技术处于衰老阶段时，处于技术支配地位和优势地位的企业持愿意转让的态度；处于有利地位的企业，则主动寻找机会转让；弱势地位的企业则急于寻找机会转让，不苛求转让条件，力争创利。

2. 跨国公司技术转让方式

跨国公司技术转让采用两种方式，即技术许可证与对外直接投资。这里重点介绍跨国公司技术许可证的方式。主要考虑以下四种情况。

（1）当区位存在进入壁垒，阻碍跨国公司对外直接投资时，倾向于选择技术许可证方式。

（2）当跨国公司缺乏对外直接投资的必要条件时，往往倾向于采取技术许可证方式。

（3）技术的学习和掌握的难易程度决定是否采取许可证方式，复杂技术不利于以许可证方式进行转移。技术本身的生命周期和以前转移的次数也会对选择转让方式产生直接影响。

（4）技术转让取决于技术本身的特性。那些变化快、寿命短的技术，倾向于选择技术许可证方式。

第二节　跨国公司的生产管理

一、全球生产的区位选择

（一）生产区位选择的一般考虑

进行全球生产区位的选择，首先要明确企业生产全球布局的战略动机。以国际直接投资为代表形式的国际商务活动不外乎寻求自然资源、寻求市场、寻求效率与寻求战略性资产四种战略动机，后两个是生产侧的动机。寻求效率的中心是生产要素的低成本，寻求战略性资产是围绕知识创造的能力。从全球生产布局角度考虑，区位选择的首要考虑就是要让各地的区位优势服务于战略需要。

特定国家的有利区位可能会给在那里经营的企业带来区位优势。从市场销售角度看，大规模、快速成长的市场具有区位优势。而从生产角度看，区位优势也可能来源于优越的特定自然地理条件、充足的特定质量生产要素供给，以及产业集聚效应。

1. 优越的特定自然地理条件

一些特定区域具有其他地方难以比拟的地理特征。比如，新加坡是一个理想的连接欧洲与中东、东亚和澳大利亚的海运和空运中转站。迈阿密则被寻求拉美机遇的北美企业和打算进入北美的拉美企业视作理想区位。这些区位可以为在那里经营的企业提供更多的机遇，并减少包括运输成本在内的多种成本。

当然，很多自然灾难和疾病也同某些区位的地理条件相联系。当地理因素以自然灾害的形式影响企业活动的时候，其后果可能是非常严重的。此外，某些疾病的暴发也有一定的地域性，比如与贫困和自然灾害有密切关系的疟疾大多数发生在非洲。疾病大大影响了劳动力的寿命和出勤率，对企业的影响很大。

2. 充足的特定质量生产要素供给

充足的、低成本的土地、能源等生产要素为密集使用这些要素的加工制造企业带来了成本优势。充足的劳动力供给是低成本的前提，但劳动力的低成本并不能简单地解读为更低的工资本身。很多经济落后国家有着庞大的失业大军，劳动力绝对成本低。但是，基本的教育和培训的缺乏导致这些劳动者不具备必要的劳动技能，而且整体经济落后意味着几乎不存在制造业配套设施，使在这些国家进行加工制造成为一项高成本和低效率的活动。因此，能够构成区位优势的是更高的劳动生产率和与之对应的劳动力低成本，更强调充足的劳动力供给同特定的劳动力质量相对应。而这背后是为企业生产提供服务的教育、培训、科研、运输、通信基础设施的发展程度。发达的教育与科学研究，同知识生产的关联尤为密切，是吸引寻求战略性资产型外国直接投资的重要原因。近年来印度班加罗尔国际科技园的兴起，部分原因就是当地涌现出了大量训练有素的人力资源，而这恰恰得益于印度的教育。

3. **产业集聚效应**

集聚效应是指同一产业或相互关联度较高的多个产业的经济活动高度集中于有限的地理范围而带来的效应。企业的集聚可能源于以下四个方面的原因：第一，集聚的上下游企业（如研发设计、原材料和零件供应、销售等）在空间距离上较短，节约了运输、仓储的时间和成本；第二，企业的集聚便利了建立在企业间专业化基础之上的分工；第三，信息和知识外溢，即技术、信息、管理经验等知识从组织内部的一个部门流动到另一个部门，或是从组织内部流动到组织外部；第四，集聚的企业形成了一个更大规模的区域性劳动力市场需求，促进了供给一侧的业内熟练劳动力队伍的形成和壮大。这些可能都意味着成本的节约和劳动生产率的提高。

（二）生产技术特点与生产区位选择

企业特定的生产活动所采用的技术也可能对区位选择产生一定的影响，这种影响促使企业对集中生产和分散生产进行权衡选择。换句话说，某些技术因素可能使企业选择集中生产并供应全球市场更为合适，而在另一些情况下选择分散生产则更为合理。

1. **固定成本水平**

在某些情况下建立制造工厂的固定成本投入过高，那么在多个地区建立工厂将耗费企业大量的资源，这样显然是不明智的，企业应当考虑集中生产。反之，相对较低的固定成本使企业在不同地区分别建立工厂进行分散生产更有意义，这样做一方面能使企业更好地适应当地的需要，另一方面也避免了对一个产地的过多依赖。

2. **最小效率规模**

最小效率规模（Minimum Efficient Scale，MES）的概念与规模经济有关。规模经济是指伴随工厂规模，即生产能力的扩大，出现平均成本的降低。在存在规模经济效应的产量范围内，相对于更多的工厂，每个工厂生产少量产品，以少数工厂进行生产可以更低的平均成本来服务于整个市场，实现生产上的效率。而超过这个产量范围，单位成本不再下降，甚至可能上升。我们把实现平均成本最低的最小产量水平所对应的规模（即生产能力）称为最小效率规模。这个最小效率规模对应着最低的平均成本和特定的产量。

（三）产品价值特点与生产区位选择

产品的价值量比可能影响选址决策。如果产品的价值量比较高，它们的运输成本相对于总价值来说很低，因此，如果其他条件相同，应该在最佳区位生产这些产品并供应全球市场。相反，对于价值量比较低的产品，如果经过长途运输，运输成本将占总价值的很大比例。所以，如果其他条件相同，应在主要市场附近的多个地点生产这类产品以降低运输成本。

（四）市场需求特点与生产区位选择

1. 消费者品位与偏好

消费者品位与偏好也是影响生产区位选择的因素。如果各国消费者对某类产品的偏好几乎毫无差异，如个人电脑、手机等个人电子产品，即产品服务于共同的需要，那么当地响应的需要就会减少，也就增加了在一个最佳区位集中生产的吸引力。相反，如果消费者品位与偏好的差异较大，企业就必须对商品或服务进行改变以迎合当地消费者的独特需求。

2. 进口贸易政策壁垒

同消费者偏好差异一样，目标市场国贸易政策壁垒会带来当地响应压力。比如目标市场国的进口限制政策，如关税和配额等，刺激出口商绕开这些壁垒，在目标市场国生产。贸易替代型外国直接投资取代了以集中生产通过国际贸易服务于外国市场的方式。

（五）生产区位选择的综合评价

1. 基于资源的考虑

规模经济往往能够通过大量生产标准化产品而达到，然而，标准化生产意味着产品不能适应消费者多样化的需要；而企业生产的产品要满足消费者多样化的需要，则势必要建立多条流水生产线，由此会造成不同的生产线经常停工，产品成本过高。也就是说，产品的多样化使企业很难提高生产效率从而降低单位成本。

柔性生产的出现大大缓解了这个矛盾。柔性生产体系包含多方面内容，其中柔性生产技术的运用是在同一条生产线上通过设备调整来完成不同品种的批量生产任务，既满足多品种的多样化要求，又使设备流水线的停工时间达到最小。实现“只在必要的时间内生产必要数量的必要产品”。

也就是说，柔性生产技术不仅能实现低成本，而且可以满足消费者多样化的需要，从而同时达到效率和效果的目标。因此，具备柔性生产技术的企业更倾向于将生产集中在具有优势的区位进行。

2. 基于制度的考虑

生产区位选择的首要考虑就是区位优势，但如同市场进入决策一样，要对国别因素进行综合评价，涉及目标生产区位的政治制度、经济制度、法律制度相关的风险和跨文化风险的评价。

国际贸易与投资政策也会对生产区位选择产生影响。一般而言，各国政府倾向于支持多数产品在其国内制造并鼓励出口，当然，具有生产上的负外部性，如严重污染环境的除外。很多国家有针对外国直接投资的优惠政策，这往往对寻求效率型外国直接投资具有吸引力。

金融风险同样也是生产区位选择需要考虑的因素。企业海外收入的可兑换性和兑换成本是企业最为担心的内容之一。企业在东道国获得的收入有可能需要投资到另一个国家。这时，如果这些收入不可兑换，企业只能将其重新投资该国。所以，为了比较容易地转移投资，很多企业宁愿把生产活动配置在生产效率不高但是资本管制程度较低的地区。所以，外汇管制无疑削弱了企业在该国投资的兴趣。

二、全球生产的模式选择

企业除了价值链在全球空间配置的问题，面临的另一个问题是如何组织价值链各环节，即对哪些环节应自己完成（自产），哪些环节可以外包出去进行决策。这就是企业全球生产的模式选择问题。下面将从两个角度来分析这个问题。

（一）基于资源的观点——核心能力的考虑

1. 核心能力的概念

20世纪90年代，战略管理学者们意识到，单个组织中高层管理者的时间和财务资源是有限的，不可能在各个方面都保持世界级的竞争力。因此提出了核心能力的概念，即组织内部集体学习的能力，特别是如何协调多种生产技能、整合各类工艺流程的能力。

核心能力的概念有几个关键的问题。首先，核心能力集中在企业两个或者三个对未来成功最关键的活动上，这几个方面具有绝对的优势。核心能力仅定义在具有足够高度的组织层次，以避免下属部门在外包决策时误将其职能视为核心能力组成部分。其次，企业的某些活动没有被外包，可能是为了防止外部已有的或潜在的竞争对手学习、获取、侵蚀其核心能力，或者寻找其他途径绕开其核心能力所涉及的领域。核心能力的实质是通过选择将资源集中于少量的活动，使组织能够在选定的领域内保持竞争对手难以取得的竞争优势。

2. 核心能力的特征

核心能力具有以下特征。

（1）一系列不同于传统方式的技巧和知识，使组织的表现可以在长时间内优于竞争对手。比如，商品或服务的设计、技术创造、客户服务或者是物流。

（2）灵活的、长期的平台（不仅仅是商品），使企业可以根据客户的需要进行调整和改进。特殊的价值来源，非常难于复制，对于知识的投资可以获得高回报。

3. **外购的目标**

从这个概念出发，可以认为，企业除了保留一些需要发展的核心竞争能力，外购的方式是优于垂直一体化（自产）的。企业要对哪些活动外包、如何选择外部资源、如何构建客户与供应商的关系、如何监控供货方的行为等具体问题进行决策。

由于高层管理者可能无法对非核心活动、内部服务投入很多的关注，而支持性活动在组织内部具有垄断的性质，并且几乎没有改善工作效率和向高标准看齐的动机。由此可以推断，为非核心部门引入外购方式是一种更好的生产组织形式，特别是当企业可以从服务提供商那里获得高水平的支持时。

降低成本经常被看作企业外购的目标，但这并不是唯一的，甚至不是最重要的。有关研究根据重要性的顺序列出了外购目标。

①改善企业的工作重心，减少在非核心活动中投放的管理资源和注意力，将有限资源集中于优势领域。通过外购，创造了企业与世界级的服务提供商和生产厂商合作的机会，包括获取在技术、工作方法和人力资源方面投资的机会。通过与世界级的服务提供商和生产厂商合作，达到加快工程步伐，缩短生产循环时间，改善质量的目的。

②风险共担，对外购技术联合投资，由供应商代表各个客户进行技术开发。

③减少运营成本，规模经济或者其他基于专业化生产的成本优势，可以减少整个运营费用。将投资于非核心部分的资本转化为运营费用，并将资本基金投入核心领域。对于那些通过内部生产不能达到一定标准或者客户要求的经营活动有了更好的控制。

以上这些目标为企业进行外购时，选择外部资源、进行合同设计以及管理监督，提供了最重要的参考标准。

（二）基于制度的观点——交易成本的考虑

不同的交易成本概念有不同的界定和侧重。奥利弗·威廉姆森（Oliver Williamson）版本的交易成本经济学作为新制度经济学的一个分支，以制度作为研究对象。因此，交易成本的考虑对于生产模式选择的影响，对应着彭氏框架基于制度的思路。彭氏框架为一种国际商务理论框架，其以企业的全球经营绩效为核心，将国际商务研究内容分为两类：基于制度的观点和基于资源的观点（见图 7-4）。其中，彭氏框架将所有与企业外部环境机关的研究都归类于基于制度的观点（Institution Based View，IBV）。IBV认为，制度是决定全球环境下企业经营绩效的重要因素。在国际商务活动中，制度的关键作用可以概括为：降低不确定性。

在讨论交易成本以及相关的治理结构选择问题时，我们首先需要了解一些基本定义。交易是指商品或服务从供应方转移到使用者手中。对于一个特定的组织来说，交易可以是内部的，也可以是外部的。

交易成本包括内部交易成本和外部交易成本，内部交易成本指由管理和监控人事、

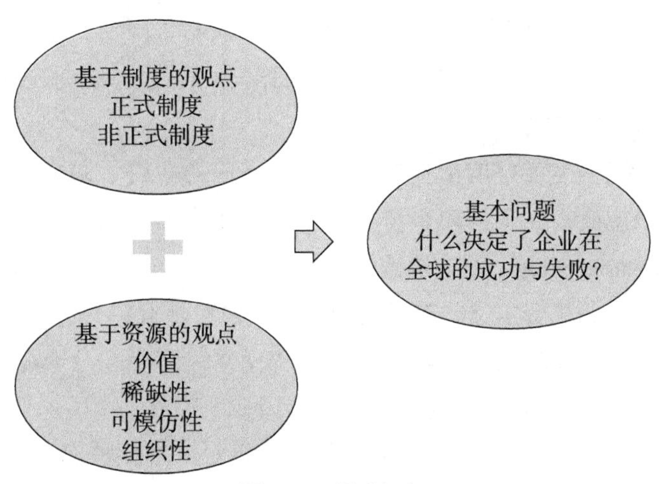

图 7-4 彭氏框架

注：出自《国际商务（第 4 版）》，王炜瀚、王健等编著。

采购原材料、采购资本设备等产生的成本，外部交易成本包括对外部资源的选择、合同管理、合同履行情况监控以及争议的解决等。影响交易成本大小的因素包括资产专用性、机会主义、有限理性。

交易的治理结构（Governance Structure），即交易的组织方式，主要有市场、契约、垂直一体化。企业全球生产的模式选择实质是对交易治理结构的选择。由于在不同的治理结构下资产专用性、机会主义、有限理性等因素对交易成本的影响程度不同，因而，企业所选择的最有效的治理结构也不同。下面，我们将分别探讨影响交易成本的因素，进行几种治理结构的对比，并综合分析企业对交易治理结构的选择问题。

1. 影响交易成本的因素

（1）资产专用性。

资产专用性是指对与交易相关的资产进行投资，可以提高效率，降低成本。针对地点的特定性，可以通过对厂房、办公设施等的投资使其相互临近，降低库存和运输的成本；针对专用性实物资产的投资，包括对专用设备和工具，即为特定客户设计的专用设备或者工具的投入；针对专用性人力资本的投资，即买卖双方中的一方或者两方同时为了建立和维持双方的合作关系而对交易涉及的专门技巧和知识进行投资。

（2）机会主义。

由于交易专用资产的价值取决于买卖双方关系的长期存在，没有投资的一方可以通过结束合作关系的方式来威胁对方，如此一来这些专用的资产就不能完全实现其价值了。如果不能保证实现专用资产的全部价值，那些旨在减少生产成本的投资就不会进行，最后双方都会负担高昂的成本。

（3）有限理性。

有限理性同样会干扰交易的效率。由于有限的管理实践和控制范围，组织不可能对于每一个发生在内部的交易都实行有效的管理。同时，有限理性限制了市场和简单合同控制资产专用性的能力，这是因为各方无法预见到所有可能发生的费用，并体现在合同中。

2. 几种治理结构的对比

市场在一般情况下是最好的治理结构，因为供应商获得了最大的好处，承担了全部的成本，所以供应商有强烈的动机将单位成本所带来的价值最大化，同时能够对市场上原材料和产品价格的变化做出快速反应。但是，根据交易成本理论，由于存在资产专用性、有限理性和机会主义，市场这种治理结构对于有些交易并不是最优的选择。因为买方或者卖方可以随时终止纯粹的现货市场交易，当存在与交易有关的专用资产时，这种组织方式则不能为另一方提供针对机会主义行为的保护。

契约通过将买卖双方在一段时间内绑在一起的方式来保护对于专用资产的投资。但是，由于有限理性的假设存在，我们不可能在事前设定的合同中估计到各方在所有可能情况下的行为。如果合同本身就是不全面的，那么各方还是可以从机会主义行为中得到好处。因此，必须引入更复杂的治理结构来补充合同中遗漏的地方、解决争端、适应新情况。签订合同的各方也需要事前根据可信度和名誉对合作方进行筛选，或在事后设计一些机制来保护对专用资产进行的投资。

在资产专用性、有限理性和机会主义使合同不能解决的问题变得很突出时，垂直一体化成为一个可供替代的选择。垂直一体化可以保证将与交易有关的专用资产投资的价值内部化，同时也方便在交易情况有变的时候重新部署资产和人员。但是，有限理性同样限制了内部管理能控制的范围。低层的经理和员工可能只想着局部最优化的实现，或者他们并不具有控制成本最小化的动机。

3. 交易治理结构的选择

如果可以有多个供货来源，那么企业就可以通过同时拥有内部和外部供应商的方式来避免市场和垂直一体化的缺点。将一部分工作外包给外部供应商，或者允许内部客户从外部采购，这种来自外部市场的压力会促使内部供应商控制成本、改善工作表现。相应地，保留部分内部生产能力，使得企业可以在寻求外购的过程中，仍可以做出有效的决定。在这种情况下，企业一方面保持了内外部的平衡，特别是在备选的供应商很有限的时候，另一方面也保证了应对需求突然增加时的生产和服务能力。

根据交易成本理论可以推论，基于市场的交易可能会因为潜在的机会主义行为，而导致对交易专用资产有效投资的减少。订立合同可以在一定程度上保护这种投资，但在有限理性的情形下，合同不可能列清所有的或然事件。合同的灵活性越好，对于机会主义行为的防范能力越低。因此，资产的专用性、潜在的机会主义行为和有限理性的不断增加，可使企业构建更加紧密的层级结构。然而，在有限理性的假设下，一个组织内部可以得到控制的活动数量也是有限的，因此企业进行内部化，只能选择那些与市场采购和订立合同相比，他们可以更有效控制的活动。

第三节　跨国公司的营销管理

一、市场全球化带来的营销问题

虽然国际营销活动已出现了较长的时间，然而真正让全球变成一个有意义的统一市场并不是太久之前的事情。如今，国际营销不仅成为许多企业取得经营业绩的手段，而且就某些行业或市场而言，它已经成为企业生存的根本途径。

随着市场的全球化，越来越多的企业必须考虑和应对市场营销中遇到的新问题。总体而言，与国内营销相比，国际营销在商机识别、营销调研、市场定位和市场进入等方面都面临不同的任务。国内营销管理强调企业应在平衡细分市场的吸引力以及企业资源能力的基础上，识别商机，确定目标市场；而国际市场营销除这种基本的商机识别任务外，必须充分理解和评价不同国家与地区市场的地理、政治、经济、文化状况。这就意味着国际营销的企业的调研范围和程度更广、更深，从调研任务角度而言，企业必须面对跨国调研的语言、信息可获得性、信息可信度等方面存在的问题与难点。虽然市场定位包括产品定位、服务定位和形象定位等类别，但是因为面对文化差异很大的消费人群，企业原有的市场定位是否可以放心地推广至新市场，并不是很容易有确定答案的。市场进入方式更是受到众多因素的影响，如政治、法律、文化等，在一国非常平常的营销渠道可能放到另一个国家或地区会完全失效。因此，国际营销人员必须有充分的准备来面对不同国家和地域可能出现的各种困难。

（一）商机识别

企业的国际营销活动，就是针对国际市场中的各种机会和各种不利因素，更好地利用资源、发挥优势。著名的营销学大师菲利普·科特勒曾说过，相对于市场营销学，市场的变化更快、更大。确实如此，无论你观察什么市场，其变化的速度都是加快了的，而且其速度之快，使得当今的市场已不同于20世纪90年代，更不用说20世纪50年代了。品牌虽然一如既往地至关重要，但是确立品牌、留住客户却变得越来越困难。更突出的一点就是企业面临竞争加剧的经济格局。因此企业面临的一个重要任务就是商机识别。不仅是在国内，在全球范围内都需要商机识别；商机识别不仅是营销人员的任务，而且是企业中每个人的任务。

一般而言，普通的营销管理和国际营销管理最根本的差别就是营销活动的领域范围。从事国际营销的企业往往会将主要的业务推广至本国市场之外。从商机识别的角度而言，企业的国际营销战略可以遵循从产品和市场两个角度描绘的发展战略，如表 7-1 所示。

表 7-1 产品/市场发展战略矩阵

		产品	
		现有产品	新产品
市场	现有市场	市场渗透战略	产品开发战略
	新市场	市场开发战略	多元化战略

沿着这四种战略，企业可以考察和评估是否存在有意义的商机。此时企业可以采用某一种战略，或者某些战略的组合来识别商机。例如，市场开发的战略是比较常见的，诸如可口可乐、麦当劳、肯德基、西门子等公司进入其他国家市场开展生产与销售经营，这就属于市场开发战略，这种战略背后的逻辑就是因为存在相同或相近的潜在需求，所以显著的商机是存在的。国际营销的企业往往还会采取多元化战略，原因是针对文化不同的各国市场，企业需要针对新的地域市场设计开发新产品，或者新的服务。

关于这个产品/市场发展战略矩阵还有一点需要强调，如果不是从企业刚刚进入国际市场角度考虑，大多数企业的国际营销活动同样也会采用市场渗透战略或者产品开发战略。已经进入许多不同国家市场经营的企业，通过更深入地开发营销要素组合，渗透市场，或者开发新产品，都存在实现商机识别的可能性。

（二）国际营销调研与市场定位

在企业识别国际市场上存在的商机之后，下一个重要任务就是开展营销调研，然后通过市场细分、选择目标市场，最终确定企业的产品、服务和形象的市场定位。传统的生产导向营销观念强调将产品生产出来之后，为产品寻找可能的销售市场；但是当今的科学营销观念强调营销活动一定要始于调研，也就是在确定生产和开展营销之前，必须充分了解是否存在数量足够多的对企业营销要素有反应的人群。而市场定位是细分市场与确定目标市场之后的主要任务，即在国际市场上的定位反映的是企业对国际市场细分的结果，选择的根本标准是这些人群虽然存在于世界各国，但他们对企业的营销反应敏感，企业可以有效地服务于这些市场。国际营销调研是科学定位决策的前提，在国际市场中是否能够确定合适的定位决定着企业能否生存和赢利。

要寻找到合适的市场定位，企业就必须开展科学的营销调研。营销调研是个复杂的过程，包括人、设备和程序，其目的是为营销决策者收集、挑选、分析、评估和分配所需要的、适时的和准确的信息。一般认为，营销调研的过程包括几个明确的步骤：①明确调研目标和任务；②设计营销调查的方案；③明确抽样调查的方案和抽样规模；

④收集数据；⑤分析和解释数据；⑥汇报结果，提出建议。

当今世界上，几乎找不到任何一家企业，可以服务市场上所有的消费者，企业会发现仅采用单一的营销方案，想要吸引全部市场的关注，是非常困难的。单单一个国家的统一市场尚且难寻，更不用说全球化市场了。所以这就是细分市场的重要原因，它让企业能够将营销活动针对一些亚群体展开，而这些亚群体对企业的产品和服务更有兴趣，企业从中也可以获得更多的利润。

市场定位是营销学中一个重要的任务，在科学的市场定位之前，应该有科学的细分市场和确定目标市场的过程。细分市场是将潜在客户划分成同质的亚群体。这些亚群体之间在行为方式、态度、人口统计特点、心理因素等方面存在明显的区别。选择目标市场则是企业根据自身的资源优势以及众多细分市场的潜力与吸引力，选择一个或几个企业有能力服务的亚群体，并针对其需求设计产品和服务。市场定位则是通过广告、促销等传播手段，将企业选择的与目标市场契合的产品与服务概念传达出去。

特别值得强调的是，传统的营销理论认为正是因为消费者的偏好有差异，所以他们对针对其需求定制的营销活动反应更大。然而，与过去相比，技术的进步使企业可以更加高效地满足更小目标市场的需求。在全球范围内，互联网和智能电话技术的快速发展都使企业可以用一种低成本的方式到达较小的客户人群。

国际营销的众多成功案例说明市场定位可以遵循三种方法或法则：经营卓越、产品领先、亲近顾客。沃尔玛和麦当劳是通过卓越的经营，才成长为行业佼佼者。经营得非常完美的企业可以通过提供中流产品索取高价、提供最大的便利而创造出价值。

二、国际营销的产品战略

跨国公司在完成商机识别、国际营销调研与市场定位等任务之后，需要研究的就是具体的营销组合要素问题，通过对价格、产品、分销以及推广四类要素的研究，完成营销战略的制定。既然通过国际营销调研，发现并明确了一个消费人群，企业的任务就是针对这些细分市场的偏好，设计并生产产品，并根据市场情况辅以适当的价格、分销、推广组合要素战略。

（一）产品、品牌、新产品开发策略

产品要素在四个市场营销要素中居于核心地位，其范畴有明显扩大的特点。传统的营销理论研究实物产品的营销问题，随着营销对象的无限扩大，产品策略开始包括实物产品、无形服务、品牌化策略、新产品开发策略等一系列内容。

1. 产品

产品在当今的营销领域，既包含实物范畴，也包含无形的服务范畴。如图 7-5 所

示为产品层次的划分。产品中所包含的最核心的利益诉求或者优势特征就是核心产品，表现产品核心利益的外在形式就构成基本产品，这两个层次是产品营销最显性的部分。然而营销工作的目标是更深入地了解消费者的期望并满足其期望，甚至开发出目前主流消费者并未预期的延伸产品或者潜在产品。

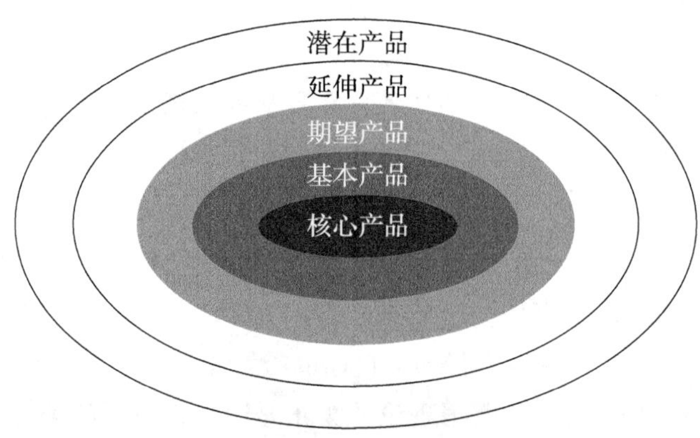

图 7–5　产品的层次

产品组合中包括四个重要的概念：宽度，即企业所拥有的产品线数目；长度，即一条产品线中所含的产品项目的数目；深度，即每个产品中项目的数目；关联度，即各条产品线在最终用途、生产条件、分配渠道或其他方面的相互关联程度。围绕这四个指标，企业的产品策略主要包括扩大产品组合、缩减产品组合、产品线延伸（包括向上延伸、向下延伸、双向延伸），以及优化产品组合。

2. **品牌**

品牌是市场最普遍的属性之一。一个品牌就是一个与产品或服务相关联的名称、符号，或者标记，购买者会赋予它们心理层面的含义。每个组织，无论它的产品属于消费品，还是工业品，都有一个品牌。产品是竞争者可以复制的，但品牌却是独一无二的。产品可能很快就会过时，但成功的品牌却是永不过时的。

品牌在购买者的生活中扮演着许多角色：它们或者向人们提供关于产品或服务功能的重要信息；或者帮助消费者向他人彰显一种希望的形象；或者传递品牌消费所获得的体验；品牌还是一种标志稳定的质量水平的手段。随着竞争的日趋激烈以及产品质量差别的缩小，品牌的角色也发生了变化。一方面，品牌的作用始终是帮助消费者节约时间、确保质量、简化选择；另一方面，激烈的竞争已经导致产品质量难分伯仲，这就使得品牌成为传递产品含义的手段。

3. **新产品开发**

产品开发流程是指企业构思和实现新产品的整个活动，其中产品概念可能源自市场，也可能源自自主创新的工作空间。新产品开发通常遵循一个分阶段的流程，在流程中，企业构思新产品创意、研究、计划、设计、原型开发和测试，最后将其推向市场。对于一个企业来说，由于消费者需求、技术和竞争的快速变化，企业必须持续开发新产品。新产品开发是企业市场营销中的重要环节，如何选择适当的新产品开发策略，关系到企业的市场占有率和发展前途。

（二）国际市场营销的产品策略

与国内市场营销相比，国际市场营销的产品策略所涵盖的范围更广，要考虑的问题更多，面对的市场环境和消费者更复杂。国际产品决策包含两个层面，一个是企业层面的涵盖全部产品的决策，即产品组合决策，另一个是单个产品层面的决策，即是在全球市场销售标准化产品，还是为每一个市场设计提供差异化产品的决策。前者与国内市场产品开发战略思路相似，后者更具有国际产品开发营销的特点。

国际市场营销是国内市场营销在地理范围上的拓展，但绝不是产品单纯地由国内市场推向国际市场。国际营销面临的第一个决策就是究竟是将国内的产品不做任何调整就投向国际市场，还是为特定国际市场提供差异化和定制化的产品，前者是标准化策略，后者是定制化策略，又称为差异化策略。

国际产品标准化策略，是指企业向全世界不同国家或地区的所有市场都提供相同的产品，标准化的内容包括品牌名称、产品的物理特性和包装等诸多细节特征。实施产品标准化策略的前提是市场的全球化，消费者需求趋同。相似的需求构成了一个统一的世界市场，企业通过标准化的产品和服务，就可以获得规模效益。

国际产品差异化策略，是指向不同国家或地区的市场提供不同的或者经过调整的产品。与标准化策略的全球一体化实施前提不同，差异化策略的理论基础是指不同国家和地区在需求和营销环节上存在巨大的差异。差异化是一种经典的竞争战略。比如一个品牌可以通过独一无二的形象让自己区别于其他品牌，这样就能形成一种优势，让消费者更容易想起这个品牌。

产品差异化策略的最大优势在于产品的研发、生产和修改都是以目标市场的环境要求消费者的需求为出发点，是针对每一个特殊的目标市场而定制的。因此在市场进入过程中，相对教育的政策、法规限制就比较少，同时由于产品可以充分地满足当地市场的特殊需要，比较容易获得消费者的认同。

事实上，无论是标准化策略还是差异化策略，都有各自的适用范围和应用弊端，过分强调哪一种都会失之偏颇。企业在标准化策略和差异化策略的选择中，可以根据自身的特点进行系统的跨文化分析和项目成本收益分析，扬长避短，选择最合适的策略。

（三）国际产品生命周期理论与产品战略

产品生命周期理论是美国哈佛大学教授弗农于1966年首先提出的。产品生命周期理论的核心观点是产品的销售和人的生命周期非常接近，要经历一个形成、成长、成熟、衰退的阶段。产品生命周期是产品的市场寿命和经济寿命，典型的产品生命周期一般可分为四个阶段：介绍期（引入期）、成长期、成熟期和衰退期。在整个产品生命周期中，销售和利润都呈现出由弱到强，又由盛及衰的过程，如图 7-6 所示。

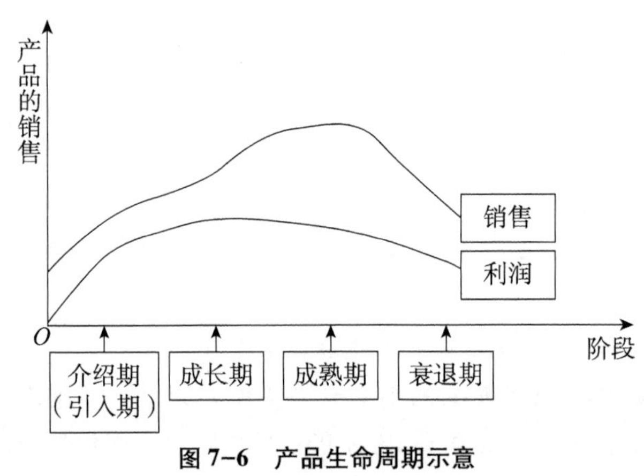

图 7-6　产品生命周期示意

国际产品生命周期理论具有重要的现实意义。根据这个理论，企业应该立足于国际市场营销，研发全球产品。国际市场营销中，产品在生命周期的不同阶段不可避免地发生区位转移，国际化企业为了最大限度地开发国际市场，应该在产品研发之初就着眼于全球市场，开发全球产品，以满足产品生命周期不同阶段不同目标市场的需求。另外，企业应该增强创新意识，占据市场主动。根据国际产品生命周期理论，任何一种产品都有市场寿命，都不可能畅销不衰。只有不断地创新，适时地推出新产品和开发新的功能，加强加快产品升级换代，延长产品的生命周期，才能使产品和企业在激烈的国际市场竞争中取得主动。延长产品生命周期，可以帮助企业抢占国际市场。延长产品的生命周期，除不断创新外，还可以通过区位转移来实现。由于同一产品在不同的国家往往处于生命周期的不同阶段，调整产品的结构也可以实现产品生产周期延长，从而为企业获得更多的利润。由于各个国家和地区存在差异，同一产品在世界各国和地区经常会处于不同的阶段，各个国家和地区在国际贸易中也扮演不同的角色。根据国际产品生命周期的启示，企业在这个过程中，有机会抓住产业转移的有利时机，发挥自身优势，加入国际竞争，获取更大的市场机会。

为了延长产品的生命周期，赚取更多的利润，企业需要不断进行产品创新和市场创新。产品创新是指通过不断的产品研发等措施，尽可能地缩短产品介绍期（引入期），延长产品成熟期，推迟产品衰退期，从而达到增加销售、提升利润的目的。而市场创新是指企业将产品引入其他新市场，实现产品的市场转移，从而在全球市场范围内延长产品的生命周期。

三、国际分销渠道决策

（一）分销渠道概述

分销渠道是指一系列相互依存的组织形成的一个过程，它们使消费者可以使用和消费产品或服务。这个定义中包含了几层含义：分销渠道是一系列相互依存的组织，通常有许多企业参与到分销渠道业务中，每个渠道成员都要依赖其他成员来完成其工作。分销渠道是一个过程，通常情况下分销是需要一段时间的，即使最后销售完成了，企业与最终用户的关系通常都没有结束。这个过程的目的是使消费者可以使用或消费产品或服务，即分销渠道的目的是满足市场的最终用户，他们的目标是使用或消费买到的产品或服务。分销渠道的管理主要包括两个方面：①设计与选择合适的渠道；②评价和管理国际分销渠道。

国际分销渠道是非常复杂的，而且随着时间的推移会发生很大的变化。从国际营销角度讲，分销渠道就是要将世界各地的消费者和企业购买的产品和服务送给他们。在大多数情况下，这些最终用户并不了解将那些看似普通的产品送到他们手中所经历的过程是多么纷繁和复杂。分销渠道面临的挑战主要有两个方面：第一，设计正确的渠道；第二，确保这个设计的成功实施。设计过程就是通过对最终用户的服务需求的分析，对市场进行细分，并依此设计（或对已存在渠道进行重新设计）渠道结构，以最好地满足目标市场的服务需求。实施步骤要求了解每个渠道成员的能力及依存关系，了解潜在的渠道冲突，制订计划，创造一个环境可以持续有效地执行最优的渠道结构设计。成功的设计和实施过程会带来渠道和谐运行的结果。

（二）国际分销渠道设计与选择

国际营销的渠道策略始于设计和建立营销渠道结构，以了解最终用户的服务需求为起点。要恰当地设计产品的国际分销渠道，就应该将细分市场、选择目标市场和市场定位这一套营销原则应用到具体的渠道设计中来。各个国家和地区的不同细分市场对服务的需求各有不同，这表明，针对每个细分市场的需求开发定制的渠道非常有价值。必须充分理解消费者需求的服务与提供这些服务所需的渠道之间的关系，这样才能明确渠道的类型（如直销、通过独立分销商或零售商来销售等）以及渠道成员的身份。而且每个渠道成员对渠道总体运行效果所承担的责任必须明确界定，相应的管理制度要到位，保证渠道成员切实执行好各自的任务。

分析先前已经存在的渠道非常重要，因为它可以发现一些重要的抑制销售额和利润增长的渠道差距。差距可能存在于需求方（提供的服务不足或过量）或供给方（过高的渠道任务执行成本）。当需求方存在差距时，产品的销售很可能会立刻受到影响。供应方存在差距时，其负面影响则可能会更微妙、损害也更大：因为虽然能够完成足够的渠道任务，但是成本过高，这就导致消费者需求的产品和服务将必须以一个较高的价格进行销售。因此，如果竞争对手拥有更好的渠道管理能力，它们可能会发现机会，通过以相当（甚至更低）的价格提供相当（甚至更优）的服务来夺走原属企业的销售量。

（三）国际分销渠道评价与管理

世界各地的企业营销经理永远都会被营销渠道的设计和管理问题所困扰。国际分销渠道不仅包含多个相互依存的实体的复杂特征，还包含各个市场历史或现实的渠道现状所引发的复杂特征。即使已经建立了精致的渠道结构设计方案，渠道成员在执行设计方案时也会遇到各种困难。渠道冲突可能源于目标的分歧、对领域划分的不同意见或对现实的不同看法。所有这些都可能阻止渠道设计方案在市场上获得成功。因此，对国际分销渠道必须加以密切关注，不断进行评估与管理。首先，从分销渠道结构和设计的本质来看，具体的渠道成员很可能只专注于渠道中特定的活动。其次，当一个渠道成员的行动阻碍渠道实现其目标的时候，就产生了渠道冲突。渠道冲突非常普遍，而且会影响到分销工作能否获得成功。由于所有渠道成员之间存在相互依存关系，所以任何一个成员的行动都会对渠道工作的圆满成功产生影响，从而影响整个渠道的运行效果。渠道冲突有可能来自渠道成员目标与目的之间的差异（目标冲突）；或者来自渠道中责任与利益领域的分歧（领域冲突）；也有可能来自对市场感知的差异（感知冲突）。这些冲突直接导致渠道成员无法执行最佳渠道设计所规定的任务，从而影响整个渠道的运行效果。

渠道的设计与管理处于一个复杂的、不断变化的环境中。渠道的设计和管理不是一次性的工作，而是一个持续的过程，要对市场、竞争和渠道成员的能力不断地进行分析和应对。不承认这一点的企业可能在短期内会取得成功，但当周围的市场发生根本变化时，它们将难以应对。企业时刻保持警惕，并愿意做出积极回应才是持续获得渠道管理成功的关键。

四、国际定价策略

定价作为一种管理职能在许多企业里扮演着越来越重要的角色。对于任何一个企业来说，定价决策都是复杂的，因为它要求同时考虑宏观因素和微观因素。对于国际营销的企业而言，定价决策不仅要考虑普遍性原则，还要考虑国际市场中定价面临的新挑战和风险问题。

（一）价格与影响定价的因素

企业产品价格的确定首先取决于企业的战略目标是追求利润还是市场份额。首要的目标一旦确立，做出最优定价需要考虑并平衡以下决定因素。

第一，企业所有的成本都必须得到补偿，否则企业将无力生存。但是成本只应是制定价格的起点。第二，对价格与价值进行区分是很重要的。客户总是希望得到最好的价值，但这并不一定意味着他们只想要最低的价格。客户对产品价值的感知不仅涉及产品功能，而且还涉及服务水平、品牌名称、企业声誉、竞争产品，以及其他一些因素。第三，竞争对定价有很多影响。没有一家企业能游离于竞争之外，至少长期来说是这样。针对竞争对手的降价需要做出何种回应，这常常要取决于品牌在非价格因素方面的差别性有多强。如果品牌能够给消费者提供显著的功能和心理方面的收益，而且拥有忠实的客户，那么竞争对手的降价不会对它有什么影响。第四，将产品传递给消费者的营销渠道会影响成本，从而影响价格。营销渠道主要有直接渠道和间接渠道。随着电子商务和网上直销的出现，直接渠道变得越来越流行。间接渠道通常包括某种类型的实体店（零售商），它们会产生额外的费用。越来越多的企业使用这两类渠道进行销售，而这对定价决策带来了挑战。第五，政府参与企业经营决策会对定价产生直接和间接的影响。在某些情况下，比如公用设施领域，政府往往决定着向最终用户收取的价格。还有一些情况下，政府的影响虽然是间接的，但往往是深远的，例如通过关税政策、补贴、专利以及其他形式的知识产权保护措施等手段。

企业向市场推出新产品时，往往会采用撇脂定价策略和渗透定价策略。撇脂定价策略，是指新产品进入目标市场的初期，制定较高的价格，在竞争对手推出相似产品之前，最大限度地、迅速地获取利润，收回产品投资。渗透定价策略，是指在产品进入新市场的时候，尽可能地压低产品的价格，迅速打开市场的同时，通过低价格防止竞争者的进入，并不断扩大企业市场份额。这两种定价策略各有各的优势和使用条件。企业在实际应用中应当充分考虑企业的市场目标、企业的资源状况、产品的需求弹性以及目标市场的竞争状况，选择最合适企业的定价策略。

（二）国际市场营销的定价策略

给产品制定一个恰当的价格是企业市场营销成功的关键。正如前文所述，产品的价格首先取决于企业的战略目标。首要的目标一旦确立，就需要考虑前文所述的五个价格决定因素。第一，以成本为例，国际营销的企业，特别是全球性企业，会将成本在定价中的优势发挥到极致，运用外包、异地生产等方式降低产品的价格。第二，在不同的国家和地区，由于经济发展阶段和文化传统的不同，对产品的客户价值判断会存在差异，而且价格敏感度也会存在明显的不同。第三，竞争因素要求企业密切关注对手动向并制定应对策略，若品牌具备技术或忠诚度优势，可采取价格锚定策略抵御降价冲击；若处于竞争弱势，则需通过规模效应或成本优化实施渗透定价，逐步挤压竞品空间。第四，营销渠道直接影响成本结构与定价空间，直接渠道可实施动态调价策略应对实时需求，而间接渠道需平衡多方利益，全渠道运营时更要通过统一价签系统或区域定价规则避免渠道冲突。第五，政府所制定的法律、法规对国际营销的企业影响深远。在不同市场针对相同产品索要不同价格的做法就属于歧视定价。虽然经济学家认为如果企业能向不同客户收取不同价格，那么就可以通过涵盖全部市场，提高效率，但是美国的法律却聚焦于确保众多卖家活跃在市场上，旨在保持竞争。

国际市场营销的定价策略包含两个方面的内容：一个是产品的价格制定，另一个是产品在国际市场竞争中的价格调整，主要是指企业在另一个某特定市场中的价格应对。从某种角度讲，国际定价策略与国内市场营销的主要区别体现在第一个方面的决策上。国际定价策略和产品策略有类似之处，都必须考虑针对不同市场，究竟是让同一种产品保持一致的价格，还是针对各国的不同情况制定不同的价格。如果考虑到文化、经济发展水平、消费者因素、市场竞争和政府政策、法律法规等环境因素，企业会针对不同的市场制定不同的价格，即多元定价策略。与此对应的则是忽略所有的环境因素，忽略各国的生产成本等因素存在的差异，在不同的市场采用完全相同的价格策略，既统一定价策略。这两种定价策略具有各自的优势和使用条件，也有相应的缺点，因此协调定价策略正在被更多的跨国公司所重视和采用。

统一定价策略是指企业的同一产品在国际上采用同一价格。这种策略适用于具有垄断或者差异化寡头垄断优势的跨国公司，还适用于产品导入阶段，另外采用直销方式销售的产品也往往采用全球统一定价策略。定价策略的好处在于简单易行，有利于跨国公司的价格管理和营销管理，避免平行进口的现象发生。但这一策略的缺点也比较明显，统一价格可能会导致价格过低或价格过高，从而迫使企业失去竞争的机会或者丧失竞争力。

多元定价策略与统一定价策略相反，是指企业在不同的市场中允许采用不同价格的策略。多元定价策略的最大优势是充分考虑了各国市场竞争市场条件和消费者的具体情况，体现了各国市场存在的差异，更好地满足各国市场的实际需求。但是多元化定价策略的最大弊端也在于不同市场的价格差异可能导致平行进口。

协调定价策略统一了前面两种策略优点，又克服了二者的缺点；既考虑了母公司的整体利益，又兼顾了子公司的特殊利益，既维护了定价的计划性，又保持了评价的灵活性。

五、国际促销策略

（一）广告与促销策略

市场营销中的促销要素包含广告和促销两种形式。这两种形式有着截然不同的特征和目的。广告和促销的目标分别是使消费者的意向转向购买行为和立刻刺激消费者采取购买举动，因此往往广告被看成相对间接的说服形式，而促销则是相对直接的说服形式。广告和促销从资金投入的角度相比，广告往往会占到较大的比例。

广告和促销是品牌积累资产和取得市场成功最有价值的工具之一。当一个品牌和竞争对手相比，在消费者重视的方面具有差异性时，广告就成为传达这一优势的一个工具。当同类产品的竞争品牌之间势均力敌时，广告和促销的手段可以刺激品牌的成长。二者还可以成为遏制竞争对手的手段。

（二）国际营销中的广告与促销

国际营销中的促销要素是企业和国际客户之间的一种信息沟通行为，与国内营销一样，广告和促销是其重要的两种形式。

国际广告是以国际消费者为受众，在国际环境下开展的广告活动。因为国际营销存在宏观环境的差异、消费者的习惯差异、社会文化的差异，所以国际广告决策远比国内营销中的广告决策更加复杂和艰难。

1. 国际营销中的广告策略类型

面对错综复杂的国际市场，企业的广告决策所面临的第一个难题就是广告信息和媒体选择的标准化与否问题，也就是说是在全球范围内执行标准化广告策略，还是针对不同国家或地区市场，实行差异化广告策略。

标准化广告策略，又称全球广告策略，是指在不同的地区和国家，对同一产品采用相同广告主题的广告策略。这种策略突出了国际市场基本需求的一致性，有利于企业建立全球统一的品牌形象，可以节省企业的广告费用。这种策略建立在一种非常重要的思想基础上，即虽然各国的消费者存在差异，然而通过广告和促销等手段，是可以连接或者弥合这些差异的。

差异化广告策略，又称本土化广告策略或定制广告策略，强调国家地区的差异性，针对特定目标市场，开展适合顾客需求的广告活动。

标准化广告策略和差异化广告策略各有各的特点和适用范围。实际上，国际市场上很少见到绝对的标准化广告，或者绝对的差异性广告，大多数的跨国公司往往采用折中的广告策略，只是可能会更加偏向于标准化或者差异化而已。这种折中的广告策略被称为模式化广告策略。模式化广告策略是处于标准化和差异化广告策略之间的策略，是在全球化统一促销的概念下，针对单个的目标市场进行适度调整的广告策略。模式化广告策略的发展与营销观念从全球化向全球本土化发展趋势是一致的。

2. 国际广告媒体的选择

国际广告媒体选择在不同国家和地区有其差异性。主要的媒体包括印刷品广告、电子媒体广告、户外广告、邮寄广告、销售现场广告、互联网及其他形式广告等。值得关注的是，新媒体对营销产生的影响极其深远，值得企业认真研究。新媒体是针对传统媒体而言，广义上的新媒体是指互动式数字化复合媒体，包括手机、交互式网络电视、数字电视、移动电视、博客、播客等各种形式。借助网络技术的发展而诞生的信息媒体形式，最大的优点在于快速、及时，覆盖面广，互通性和大众参与性强，但是新媒体的广泛覆盖也给企业管理广告内容带来了困难。所以面对完全不同的媒体环境，企业必须建立新媒体广告策略，控制好企业的广告和促销活动，时刻准备应对各种广告和促销领域突如其来的危机。

3. 影响广告和促销策略的因素

在国际范围内，影响广告和促销策略的因素主要有法律的限制因素、媒体的限制因素和广告受众的限制因素。①在世界各地的不同国家，其广告内容、广告用语、广告产品、广告时间、广告播出方式都有相应的法律规定。②各个国家的传媒业发展水平不相同，经济、文化、教育的发展也存在差异，因此企业在广告媒体的选择上也会遇到限制因素。③国际市场营销中的广告策略还必须考虑目标市场国的消费者特征。不同国家的居民有自己的价值观、审美观、宗教信仰和教育水平，所以广告和促销活动的设计应符合当地居民的文化习惯、审美观念和理解能力。

小结

本章包括三节，第一节介绍了21世纪知识经济为跨国公司战略与结构带来的新挑战，以及跨国公司为应对以上挑战所作的积极努力——全球知识管理与技术转让；第二节指出全球生产是制造企业国际经营中最重要的决策，涉及全球生产的区位选择和全球生产的模式选择；第三节介绍了与国际营销相关的重要内容。虽然与企业的国内营销重视产品、渠道、价格和促销等要素相同，但是因为国际市场的性质和复杂性，国际营销更多地关注在国际市场上这些要素面临的特殊问题。

案例分析

前沿观点

面向21世纪的现代跨国公司，其生产管理面临的是区域经济集团化、技术与服务全球化、金融贸易自由化、企业经营战略全球化的竞争态势。跨国公司为了实现生产成本最低化的战略目标，就必须在生产控制过程中选择内部筹资或外部筹资的方式；

在生产组织中采取内部专业化与外部专业化相结合的办法；在生产地点的选择中考虑市场需求、税收、运输、物料供应等诸多因素，以便跨国公司在整体上做到以尽可能小的投入获得最大的产出，实现其跨国生产经营整体控制与协调、利润最大化的目的。生产外包已经成为大多数跨国公司的一项战略性任务，也成为国际分工的重要组成部分。

改革开放以来，我国在吸引跨国公司投资方面取得了显著的成效。不少国内企业抓住跨国公司当地采购和全球采购的机遇，积极为其配套，规模和能力取得了长足的进步。但是，应该看到我国企业的国际化经营能力还不强，真正意义上的跨国专业代工企业数量还不多。理论界和实务界对跨国公司生产外包的性质和特点了解得还很不够。将生产外包作为战略联盟的一种方式，是介于内部和市场之间的一种中间规制形式。我国经济的发展和经济实力的根本性变化，离不开我国制造业的现代化。目前，升级转型是提升中国制造业水平的重要路径。

复习与思考题

1. 全球知识管理的特点有哪些？
2. 简述跨国公司的知识价值链。
3. 生产区位选择一般需要考虑哪些方面？
4. 简述国际技术转让的特点。
5. 影响交易成本的因素有哪些？
6. 定价决策有哪些关键性的决定因素？

第 8 章

跨国公司的财务管理

CHAPTER 8

阅读提示

跨国公司财务管理与一国国内的公司财务管理有很大的不同，要面对国际环境带来的很多问题，比如通货膨胀风险、税率的国际差异、被限制进入多样化货币市场、货币管制、政治风险以及汇率风险等；与此同时，这些风险也给跨国公司带来了很多获利机会。本章将详细分析有关问题，主要包括跨国公司财务管理环境、跨国公司融资决策与投资决策、跨国公司营运资金管理、跨国公司税收管理，以及跨国公司外汇风险管理。

关键术语

折算风险　内部银行　国际股权融资　国际双重征税　国际避税港

思政要素

过去的十多年时间里，中国的跨国公司发展迅速，但是在风险管控、资金管控、财务管控方面出现了许多问题。因此，中国的跨国公司管理者需要反省跨国公司在重大财务决策过程中存在的不足，承担更多的社会责任，拟定符合国家大政方针的财务管理政策。本章内容涵盖的思政要素主要包括以下三个方面。

1. 社会主义核心价值观

党的十八大提出了“社会主义核心价值观”“三个倡导”，不仅对国家、社会、公民有不同的价值要求，还对各行各业具有明确的价值导向，中国的跨国公司作为“公民法人”也不例外，中国跨国公司管理者对于财务人员配置要求也应该符合社会主义核心价值观，尊法，守法，为中国的经济发展做出贡献。

2. 新发展理念

习近平总书记强调，完整、准确、全面贯彻新发展理念，是经济社会发展的工作要求，也是十分重要的政治要求。中国的本土企业、跨国公司，为中国经济发展贡献了巨大力量。中国的跨国公司管理者对于企业财务管理至关重要，将财务资金运用于可持续发展、绿色低碳产品研发，保护生态，深入贯彻新发展理念，为中国绿色经济发展保驾护航。

3. 社会责任

习近平总书记在企业家座谈会上指出：“社会是企业家施展才华的舞台。只有真诚回报社会、切实履行社会责任的企业家，才能真正得到社会认可，才是符合时代要求的企业家。”据此，跨国公司的管理者应该着实把握好财务管理，既要将资金运用于自己的企业发展中，也要运用到社会责任履行中去。建设具有社会责任感和国际影响力的跨国公司，是国民经济持续发展、人民生活不断改善、全球影响力日益扩大的核心支撑与关键力量，是实现中华民族伟大复兴的重要基础。

第一节　跨国公司财务管理环境

跨国公司财务管理环境，是指影响和决定跨国公司财务管理的各种自然因素、经济因素、法律因素以及社会因素综合而成的统一体，是跨国公司进行财务决策的重要依据。跨国公司和国内企业最大的区别就在于其面对各国不同的国内环境和更广泛的国际环境，将面临许多国内企业不会面临的问题。

一、经济环境

（一）经济体制

经济体制是指在一定区域内（通常为一个国家）制定并执行经济决策的各种机制的总和，通常是一国国民经济管理制度及运行方式。目前，全球存在两种经济体制：计划经济体制和市场经济体制。在计划经济体制下，所有经济活动的资源分配、生产、产品分配都依赖政府的指令性计划，企业没有经营决策权。在市场经济体制下，所有经济活动由自由定价机制引导，国家从宏观上把握国民经济活动的总方向。跨国公司必须选择具备合适经济体制的国家开展经济活动。

（二）经济结构

经济结构应从国民经济各部门考察，主要是指产业结构，第一、第二、第三产业的构成或者农业、轻工业、重工业的构成。不同产业在一国国民经济中所占的比重是判断该国经济发展水平的重要指标。由于各国自然禀赋和历史发展的不同，产业结构也有很大差异。跨国公司应充分考虑各国产业结构的差异，选择最有利的厂址，促进人才、资本、原材料的全球合理分配，从国际化经营中获利。

（三）经济发展水平

著名经济学家罗斯托认为，经济发展一般经历六个阶段：传统社会阶段、为起飞创造前提阶段、起飞阶段、向成熟推进阶段、高额群众消费阶段、追求生活质量阶段。经济发展的不同阶段对产品的需求、市场规模、劳动力和资本的吸引力度有很大差异，跨国公司应不断开拓市场，利用国际多样化的优势降低收益风险。

二、税收环境

（一）税收管辖权

税收管辖权是指一国政府在征税方面行使的管理权力。税收管辖权按照属人原则、属地原则分为以下三种。居民管辖权，即主权国家给居住在本国境内的全体居民取得的来自本国及国际的全部所得行使征税权力；公民管辖权，即主权国家给具有本国公民身份者取得的来自本国及外国的全部所得行使征税权力；地域管辖权，即主权国家给发生在本国范围的所得行使征税权力。

在具体实践中，大部分国家在实行地域管辖权的同时，兼行居民管辖权。但是，部分国家和地区完全放弃居民管辖权，只行使地域管辖权，导致避税港的存在。各国税收管辖权的差异，形成了征税环节中的重叠和漏洞，为跨国公司进行税务筹划创造了有利条件。

（二）税制结构

一般来说发达国家经济发达、税源充足，实行以直接税为主间接税为辅的税制结构。而发展中国家由于经济发展水平不高，只有征收比重较大的间接税，才能筹措到必要的税收资金。

（三）税率

各国税率是世界各国税制差别最大的因素，在各国的税务筹划中受到特别的重视。当今世界上，大多数发达国家属于高税负国家，税收总额一般占 GDP 的 35%以上；而绝大多数发展中国家属于中等税负国，税收总额占 GDP 的 20%~30%；实行低税模式的避税港及以非税收入为主的国家则属于低税负国家，税收总额占 GDP 的 10%~20%。需要注意的是，这些分类并非绝对，一些国家的税收占比可能处于 30%~35%，如部分新兴经济体可能税收占 GDP 的 32%左右，这需要根据具体国家的经济发展水平、税收政策等进行具体分析。目前，许多跨国公司到发展中国家设立公司，避税港备受跨国公司青睐，这些国家和地区的低税率是导致这一现象的重要原因。税率形式及具体税率的差别，使跨国公司在不同国家和地区承担不同的税负，并为跨国公司进行税务筹划创造了有利的条件。

（四）税收优惠

一般来说，发展中国家由于其经济发展需要大量资金，通常采取对外资优惠的税收政策，如减免税期等直接性鼓励办法，各国税收优惠会放在高新技术开发、节能环保等方面，常采取加速折旧、再投资免税等间接性鼓励办法。各国税收政策的存在，使跨国公司所采取实际税负和名义税负有不小差距，各国税收优惠政策的差异为跨国公司的全球管理提供了便利的条件。

三、政治与法律环境

（一）政治环境

在开展财务管理活动之前，跨国公司应充分了解目标国的政治环境。稳定的政治局势、开明的政治主张和开放的政治决策将为跨国公司的成长发展提供良好的土壤；相反，在政治不开明的国家或地区，跨国公司可能会面临突然被没收的政治风险。跨国公司应尽量得到目标国政府的支持，遵守目标国的政治制度，减少来自目标国政府的阻挠。

（二）法律环境

跨国公司在目标国进行经济活动，常常会涉及一些跨国经济纠纷，跨国公司应遵守该国的法律法规。

四、金融环境

（一）通货膨胀

通货膨胀是指整体物价水平持续性上升。通货膨胀将带来企业财务决策的重大改变，主要表现在以下几个方面。在融资决策方面，发行债券融资时采用浮动利率，发行股票筹资时采用高股利政策，以提高负债的比重；在投资决策方面，认真分析经济周期，慎重选择投资项目，通过提高产品价格转移通货膨胀，在财会制度允许的范围内加速折旧，提高税收屏蔽效应；在营运资金管理方面，减少货币性资产持有量，对实物性资产进行超额储备，抵御通货膨胀带来的风险和压力。

（二）利率

利率上调会带来自然优化资本结构等正面影响，也会对企业产生多方面的负面影响，主要表现在以下几个方面。在资产项目方面，由于存款利率上调，企业更愿意将资金存入银行，以获得更多的无风险利息收入，同时，放弃一些目前投资收益率低于利率的项目；在负债项目方面，提高企业融资的代价，企业可能会被迫放弃一些短期预期收益较低或风险很大而长期收益可观的发展项目，消减生产规模，降低企业未来的利润；在所有者权益项目方面，利率上调会导致股票价格下跌，在股票发行数量不变的前提下，企业的股票市场价值下降。

（三）汇率

汇率是指各国货币之间的兑换比例。1976 年，布雷顿森林体系瓦解之后，国际货币基金组织通过《牙买加协议》，承认了浮动汇率制的合法性。自此，各国政府不再负有维持汇率稳定的义务，浮动汇率制在全球范围内代替了固定汇率制。随着经济全球化的推进，跨国公司在对外贸易利润转移、国际投资、国际融资等方面都会遇到汇率波动带来的一系列问题，正确防范和规避外汇风险，是跨国公司财务管理的重要环节。

汇率预测是国际金融的重要内容，其中心思想来源于套利理论，即在以为数众多的能以较低成本获取信息的买方或卖方为特征的竞争市场上，经汇率调整后的同种同质贸易品和金融资产在世界范围内的交易成本是相同的，也称“一价定理”。套利活动产生了国际金融理论上五大重要的经济关系——购买力平价定理、费雪效应、国际费雪效应、利率平价定理、远期汇率作为未来即期汇率的无偏估计量。

汇率预测的一大难题就是，外汇管制和对资本流动限制的普遍存在，这些都掩盖了货币的实际供求。在这样的环境中，理论的预测方法没有太多的实用价值，黑市汇率不失为预测官方汇率的重要指标。用黑市汇率预测一个月后的官方汇率最为准确，但随着时间的推移，其准确性呈现逐步下降的趋势。

（四）金融体系的完善和发达程度

东道国的金融体系越是完善和发达，也越有利于跨国公司开展业务、获取资金、增加投资机会、降低投资风险以及直接从事国际金融市场业务。

第二节 跨国公司融资决策

一、跨国公司融资目标

跨国公司在全球范围内进行生产经营，融资策略是其跨国经营总体战略的一个重要组成部分。融资渠道和融资方式的不同决定了融资成本的高低，将直接影响跨国公司的经营成本和理财效果，与融资机会相对应的融资风险会影响跨国公司整体的风险水平。融资结构的合理与否，会直接影响跨国公司的后续融资能力，进而影响其成长程度与发展水平。跨国公司进行国际融资主要出于以下目标。

（一）国际化的规模生产

跨国公司需要在全球范围内进行资源配置，进行生产活动以及经营活动，开拓市场，所以跨国公司需要的资金不仅数量庞大，而且涉及众多国家和诸多币种。因此，跨国公司需要进行国际融资。

（二）实现融资成本最小化和资本收益最大化

国际资本市场随着生产与资本国际化而趋于统一。但是，由于各种人为因素和非人为因素的影响，国际资本市场具备一定的差异性，不同市场上融资成本有一定的差异，收益也不同，跨国公司在融资过程中可以利用这些差异，凭借其内部一体化的组织能力和全球战略的信息网络，及时、准确地把握机会，实现融资成本最小化和资本收益最大化。

（三）降低融资风险

国际融资风险可划分为有效融资成本的直接风险（如由于子公司经营中出现但未加抵补的外汇净资产或净负债的外汇风险）、通过融资地点的选择可以避免的间接风险（如东道国实行外汇管制的风险或东道国的相关政策等）。跨国公司利用国际金融市场和融资方式的差异，把融资风险水平控制在自身可以接受的程度。

二、跨国公司的融资渠道

跨国公司的融资渠道相当广泛，可归纳为以下四类。

（一）来自跨国公司内部的资金

跨国公司内部融资（来自跨国公司内部的资金）是指跨国公司母公司与子公司之间、子公司与子公司之间相互提供资金。跨国公司的母公司在国外子公司创建初期，会投入足够的股权资本来保持对该公司的所有权和控制权。有时，母公司还以贷款形式向国外子公司提供资金，通过母公司贷款，子公司汇回的利息可以免税。通过内部融资渠道，跨国公司节省了大量融资费用，降低了融资成本。

（二）来自跨国公司母国的资金

对于跨国公司子公司来说，来自母国的资金也是一种国际融资来源，子公司可以从母国金融机构、非银行金融机构、资本市场、有关政府机构或经济组织，甚至个人获得资金。现讲解以下三种。

（1）母国金融机构是跨国公司从外部获取资金的重要途径之一。某些母国银行通常会把支持跨国公司的业务活动作为它们的国际战略目标，德国、日本和瑞士银行就是突出代表。跨国公司与跨国银行紧密联系，跨国公司是跨国银行资金的主要供应者，也是跨国银行信贷的最大获得者。

（2）母国资本市场是跨国公司一种传统的融资渠道，即在母国资本市场上通过发行债券筹措资金。

（3）通过母国有关政府机构或经济组织获得贷款。

（三）来自东道国的资金

对于跨国公司子公司来说，当源于跨国公司内部及其母国的资金不能满足生产经营需要时，跨国公司东道国的资金也是一种很重要的补充来源。由于各国的经济发展程度和金融体系不同，跨国公司在利用东道国资金时也有一定的差别。在发达国家或地区，资本市场比较成熟，因而资本相对充裕，跨国公司通常会选择在资本市场进行融资。而在发展中国家或地区，资本市场不算健全，跨国公司的融资主要是依赖银行提供资金。

（四）来自国际社会的资金

国际资金是指从第三国或国际组织获取的资金，包括向第三国或国际金融机构（如世界银行）借款和在国际资本市场筹资。

三、跨国公司的融资方式

跨国公司的融资方式主要有内部融资、国际股权融资、国际债务融资。下面主要介绍国际股权融资和国际债务融资。

（一）国际股权融资

国际股权融资是指跨国公司通过母公司或者下属企业发行股票进行融资。

1. 公募与私募

股权融资按照是否向社会公开发行分为私募配股和公募售股两种方式。其中，私募配股是指募股公司对少数特定投资者发售股票的融资方式，其投资者大多为一些机构投资者，如进行金融性投资的综合财团、投资银行、信托公司和各种基金等。公募售股是指募股公司向公众公开发行股票的方式。募股公司必须按照法律规定，向证券管理机构注册登记，办理股票发行审核手续，并必须在公开说明书上如实披露公司的有关资料。公募售股的优点为发行对象是众多的投资者，其筹资潜力巨大，但其发行手续复杂、耗费时间，并且要公开公司的相关资料，而私募配股没有这些要求，但私募配股的价位要比公募股市价低20%~30%。

2. **境外直接上市**

境外直接上市是指直接以国内公司的名义向境外证券主管部门申请登记注册并发行股票，在我国就是通常所说的H股、N股、S股等。其中，H股是指中国企业在中国香港联合交易所发行并上市的股票，N股是指中国企业在美国纽约证券交易所发行并上市的股票，S股是指中国企业在新加坡证券交易所发行并上市的股票。境外直接上市包括直接发行股票和发行存托凭证两种方式。

（1）直接发行股票。通常说来，境外直接上市都是采用首次公开募股（IPO）的方式进行，即首次直接发行股票实现境外上市。IPO的优点包括全球范围内的资本市场都存在IPO短期定价偏高的奇特现象，因此IPO公司的股价通常价格较高，融资规模较大；在发达国家的资本市场上公开发行，可以给公司带来国际影响力，从而降低公司未来的再融资成本。因此，从长远的发展来看，IPO应是国内企业实现境外直接上市的主要方式。IPO的缺点在于，其申请审批程序较为复杂，而且企业需要付出的费用高昂、时间较长。

（2）发行存托凭证。存托凭证是本国银行开出的外国公司证券保管凭证，本国投资者可以通过购买它而拥有外国公司的股权，它大大简化了清算手续，进一步消除了国际资本流动的障碍。目前，发行和销售的存托凭证有美国存托凭证、全球存托凭证、国际证券存托凭证、欧洲存托凭证以及中国存托凭证。其中，美国存托凭证出现得最早、运作最为规范、流通量最大，投资者可以通过购买美国银行所发行的可转让存单，获得外国公司以信托方式寄存在外国托管银行中的公司股票。

3. **境外间接上市**

由于直接上市的程序复杂、费用高昂且时间长，许多跨国公司选择以间接方式在境外上市，即公司通过收购、股权置换或者注册成立新公司等方式取得对国外“壳”资源的控制权，也称境外借“壳”上市。间接上市包括买“壳”上市和造“壳”上市两种方式。

买“壳”上市是指国内企业通过收购已在国外股票市场上市的“壳”公司的大部分股份或者全部股份，获得对该上市公司的控股地位。然后由收购者注入公司资产和业务，实现国内公司境外上市的目的。

造“壳”上市是指在一个政治社会稳定、法律制度健全的离岸司法管辖区设立控股公司，然后由其对国内企业进行控股，最后以控股公司的名义上市。通常说来，“壳”公司没有实体业绩，通过合并报表，将被控股的境内企业业绩注入境外“壳”公司。

4. **境外上市地点的选择**

世界证券市场主要集中在美国、英国伦敦、日本东京、中国香港、新加坡和澳大利亚的证券市场。这些市场都有自己的市场准入条件和不同的特征，跨国公司应充分考虑，并结合自身需要，选择合适的上市地点。

（1）市场准入条件比较。美国、新加坡、日本东京、中国香港四地上市公司条件比较，如表8-1所示。

表 8-1　美国、新加坡、日本东京、中国香港四地上市公司条件比较

证券交易所	中国香港联交所（主板／18C 科技板）	日本东京证交所（Prime 市场）	新加坡证交所（主板／凯利板）	美国纽约证交所（主板）
实收资本	无固定要求，依据上市标准判定	无固定要求，依据市值／财务指标判定	无固定要求，依据上市标准判定	无固定要求，依据上市标准判定
资产/财务要求	盈利测试：最近 1 年≥2000 万港元，前 2 年合计≥3000 万港元 市值／收入测试：市值≥50 亿港元，年收入≥10 亿港元 收入测试：市值≥40 亿港元，年收入≥5 亿港元（经营≥3 年） 18C 科技板：市值≥15 亿港元，研发等创新指标达标	股东权益≥10 亿日元或市值≥100 亿日元（结合收入/现金流）或市值≥100 亿日元，且最近 1 年收入≥100 亿日元	主板盈利标准：3 年累计盈利≥3000 万新元（最近 1 年≥1000 万新元） 主板市值标准：市值≥1 亿新元，年收入≥1 亿新元（经营≥3 年） 凯利板：无财务要求，由保荐人持续督导	盈利标准：3 年累计税前盈利≥1 亿美元（最近 2 年每年≥2500 万美元） 市值／收入标准：市值≥2 亿美元，年收入≥2 亿美元，3 年现金流≥2500 万美元 纯市值标准：市值≥4 亿美元，年收入≥1 亿美元
盈利要求	主板需满足任一测试；18C 科技板无盈利要求	需满足财务组合要求（盈利非必需）	主板需满足任一测试；凯利板无盈利要求	需满足任一测试
业务记录	主板≥3 年；18C 科技板可<3 年	通常≥3 年（经营稳定）	主板≥3 年；凯利板无强制年限	通常≥3 年；新兴公司可缩短至 1～2 年
股东／股票限制	市值≤40 亿港元：公众持股≥25%，股东≥300 人 市值>40 亿港元：公众持股≥15%（最低 5 亿市值对应），股东≥300 人	浮动股东≥2000 人或浮动股票数≥1000 万单位（按市值匹配流动性要求）	主板：公众持股≥12%，股东≥500 人 凯利板：股东≥200 人	公众持股≥110 万股（市值≥4000 万美元） 全球股东≥400 人（持股≥100 股）
股息	无强制要求	无强制要求（市场偏好分红）	无强制要求	无强制要求
信息披露要求	披露最近 3 年业绩，强制 ESG 报告 18C 科技板需额外披露创新指标	最近 5 年无虚假记录，强化 ESG 披露 需披露气候相关风险	主板：披露 3 年业绩，ESG 报告 凯利板：依赖保荐人持续督导	SEC 定期报告（年报/季报），实时重大披露（依 SEC 最新指引，强化气候相关 ESG 披露）

（2）主要市场特征分析。美国股票市场是全球最发达的股票市场，它拥有众多的股票交易所，有成熟的市场条件、完善的法规和市场监管以及对国外公司上市开放的条件。因此，越来越多的跨国公司选择直接进入美国股票市场，2003 年美国股票市场市价总值已达 79880 亿美元，是排名第二位的日本股票交易市场市价总值的五六倍。美国证券管理机构——美国证券交易委员会对非美国公司在美国证券市场筹资持积极态度，但近来在监管和合规方面的要求有所提高。同时，美国投资者对非本土公司的兴趣不断提高，股权投资在美国投资者的投资组合中所占比重不断上升。跨国公司能够进入美国资本市场，标志着企业在规模、素质、管理等诸多方面具备了国际一流公司的水准，有利其国际企业形象的提升。

日本东京证券交易所是世界上仅次于美国纽约证券交易所的第二大证券市场。与美国相比，在日本东京证券交易所的投资人大多为日本机构和私人投资者，一般他们对不熟悉的外国公司的股票不够重视，因此去日本市场上市应注意选择日本民众关注度较高的行业，并且企业自身在日本也要有良好的知名度。

新加坡证券交易所是国际化进程比较快的亚洲新兴证券市场之一，许多亚洲的小型跨国公司选择新加坡作为境外上市地点。选择在新加坡上市对于中国企业的国际化是非常可行的，主要因为：新加坡投资者对中国比较了解，便于理解和沟通；新加坡的政治环境稳定、金融体系完善、资本市场开放，是众多基金和主要国际机构的亚洲总部所在地；新加坡本地也有巨额的投资资金；新加坡没有外汇管制，发行人在当地募集到的新币可以随时兑换。

中国香港证券市场就其交易品种来说，包括股票市场、衍生工具市场、基金市场、债券市场。中国香港证券市场的主要组成部分是股票市场，并有主板市场和创业板市场之分，中国香港证券市场的衍生产品种类繁多，主要可分为股票指数类衍生产品、股票衍生工具、外汇衍生工具产品、利率衍生工具产品、认股权证五大类。中国香港联合交易所是亚太地区重要的金融中心之一。2006 年在中国香港联合交易所上市的中国企业有 39 家，融资 410 亿美元，分别占所有境外新上市企业和总融资额的 45.3%和 93.2%。中国香港联合交易所是风投/私人股权投资参与投资的企业境外上市的首选地点，新加坡证券交易所这几年也在快步赶上，而前些年最时髦的美国纳斯达克则在逐渐失去吸引力，表 8-2 所示为 2006 年中国企业境外上市地点。

表 8-2　　2006 年中国企业境外上市地点

证券市场	中国企业融资额（百万美元）	IPO 数量
纳斯达克（NASDAQ）	527.07	6
纽约证券交易所（NYSE）	480.55	3
中国香港主板市场（HKEX）	41284.14	39

续 表

证券市场	中国企业融资额（百万美元）	IPO 数量
中国香港创业板市场（HK GEM）	227.49	6
新加坡主板市场（SGX）	1336.79	24
新加坡凯利板市场（SGX Catalist）	11.55	2
东京证券交易所（TSE）	0	0
伦敦证券交易所另类投资市场（AIM）	130.42	6
合计	43997.99	86

资料来源：www.zero2ipo.com.cn/。

（二）国际债务融资

按融资工具分类，国际债务融资可以分为信贷融资、债券融资以及商业信用融资或商业票据融资。辛迪加贷款、欧洲债券和欧洲票据市场的融资总量占市场的一半以上。

1. 信贷融资

信贷融资是指一国政府、银行或其他金融机构向他国政府、企业等提供贷款。国际信贷融资渠道包括政府贷款、国际金融机构贷款、国际商业银行贷款以及出口信贷。其中，政府贷款和国际金融机构贷款的主要放贷对象是一国政府，对于跨国公司而言，主要是利用国际商业银行贷款和出口信贷。

国际商业银行贷款是指一国借款人向外国商业银行按商业条件承借货币资金，可按贷款期限划分为短期贷款、双边中期贷款和银团贷款。其主要特点：贷款资金使用自由；贷款金额大而且手续方便，双边贷款单笔额度最多时可达数千万美元；贷款成本较高而且期限较短，通常以短中期贷款为主。

银团贷款也称辛迪加贷款，是指由多家商业银行组成一个集团，由一家或几家银行牵头，联合向借款人提供长期巨额资金的贷款方式。目前，辛迪加贷款已成为国际中长期贷款的重要形式，其主要特点包括贷款金额巨大，最多可达几亿美元至几十亿美元；期限较长，从5~15年不等，通常为7~10年；贷款风险分散程度高，组成银团的银行可以是几家、十几家甚至几十家，它们按贷款比例共同承担风险、共享利益；资金使用自由；筹资时间短，费用合理。

2. 债券融资

跨国公司在国际债券市场上筹措资金所使用的债券包括外国债券和欧洲债券。外国债券是指一国政府、金融机构、工商企业或国际组织在另一国发行的以当地货币为面值的债券，如美国的扬基债券、日本的武士债券，以及英国的猛犬债券等。

欧洲债券是在一国证券市场上发行的以另一国货币为面值的债券，如在英国伦敦证券市场上发行的美元债券，在瑞士证券市场上发行的日元债券。20 世纪 50 年代，伴随着国际贸易的迅速发展，欧洲形成了大量的美元盈余，被称为欧洲美元，于是国际货币市场开始出现，欧洲债券在这样的背景下开始产生。现在，欧洲债券市场已成为世界上最大的国际债券市场，是各跨国公司融资与投资的主要场所。尤其是 20 世纪 80 年代之后，欧洲债券市场受到越来越多发行者的青睐，目前欧洲债券主要以美元发行，另外还有英镑、日元、澳元、新元和加元等币种。

3. 商业信用融资或商业票据融资

商业信用融资是指在商业经营中的临时短缺性借贷，是短期资金的主要来源，包括商品的赊购、预收货款、汇票贴现以及企业之间的资金拆借等方式。这些企业间相互提供的信用都能直接解决资金短期缺乏的问题。商业票据融资是指大企业为了筹集资金，以贴现方式出售给投资者的一种短期无担保的承诺凭证。

由于商业票据没有担保，仅以信用作为保证，因此能够发行商业票据的一般都是规模巨大、信誉良好的大企业。据统计，在商业票据市场上，一些最大的单个发行者拥有的未到期商业票据达到数十亿美元之多。商业票据融资为发行者筹集了大量资金。

四、跨国公司资本结构选择

资本成本对于跨国公司的价值有重大影响，跨国公司必须使用适当的资本结构来降低资本成本，以实现公司价值的最大化。

（一）资本结构概念

资本结构是指企业所有资金来源的构成和比例关系，即短期负债、长期负债、所有者权益的相对比例关系。对于在全球范围内配置资源的跨国公司而言，资本结构优化非常重要，它有助于指导跨国公司科学合理地利用国内外各种融资渠道，确保国际化资本运营的顺利开展，不断实现公司价值的最大化。资本结构理论以及它怎样影响公司价值的研究一直都是现代公司金融领域最广泛的研究话题。

（二）传统资本结构理论

1. 净收益理论

净收益理论假定：①企业融资只有债券融资和股票融资两种方式；②当企业资本结构变化时，企业债券融资成本 K_B、企业股票融资成本 K_S 始终不变；③企业资本结构以债券融资相对于股票融资的比例 B/S 来表示，并且企业债券融资成本低于股票融资成本，即 $K_B<K_S$，加权平均资本成本的计算公式如下。

$$AC=B/(B+S)\times K_B+S/(B+S)\times K_S \tag{8-1}$$

因此，当 B/S 增加时，加权平均资本成本下降，企业市场价值提高，当企业全部以债券融资时，企业的市场价值最大。

2. 净经营收益理论

净经营收益理论假定：①当企业资本结构变化时，企业债券融资成本 K_B 不变；②当企业债券融资相对增加时，股票投资者认识到额外负债增加使企业风险增大，导致股票融资成本 K_S 随着 B/S 的提高而增加，最终，债券较低的融资成本抵消了股票融资成本的增加，从而加权平均资本成本保持不变。因此，企业的市场价值与企业的资本结构无关。

3. 传统理论

传统理论假定：①企业存在一个最佳资本结构；②股票融资成本 K_S 随着 B/S 的增加而逐渐增加，但债券融资成本 K_B 随着 B/S 达到一定程度以后才增加；③加权平均资本成本开始会随着债券融资比例 B/S 的增加而下降，一旦 B/S 增到某一点 K_S 对平均资本成本的提高作用超过 K_B 的降低作用，此时加权平均资本成本进入上升阶段。因此，最佳资本结构就出现在加权平均资术成本的最低点，此时企业的市场价值最大。

（三）现代资本结构理论

1. MM 理论

1958 年，莫迪利亚尼和米勒发表了长篇学术论文“The Cost of Capital, Corporation Finance and the Theory of Investment”，提出了最初的 MM 理论，标志着现代资本结构理论的诞生。

MM 理论的基本假设：①完全资本市场假设，资本市场上的交易成本为零。②企业未来平均营业利润的期望值是个随机变量。对每个投资者来说，这种期望值都相同。③经营条件相似的企业具有相似的经营风险。④所有的现金流量都是永续年金，包括企业的利益、税前利润等。⑤不考虑企业增长问题，所有利润全部作为股利分配。⑥不论举债多少，企业和个人的负债都无风险。⑦个人借贷利率和企业债券利率一致。

在 1976 年美国金融学会上，米勒在前两个阶段 MM 模型的基础上进一步修正，得出同时考虑企业所得税和个人所得税的 MM 模型，即：

$$V_L = V_U + [1 - (1 - T_C) \times (1 - T_S)/(1 - T_B)] \times B \tag{8-2}$$

式（8-2）中，V_L 为负债经营企业的市场价值；V_U 为无负债经营企业的价值；T_C 为企业所得税税率；T_S 为个人股票所得税税率；T_B 为个人债券所得税税率；B 为企业负债价值。式（8-2）的含义为负债经营企业的价值等于同风险级别的无负债经营企业的价值加上负债带来的税收节约价值，其中税收节约价值取决于 T_C、T_S 和 T_B。MM 理论基于上述严格假设，集中考虑了负债带来的避税作用，认为负债能带来企业的市场价值最大化。

2. **权衡理论**

权衡理论于20世纪70年代中期形成，它认为MM理论的重大缺陷是只考虑了负债带来的避税作用，忽略了负债带来的风险和额外费用。因此，权衡理论引入了破产成本和代理成本，对MM理论进行了修正。权衡理论认为，负债企业的市场价值 V_L 等于无负债企业的市场价值 V_U 加上税收节约价值 T_S，并扣除破产成本 B_C 和债务融资代理成本 A_C 的价值，即：

$$V_L = V_U + T_S - B_C - A_C \tag{8-3}$$

在资本结构最优的点上，税收节约带来的边际收益等于破产成本和代理成本的边际成本。其中，破产成本包括直接破产成本（律师费、会计费及其他职业性费用、大量行政开支等）以及间接破产成本（丧失销售、利润以及企业除非按照十分恶劣的条款否则无力获得信贷的可能性）。代理成本是指因股东正确处理企业管理者和债权人之间的代理关系而发生的各种费用，如债权人采取措施保护自己利益时，由这些保护措施引起的开支，如审计费。过高的债务会导致债权人提高监督费用，进而提高债务成本，限制企业失去较好的投资机会，从而造成企业价值的下降。

上述资本结构理论大多从不同的角度出发，最终得出相似的结论：负债所产生的有利因素和不利因素存在着替代关系。在最初的情况下，随着负债在总资本比例中的上升，企业的资本成本会下降，此时负债带来的有利因素占据主要地位。然而，当负债比例持续上升时，不利因素渐渐凸显出来，当其超过临界点时，此时的不利因素超过有利因素，导致资本成本反而上升。因此，企业存在最优的资本结构，股票融资和债务融资处于一个恰当的比例时，企业的资本成本最小，此时的企业价值最大。

五、跨国公司的融资风险及风险管理

跨国公司进行内部融资时，需要在不同国家的母公司和子公司之间调配资金，外部融资时（即发行股票、债券或者向银行借款）也同样会遇到不同国家货币的兑换问题，必然涉及国际市场汇率波动的问题。跨国公司向银行借款的成本会受到利率波动的影响，并且选择不同的融资市场会为跨国公司的融资带来一定的政治风险。因此，政治风险、外汇风险、利率风险是跨国公司融资时面临的主要风险。

（一）政治风险

当跨国公司进行内部融资时，政治风险表现为跨国公司在内部融资后，由于东道因政治局面的变动导致投资失败，或者由于东道国的外汇管制等原因，使子公司的利润不能顺利汇回母公司。当跨国公司进行外部融资时，融资过程中的政治风险主要表现为由于资金来源国政治局面不稳定而导致跨国公司进行的国际融资无法到位。

跨国公司为了避免东道国对国外资产的征用，应尽可能选择在政治稳定的国家进行投资。当跨国公司必须要在政治风险较高的国家投资时，应尽可能利用其外部资金。如果要求母公司必须提供内部资金，则应尽量以贷款的形式提供资金。跨国公司应坚持以子公司或外国投资项目的盈利作为偿还贷款的资金来源，从而将子公司投资项目的利益与国际金融机构、客户甚至东道国政府的利益紧密联系在一起。

跨国公司还应努力拓宽融资的选择范围，不可过度依赖单一的或少数几个融资市场。这样既能减少融资的总体政治风险，又能通过融资活动，与全球各地金融机构建立联系，增加金融和经济信息来源，从而增加全球资金融通的灵活性。

（二）外汇风险

跨国公司在进行国际融资的过程中，必然涉及多国货币，因而其融资成本不可避免地会受到汇率变动的影响。企业融资汇率风险管理的目标是消除或降低不可预测的汇率变动给资金需求者带来经济损失的可能性。

在国际融资中选择何种货币，直接关系到融资主体承担多大的外汇风险，因此通常采用以下策略：融资货币与融资公司本币相一致；融资货币多元化，对构成债权、形成收入的经济交易应尽量采用硬货币，即以汇率呈上升趋势的货币计价，对构成债务的经济交易应尽量采用软货币，即以汇率呈下降趋势的货币计价；选择可自由兑换货币，根据汇率变化随时在外汇市场上兑换与转移；筹款货币与还款货币尽量一致。

跨国公司在进行国际融资时，对所选货币在融资有效期间的汇率和利率走势要有准确的把握。如果融资主体对所选择的融资货币尚觉不够稳妥，为进一步提高保险系数，可在贷款协议中订立保护性条款，规定一种货币或一组货币为保值货币，偿还贷款时按保值货币与支付货币的汇率变化调整支付货币的汇价。

跨国公司还应利用金融衍生工具进行外汇管理，这部分内容将在跨国公司外汇风险管理一节中详细阐述。

（三）利率风险

利率风险主要是指利率变动给融资者造成的融资成本变动的风险，主要表现为市场利率的非预期性波动给企业造成的影响。市场利率提高时，企业融资成本提高，并且会影响股票、债券的价格，导致企业利息支付的提高和再融资难度的加大。如果跨国公司选择浮动利率融资，会面临利率上升时利息支付提高的风险；如果采用固定利率融资，则面临着利率下降时利息支付提高的风险。

利率风险的基本原则是将利率变动的不确定性降到企业可承受的范围之内。跨国公司在融资过程中，首先，应选择最优的借款结构，尽力争取世界银行、国际开发协会、亚洲开发银行或地区性开发基金的低息、无息贷款和捐赠；与此同时，属于中等利率的外国出口信贷和其他属于比市场利率低的优惠贷款也要充分利用。其次，跨国公司要选择适当的固定利率与浮动利率比例结构。固定利率借款的融资成本可以事先预计，不确定性要小；但是，如果市场利率波动较大，则跨国公司有可能实际支付比市场利率更高或者更低的利率。而浮动利率借款中的利率都要按市场利率进行调整，使市场利率的波动风险较合理地由借贷双方共同负担，但利率的浮动性也增加了跨国公司融资成本的不确定性。

跨国公司还应积极利用国际金融衍生工具进行套期保值，如利率期权、利率互换等。利率互换是降低融资成本和防范利率风险最有效的工具之一，是交易双方根据市场行情和事先约定的条件，在一定时期内相互交换货币或不同利率债务的一种预约业务，从而得到用通常的融资方法难以得到的货币或较低的利息。通过利率互换，如固定利率对固定利率互换、浮动利率与浮动利率互换，可以减轻双方借用资金的成本，得到各自所需的利率结构。

第三节　跨国公司投资决策①

一、跨国公司投资动机

国际投资又称对外投资，是指一个国家的政府、企业或个人将一定的资本投放到其他国家或地区以获取经济收益的行为。跨国公司对外投资和国内企业投资受大致相同目标的影响，即追求利润的最大化。但是，跨国公司对东道国进行投资，所面临的市场比国内市场有更大的不确定性，存在着更高的风险和更高的交易成本，因此，跨国资本在进行海外投资决策时会追求比在国内更高的利润水平。一般来说，跨国公司对外投资的具体目的主要包括以下几点。

（1）开拓市场。东道国的市场规模扩大、人均收入提高、市场不断成熟、市场的结构和当地居民的消费偏好适合企业的生存。

（2）资源导向。东道国的土地与厂房租用成本低廉，原材料与零部件成本价格便宜，技术劳动力可获得性较高，有低成本的非技术劳动力，具有较完善的基础设施和一定的教育水平等。

（3）规避贸易壁垒。东道国与企业所在国之间有较高关税，进行直接投资可以规避过高的贸易壁垒。

（4）规模经济。

---

① 张超英，吴海燕．国际财务管理［M］．北京：北京大学出版社，2005.

二、跨国公司投资方式

跨国公司投资方式是指跨国公司为了进入东道国而选择的投资经营方式，是与贸易进入方式相对的，分为契约式进入和权益投资两类方式，如图 8-1 所示。权益投资又包括国际直接投资和国际间接投资两种形式。

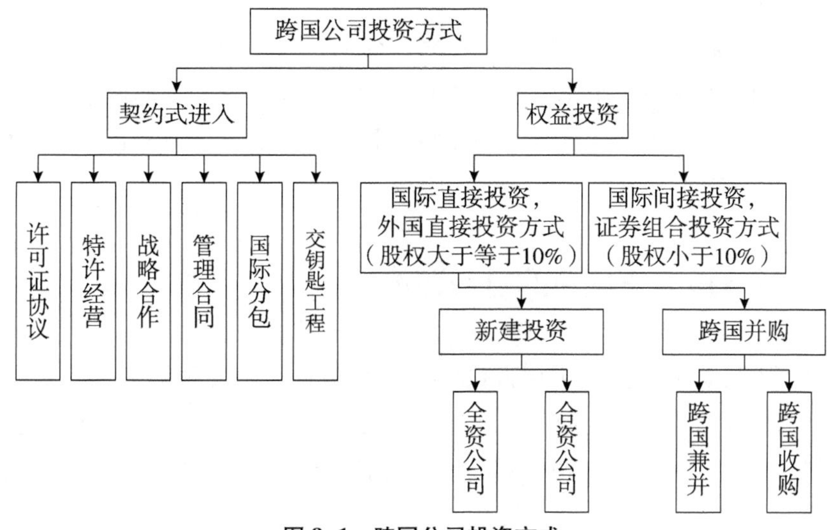

图 8-1 跨国公司投资方式

（一）契约式进入

契约式进入是指企业将自己所拥有的版权、专利权、商标权、技术诀窍等知识产权通过契约方式转让给外国企业使用，从而获得提成费、技术转让费或特许权使用费等。由于这种方式不涉及股权或企业制度安排，故称为非股权安排（Non-Equity Arrangement）或契约安排（Contractual Arrangement），有时跨国公司也可以将转让的权利折合成股本投入，这就变成直接投资方式。

（二）权益投资

1. 国际间接投资

国际间接投资是指投资者在国际金融市场上购买其他国家政府、企业发行的债券、股票以及其他金融工具和有价证券。它是以获得资本增值为目的的投资活动，不是为了获得跨国公司的控制权和管理决策权。因此，国际间接投资又称国际证券投资。一般来说，跨国公司进行国际证券投资可以利用跨国公司闲置的资金获得效益，同时跨国公司还可以有效利用国际间接投资进行风险管理。

2. **国际直接投资**

国际直接投资是与国际间接投资相对应的方式，它以控制企业经营管理权为核心，以获取利润为目的，不仅涉及货币资本的流动，还能带动商品及生产要素的转移。国际直接投资包括新建投资、跨国并购。新建投资是指投资者在境外创建和经营新的企业，又称绿地投资。新建企业可采取独资经营、合资经营和合作经营等多种组织形式。自 20 世纪 80 年代中期以来，跨国并购逐渐取代新建投资而成为推动国际直接投资增长的主要动力，也是近年来跨国公司国际直接投资的最重要的方式。跨国并购包括跨国收购和跨国兼并两种方式。跨国收购是指跨国公司将另一国企业的整个资产或者足以行使经营控制权的股份收买下来。跨国兼并是指原来属于两个不同国家企业的资产和经营被结合成为一个新的法人实体。在全球跨国并购中，跨国收购占绝大部分，跨国兼并仅占并购的 3%不到。

三、国际直接投资项目的财务评价

国内投资项目财务评价的常用方法包括净现值法、内含报酬率法、现值指数法、回收期法和会计收益率法。其中，净现值法作为最恰当的决策标准而被广泛运用，但在国际投资项目中，主要采取调整现值法。下面简要介绍净现值法和调整现值法。

（一）净现值法

净现值法是指将投资项目的未来现金流量按一定的贴现率进行贴现，并与该项投资的初始投资额相比较，如果未来预期现金流量的现值超过初始投资额，就认为该投资项目可接受。其计算公式如下：

$$NPV = -I_0 + \sum_{t=1}^{n} \frac{x_t}{(1+k)^t} \tag{8-4}$$

式（8-4）中，I_0 为初始投资额；n 为项目预计使用年限：x_t 为第 t 年的现金流量：k 为贴现率，即平均资本成本或要求报酬率。

（二）调整现值法

在所有投资项目的财务结构和经营风险相似的条件下，净现值法简单易行，但跨国公司的直接投资项目往往比较复杂，其风险程度与项目的负债能力也有所不同，因此需要用不同的财务结构来评价。通过对传统净现值法进行调整，得到现在跨国公司投资项目评价中普遍应用的调整现值法。其计算公式如下：

$$APV = -I_0 + \sum_{t=1}^{n} \frac{x_t}{(1+k)^t} + \sum_{t=1}^{n} \frac{T_t}{(1+t)^t} + \sum_{t=1}^{n} \frac{S_t}{(1+t)^t} \tag{8-5}$$

式（8-5）中，i 为税前债务成本；T_t 为债务融资所形成的第 t 期的纳税节约额；S_t 为项目融资在第 t 期的利息补贴的税前价值。因此：

APV=-投资支出的初始值+预期现金流量的现值+利息税前的现值+利息补贴的现值

调整现值法和净现值法对同一投资项目进行评价时，得出的结论应该是一致的，在某些情况下，得到的计算结果是相同的。调整现值法首先由梅耶斯提出，在调整现值法下，项目的各现金流量分为两部分：第一部分，无杠杆作用（全部为权益资本）的营业现金流量；第二部分，与项目融资联系的现金流量。然后，将影响投资项目的现金流量按照是否涉及融资活动或风险大小分别使用不同的贴现率，从而计算出各自的现值，再通过累加的方式计算投资项目给跨国公司带来的增值总额。调整现值法避免了将不同性质的资本成本加权平均可能引起的较大误差，而且各种价值清晰明了，有利于管理层对价值创造过程的管理和监督。

四、国际证券投资的收益分析

（一）股票收益率的计算

假设股票价格是公平市场价格，股票的期望收益率等于其必要的收益率。根据固定股利增长模型，股票的内在价值计算公式如下：

$$V = \frac{D_1}{r - g} \tag{8-6}$$

式（8-6）中，V 为股票的内在价值；r 为投资者要求的必要报酬率；D_1 为第 1 年末股利；g 为股利增长率。

将该公式移项，可得：

$$r = \frac{D_1}{V} + g \tag{8-7}$$

由式（8-7）可知，股票收益率由两部分构成，$\frac{D_1}{V}$（即股利收益率）和 g（即股利增长率）。g 的数值可以根据跨国公司的持续增长率估计，V 是股票市场形成的价格，只要预计出下期的股利，就可以估计出股东预期报酬率。在有效市场中，股东预期报酬率就是该股票的收益率。

（二）债券收益率的计算

（1）票面收益率。票面收益率又称息票率，是指按照债券的票面利率计算的年利息收入与债券面值的比率。如果投资者将按面值发行的债券持有至期满，则所获得的投资收益率与票面收益率相一致。其计算公式如下：

$$\text{票面收益率}=\frac{\text{债券年利息}}{\text{债券买入价}}\times 100\% \tag{8-8}$$

（2）持有期收益率。持有期收益率是指买入债券后未持有到期便中途转卖而得到的收益率。持有期收益率包括持有债券期间的利息收入和资本利得。其计算方法有以下两种：

第一，分期付息债券持有期收益率——分期付息债券又称息票债券或附息债券，是在债券到期之前按约定的日期分次按票面利率支付利息，到期再偿还本金。其计算公式如下：

$$\text{持有期收益率}=\frac{\text{债券年利息}+（\text{债券卖出价}-\text{债券买入价}）\div \text{持有年限}}{\text{债券买入价}}\times 100\% \tag{8-9}$$

第二，一次还本付息债券持有期收益率——一次还本付息债券是指发行的债券多为到期一次还本付息债券，在中途的卖出价包含了持有期的利息收入。其计算公式如下：

$$\text{持有期收益率}=\frac{（\text{债券卖出价}-\text{债券买入价}）\div \text{持有年限}}{\text{债券买入价}}\times 100\% \tag{8-10}$$

（3）到期收益率。到期收益率是指使得证券持有期间的未来现金流入的现值等于证券的先行购买价格的内含报酬率 R。其计算公式如下：

$$\text{购买价格} = \sum_{t=1}^{n} \frac{X_t}{(1+R)^t} \tag{8-11}$$

五、国际证券投资的风险分析

证券投资风险是指由于各种原因导致投资者投资于证券的实际收益率小于预期收益，甚至遭受损失的可能性。在国际证券市场上造成证券投资风险的因素很多，主要包括以下几个方面。

（1）经济风险。经济风险是指发行证券的公司由于决策和管理人员在经营过程中发生的失误，导致企业经营不善，从而使投资者遭受损失的可能性。

（2）市场风险。市场风险是指由于证券市场行情变化而引起的风险，市场行情变化可以用证券价格指数或平均价格指数来衡量。常用的价格指数主要是道琼斯指数、标准普尔指数、纽约证券交易所综合股价指数。

（3）违约风险。违约风险是指发行证券的公司由于财务状况不佳，不能按时支付债务本金和利息的可能性。一般来说，政府发行的证券违约风险小，金融机构发行的证券次之，工商企业发行的证券风险较大。

（4）利率风险。利率风险是指由于市场利率水平的变动引起证券投资收益变动的可能性。市场利率水平是影响现值折现率的重要因素，投资期间市场利率水平上升、证券价格下降，导致投资者持有期收益率下降。

（5）汇率风险。汇率风险是指由于汇率变化而可能会给投资者带来损失的风险。一般来说，证券投资风险等于汇率风险和证券本身风险之和，当汇率变化与证券收益呈现一定程度负相关时，汇率变化将降低证券投资本身的风险。

（6）流动性风险。流动性风险是指将金融资产转变为现金过程中出现损益的可能性。一般来说，短期债券的流动性风险较小，其次为中长期债券，风险最大的为股票。

六、证券组合投资

证券组合投资是指在进行证券投资时，不是将所有的资金都投资于某种证券，而是有选择地投资于一组证券，降低可能的风险，从而获得收益的投资方式。

（一）证券组合投资的步骤

一般来说，证券组合投资包括三个步骤（如图 8-2 所示）。

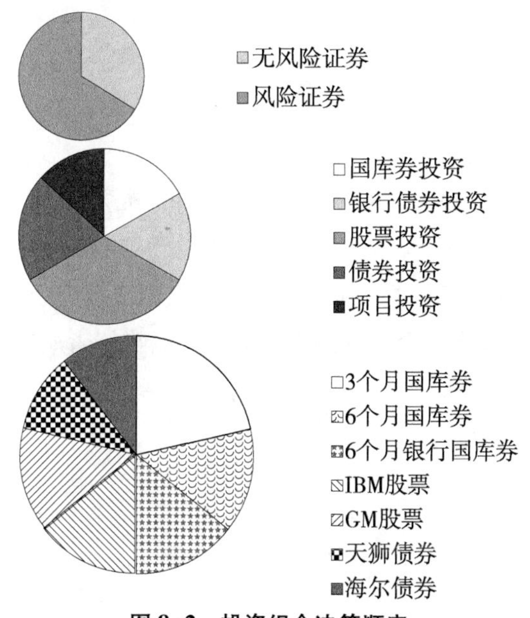

图 8-2　投资组合决策顺序

（1）资本配置决策。投资人决定自己的全部投资额如何在无风险证券和风险证券之间分配，无风险证券安全性高但是收益低，风险证券安全性低但是收益高，投资人需要在两类证券间做出权衡。

（2）资金配置决策。投资人确定无风险证券和风险证券各自比例之后，要解决风险证券中各种形式的证券（如股票、债券等）如何组合的问题。

（3）证券配置决策。投资人解决同形式的证券如何组合的问题，如选择投资哪几家公司股票或者债券等。

（二）资本配置决策

投资组合的各相关指标如表 8-3 所示。

表 8-3　　投资组合各相关指标

	预期收益率	标准差	投资比例	实际收益率
风险证券	E_p	σ_p	y	r_p
无风险证券	—	—	$1-y$	r_f
投资组合	E_c	σ_c	—	r_c

根据以上假设，则有

$$E_c=y\times E_p+(1-y)\times r_f \tag{8-12}$$

$$\sigma_c=y\times\sigma_p \tag{8-13}$$

如果完全投资于无风险证券，即 $y=0$，则有

$\sigma_c=0$——投资组合的标准差为 0。

$E_c=r_f$——投资组合的预期收益率=无风险证券的实际收益率

如果完全投资于风险证券，即 $y=1$，则有

$\sigma_c=\sigma_p$——投资组合收益的标准差=风险证券的标准差

$E_c=E_p$——投资组合的预期收益率=风险证券的预期收益率

将以上分析绘制成图 8-3：A 点和 B 点分别代表全部投资于无风险证券和风险证券的极端情况，AB 线即为证券组合投资的预期收益率。投资者所冒风险 σ_c 每增加一个单位，预期收益率 E_c 增加$\frac{E_p-r_f}{\sigma_p}$个单位，即 $E_c=\frac{E_p-r_f}{\sigma_p}\times\sigma_c+r_f$。

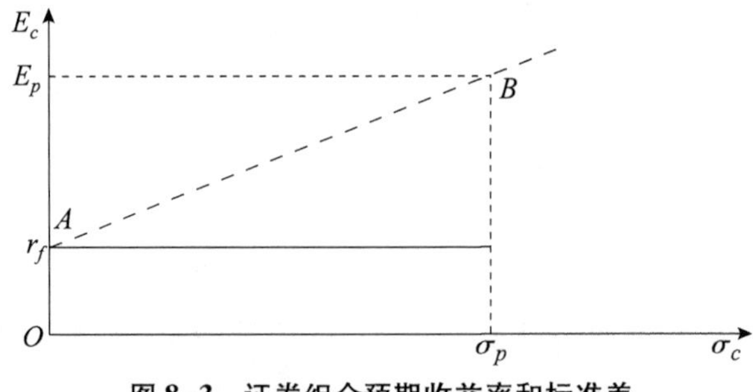

图 8-3　证券组合预期收益率和标准差

给出投资人对于风险和收益的效用函数 $U=F(E_c,\sigma_c)$，投资人就可以通过确定 y 值，使得效用达到最大，由此就可以得出对于投资者来说最为满意的投资组合。

（三）资金配置决策

假设一个风险证券组合中，选择债券（B）和股票（S）进行组合，它们的各相关指标如表 8-4 所示。

表 8-4　风险证券组合中相关指标

	预期收益率	标准差	投资比例	实际收益率
债券（B）	E_b	σ_b	W_b	r_b
股票（S）	E_s	σ_s	W_s	r_s
证券组合（P）	E_p	σ_p	—	r_p

根据以上假设，可知：

$$E_p = W_b \times E_b + W_s \times E_s \tag{8-14}$$

$$\begin{aligned}\sigma_p^2 &= W_b^2 \times \sigma_b^2 + W_s^2 \times \sigma_s^2 + 2 \times W_b \times W_s \times \text{cov}(r_b,\ r_s) \\ &= W_b^2 \times \sigma_b^2 + W_s^2 \times \sigma_s^2 + 2 \times W_b \times W_s \times p_{bs} \times \sigma_b \times \sigma_b\end{aligned} \tag{8-15}$$

由此可见，当债券和股票收益率相关系数 p_{bs} 小于 1 时，证券组合的标准差将小于两种证券标准差的加权和，即通过证券组合投资，可以降低非系统性风险。当相关系数 p_{bs} 为-1 时，就会出现对冲头寸，即一种证券的风险将被另一种证券所抵消。

此时，有

$$\sigma_p^2 = (W_b \times \sigma_b - W_s \times \sigma_s)^2 \tag{8-16}$$

如果债券和投资股票比例选择了下述比例：

$$W_b = \frac{\sigma_s}{\sigma_b + \sigma_s} \tag{8-17}$$

$$W_s = 1 - W_b \tag{8-18}$$

此时的非系统风险下降到零。在实际操作中，我们往往会选择数量足够的证券进行组合。随着证券数量的增加，非系统风险将逐渐减少，当数量足够时，大部分非系统风险都能够分散。

由此，证券组合投资的全部过程如下：

（1）计算不同种类证券的各相关指标。

依据

$$\begin{aligned}\sigma_p^2 &= W_b^2 \times \sigma_b^2 + W_s^2 \times \sigma_s^2 + 2 \times W_b \times W_s \times \text{cov}(r_b,\ r_s) \\ &= W_b^2 \times \sigma_b^2 + (1 - W_b)^2 \times \sigma_s^2 + 2 \times W_b \times (1 - W_b) \times \text{cov}(r_b,\ r_s)\end{aligned} \tag{8-19}$$

可以得出债券组合标准差最小时债券和股票的投资比例如下：

$$W_{\min}(B)=\frac{\sigma_s^2-\mathrm{cov}(r_b, r_s)}{\sigma_b^2+\sigma_s^2-2\mathrm{cov}(r_b, r_s)} \tag{8-20}$$

$$W_{\min}(S)=1-W_{\min}(B) \tag{8-21}$$

（2）依据风险证券的预期收益率和标准差，结合投资者的效用函数，计算出风险证券与无风险证券的最优比例。

（3）计算不同类型证券（如国债、债券、股票）的投资比例。

第四节　跨国公司营运资金管理

当企业成长为大规模、多样化的跨国公司时，子公司和各分支机构日益庞大，业务类型更加复杂多样，资金流量也会相应加大。此时，资金的管理和效率变得十分突出。在这种情况下，跨国公司母公司几乎变成资产管理公司，主要负责管理各个子公司和下属分支机构的投入和产出。这些跨国公司的资金使用效率高，可以促进生产，成为效益的强大支柱；反之，则会加大财务风险，对跨国公司的效益造成不利影响。由此可见，资金流动越频繁，资金的使用效率越重要。

一、营运资金管理的含义

营运资金包含了企业所有流动资产和流动负债，它是企业的“血液”，其运动状况不仅决定着跨国公司企业价值增值的实现程度，而且直接关系到企业的短期偿债能力与营运能力，是企业维持经营和持续发展的直接决定因素。因此，营运资金管理是跨国公司财务管理的重要环节。

营运资金管理主要有以下目标：提供必要的现金、存款、存货以及短期信用，保证预期销售目标的实现；在提供必要资金的同时，降低流动资产余额，使投资决策最优化。

二、现金管理

依照财务制度的规定，现金是指企业在生产经营活动中停留在货币形态的那部分资金，包括企业的库存现金，各种形式的银行存款和银行本票，银行汇票和有价证券（即可以自由转让的公司股票、公司债券以及政府公债）。

企业持有现金的目标一般包括以下方面：交易动机，即持有现金以应付预期的日常需求；谨慎动机，即持有现金以防无法预测的现金流量变化；投机动机，即持有现金以便及时抓住盈利机会。但是，持有现金不能给持有者带来任何回报，因此企业都会在满足日常需求的前提下使现金持有数量最小化。因此，现金管理的内容包括把握企业内部各实体的流动性状况，准确预计日常现金的变动规模，把各种投资机会的盈利性和风险性进行对比，做出最佳决策。

现金管理在财务管理中非常重要，主要表现在以下两方面。首先，现金是企业持续经营的基本保障，企业的经营活动是个包括材料采购、产品生产、产品销售以及售后服务在内的循环往复的有机系统，且现金循环受阻，则意味着企业没有足够的现金从市场换取必要的资源，那么就会影响企业的生产经营。其次，现金是进行企业价值判断的重要指标。现金流量作为收付实现制核算得出的结果，不受财务会计政策调整的影响，因此利用现金流量进行企业价值评估，可以保证评估结果的科学性和真实性。

（一）现金管理方法

1. 短期现金预算

现金预算制度是预测和报告现金流出流入状况的制度，现金管理中心必须及时掌握各分支机构的信息。在跨国公司中，一般都要求子公司编制短期现金预算，预算的期间可以是一周、半周甚至一天。

2. 双边净额结算

双边净额结算是指，如果两家跨国公司有相互贸易，那么可以利用某种固定汇率，把双方相互间的交易额抵消结算，降低外汇风险和资本转移成本。跨国公司的母公司与子公司之间、子公司与子公司之间的贸易也很繁杂，为了减少外汇风险和资本转移成本，跨国公司可以在全球范围内对其内部的收付款进行综合调度和多边净额结算，这是双边净额结算的扩展。

3. 多国性现金调度系统

多国性现金调度系统是指现金管理中心根据事先核定的各子公司每天所需的现金额和子公司的现金日报及短期现金预算，统一调度子公司的现金，调剂余缺，使跨国公司的资金能够得到充分使用。

4. 现金集中管理

现金集中管理是指跨国公司在主要货币中心或避税地国家设立现金管理中心，要求它的每一个子公司所持的当地货币现金余额仅以满足日常交易需要为限，超过此最低需要的现金余额，都必须汇往管理中心。管理中心是跨国公司内部唯一有权决定现金持有形式和持有币种的现金管理机构。为了使现金集中管理有效实现，各子公司需要对现金的需求进行预测，如预测未来时点的现金流出/流入量、根据所在国的支付习惯和金融状况预计现金盈余或短缺的时间和数量、编制短期现金预算等。

目前，现金集中管理在美国和欧洲一些国家及跨国公司中推行，主要有以下优点。

①规模经营优势。现金集中管理以后，管理中心为应付各种情况所需的现金余额，远低于各子公司独立管理所需现金余额的总和，使整个跨国公司的现金持有量达到最低，然后以节省出的资金进行投资、获取收益。②信息优势。管理中心可以专门从事现金的调度，全面了解各国货币、利率的状况，全方位获取金融市场的信息，实施多元化策略，以降低风险、提高收益。③全局性优势。管理中心在现金管理上从全局考虑，防止各子公司次优化选择。

（二）现金管理模式

1. 统收统支

该模式是指集团的一切资金收付活动都集中在集团的财务部门，各分支机构不单独设立账户，一切现金支出都由集团财务部门执行，现金收支的批准权集中在经营者手中。统收统支的方式有助于实现集团全面收支的平衡、提高现金的流转效率，减少资金沉淀、控制现金的流出，但不利于调动各层开源节流的积极性，影响集团的经营灵活性，以致降低集团经营活动和财务活动的效率。

2. 拨付备用金

该模式是指集团按照一定的期限统拨给所属分支机构或子公司备其使用的一定数额的现金，等各分支机构或子公司发生现金支付后，持有关凭证到集团财务部门报销以补足备用金。与统收统支相比较，其特点是分支机构或子公司在一定范围内有一定的现金经营权和决策权，但各分支机构或子公司仍不独立设置财务部门，其支出的报销仍要通过集团财务部门的审核，现金收入必须集中到集团财务部门，超出范围和标准的支出必须经过相关授权和批准。

3. 内部银行

设立内部银行，把一种模拟的银企关系引入到集团内部的资金管理中，各分公司与集团是一种贷款管理关系，内部银行成了结算中心、货币发行中心、贷款中心和监管中心。各分公司之间的现金收付和结算事项均通过内部银行统一开立账户办理，一般不对外进行；各分公司在内部银行开立存款账户和贷款账户，实行存贷分户管理，经营收支两条线。分公司在财务上有独立财权，对贷款有权按用途自行安排使用，内部银行本身也实行银行化管理，建立贷款责任制，强化资产风险管理，实行相对独立的核算，自负盈亏。

4. 结算中心

结算中心通常是由集团内部设立的、办理各成员或分公司现金收付和往来结算义务的专门机构。它通常是设立于集团总部下的职能部门，是一个独立运行的职能机构，代表集团统一结算、筹措、管理、规划、调控资金。

5. **财务公司**

集团财务公司是支持发展大公司、大集团战略的产物，最早出现于西方资本主义国家。现在，其机构数量及资产规模均较初期有了很大发展。财务公司是一种经营部分银行业务的非金融机构，主要担负着集团的理财任务，还负责经营抵押放款、外汇、联合贷款、包销债券、不动产抵押、财务及投资咨询等业务，具体包括通过在集团内部转账结算等加速资金周转，解决集团内部中间产品购销两方面的问题；通过在集团内部担保、资信调查、信息服务、投资咨询等为集团各单位提供全方位服务；运用同业拆借、发行债券及新股、外汇及有价证券交易等手段，为集团开辟广泛的融资渠道；将集团暂时闲置的资金投向高效的产业和行业，或者用于集团自身发展的项目，使资金效率最大化。

财务公司是一个独立的法人企业，与其他企业的关系是一种等价交换的市场竞争关系，因而财务公司也行使对子公司和对投资项目资金使用的监控功能。集团设立财务公司旨在引入一种类似市场机制的资金管理关系，使子公司拥有独立财权。财务公司对子公司和投资项目的资金使用情况进行监控，集团母公司不再直接干预子公司现金使用，而是借助财务公司间接控制。这种模式强调独立经济利益基础上的约束，确保子公司资金使用的自主性与集团整体资金管理目标相协调。

三、应收账款管理

应收账款管理是跨国公司流动资产管理的重要组成部分，因公司对内或者对外销售产品、提供服务而产生。跨国公司应收账款数额巨大，受各种因素影响，管理不当更容易发生坏账，因此需要特别重视。应收账款管理的主要内容如下。

（一）信用评估

跨国公司在决定销售方式之前，必须对客户的资信状况进行全面调查，只有对资信状况较好的企业，才能提供商业信用。经验法和客观法是企业评估信用的两种基本方法。信用5C法基于经验法，包括客户信用的五个方面，即品质（Character）、能力（Capacity）、资本（Capital）、抵押（Collateral）和条件（Condition）。信用评估模型基于客观法，通过运用成熟的统计模型分析客户的付款记录，以便对客户进行信用评级。通过对新、老客户进行信用分析，可以判断其能否取得商业信用以及以何种条件取得，进而确定信用标准、信用期限、现金折扣标准等，最终争取使跨国公司在减少应收账款持有成本与避免坏账损失的同时，不影响其销售规模，从而实现更高的利润和流动性。

（二）交易币种的确定

交易币种的确定包括选择出口商货币、选择进口商货币、选择第三国货币。一般来说，出口商愿意选择硬币，而进口商愿意选择软币。

（三）付款条件的确定

一般来说，交易币种比较坚挺、购货方资信等级较高、东道国政治状况平稳、企业自身资金状况良好，则应收账款期限可以长一些；若情况相反，应收账款应尽早收回，以减少企业损失。

（四）应收账款的让售和贴现

应收账款让售是指企业将应收账款出售给银行或者其他机构，立即收到现款。虽然企业在让售中要付出一定代价，但自身免去了坏账的风险。应收账款贴现是指将应收账款作为抵押品，如果贴现人到期不能兑现，银行以应收账款回收额抵充，企业在急需资金时可以考虑这一途径。

四、存货管理

存货包括原材料、半成品、成品和包装物等，主要为了供应产品的生产和销售。存货往往在企业流动资产中占有较大比重，而且流动性很差。与国内企业相比，跨国公司的存货管理要比国内企业复杂得多，因为存货的转移要跨越国界，运输时间长、成本高、风险大，购置或销售采用离岸价与到岸价结算，导致成本或收入差别很大、汇率波动普遍存在等。这些因素都会给存货管理带来新的问题。

跨国公司存货管理的目标是降低存货成本。存货成本包括订货成本、存储成本、缺货成本。①订货成本是指企业为组织进货而产生的费用，如与材料采购有关的办公费、差旅费、运输费、检查费、入库搬运费等。②存储成本是指企业为持有存货而发生的费用，主要包括存货资金占用费或机会成本、仓储费用、保险费用、存货霉变损失等。③缺货成本是指因存货不足而给企业带来的损失，包括由于材料供应中断造成的停工损失、成品供应中断导致延误发货的信誉损失及丧失销售机会的损失。

存货管理的目的在于，在保证企业生产经营正常运行的前提下尽量减少库存、防止积压，关键在于确定每个时点的最佳存货数量。

（一）存货经济批量模型

存货经济批量模型是目前大多数企业最常采用的货物定购方式，该模型适用于整批间隔进货、不允许缺货的存储问题。企业每次订货的数量多少直接关系到库存的水平和库存总成本的大小，因此企业希望找到一个合适的订货数量，使它的库存总成本最小。存货经济批量模型能满足这一要求，即通过平衡采购进货成本和保管仓储成本，确定一个最佳的订货数量来实现最低总库存成本。

假设 Q 为经济进货批量，A 为某种存货年度计划进货总量，B 为平均每批进货费用，C 为年度单位存储成本，P 为进货单价，则

$$经济进货批量（Q）=\sqrt{\frac{2AB}{C}}$$

$$经济进货批量的存货相关总成本（TC）=\sqrt{2ABC}$$

$$经济进货批量平均占用资金（W）=\frac{PQ}{2}=P\sqrt{\frac{AB}{2C}}$$

$$年度最佳进货批次（N）=\frac{A}{Q}=\sqrt{\frac{AC}{2B}}$$

（二）存货供应时点控制

把握存货供应时点也是企业降低成本的重要环节：如果提前订货，必定加大存储成本；如果延迟订货，又可能导致存货短缺，加大缺货成本。

安全存储量=（预计每天最大耗用量-平均每天耗用量）×订货提前天数

再订货点=平均每天耗用量×订货提前天数+安全存储量

订货提前天数=从企业下订单到货物入库所用的天数

（三）存货超量储备决策

尽管国内企业存货经济批量模型仍然是跨国公司存货购置决策的理论基础，但许多在生产过程中依赖进口原料或半成品的企业仍会经常保持远高于最优水平的存货量。这种现象称为存货的超量储备。其主要原因包括预期生产所在国货币贬值、担心通货膨胀、担心原材料短缺等，同时，跨国公司对于各个子公司因存储存货而占用资金损失的利息通常不予计算，这也给存货的超额储备提供了激励。

1. 地方货币贬值

如果子公司主要依赖进口建立存货，在预期当地货币贬值的情况下，应提前大量购置存货，因为地方货币贬值以后，进口成本会大大增加；如果子公司主要从当地购置存货，在预期当地货币贬值的情况下，应尽量降低原材料、半成品的存货水准，因为贬值发生后，会大大减少以母公司本土货币标价的当地存货的价值。

2. 通货膨胀

流动资金的基本结构是将现金用于购买或者制造存货，然后销售出去转为应收账

款，这些应收账款在以后的周期内以现金形式逐渐被收回，连续的经营运转依赖于稳定的现金流入。而在高通货膨胀国家，企业很难做到这一点，因为企业本身的经营就非常困难，并且由于企业账面利润的增加，因而所需缴纳的所得税提高，但企业新的存货周期成本以及设备改良成本大大提高，导致现金流以后的短缺。缺乏对通货膨胀的警惕性，将会给企业带来一定的财务风险和投资风险，因此对跨国公司母公司而言，有两种方案可供选择：第一，每年都抽取额外的现金，不论原始财务报表是否表明该子公司盈利；第二，以高于通货膨胀率的比率提高销售价格。后者往往不可行，因为这样做会受到东道国政府的惩罚或者不被市场接受。

3. 预期价格冻结

如果当地通货膨胀现象严重，地方政府往往会采取价格冻结的做法。如果预期当地政府会实行物价冻结，那么在进口存货时应制定较高的以当地货币计价的进口商品价格；在实际销售时，采用折扣的方式降低实际售价。

4. 自由贸易区

自由贸易区源于以前的自由贸易港，港内的零售商或者制造商可以部分或完全免征关税，过去一般位于海港码头，那里的货物免征关税，直到货物被销往全国各地时才征收关税。现在的自由贸易区有三种类型：第一种类型，如前所述，它可能是一个商品的卸货地，以待随后销往国内。例如，丰田汽车在洛杉矶港的储货区，公司可以在区内存放大量的样品，直至经销商将它们从区内进口到美国进行销售。第二种类型，在自由贸易区内进行零部件组装，然后再销往国内。例如，梅赛德斯-奔驰设在美国亚巴拉马州的组装线，这是由于零部件的进口关税低于整车，这样有利于为进口国创造更多的就业机会。第三种类型，完整的旗舰式制造中心，如马来西亚的槟榔，其大部分产品用于出口到国外。

五、流动负债管理

流动负债又称短期融资，是指需要在一年或者超过一年的一个营业周期内偿还的债务，主要包括短期借款、应付账款、应付职工薪酬、应缴税费及应付股利等，从性质上讲，流动负债是用于满足企业短期资金需求的融资方式。

虽然流动负债的形式多样，各流动负债之间也有差别，但与长期负债相比，它们普遍具有速度快、弹性高、成本低、风险大的特点。因此，较多地使用流动负债，会导致较高的收益和较大的风险；较多地使用长期负债，则会导致较低的收益和较小的风险。特别是由于流动负债需要在近期偿还，它直接影响企业一系列的流动性和偿付能力指标的高低，也影响着企业的信誉。因此，必须加强流动负债管理，使企业保持良好的筹资能力。

（一）自然融资

自然融资是企业在生产经营过程中自发形成的资金来源，主要包括应付账款、应付票据、预收账款和应计费用等。自然融资的优越性在于容易取得，因为不需办理任何融资手续，几乎没有成本，对企业的限制也较小；但其不足之处在于期限较短，企业筹资的主动性较小。

应付账款是一种短期免息贷款，且在一定程度上可以延期。在比较发达的市场经济中，绝大多数购买者都不需要在收到货时就付款，供货商常常给予购买者一定的商业信用。因此，应付账款是企业短期筹资中最具诱惑力的资金来源，但企业不能滥用应付账款，否则会加大企业的债务负担，增加短期财务风险，影响企业信誉。此外，供货商为了保证款项的及时收回，往往提供现金折扣作为鼓励购买者及时付款的优惠措施。此时，企业应将现金折扣与规定付款期限内的资金投资收益进行比较，并做出决策。一般情况下，放弃现金折扣对企业来讲是不划算的。

应付票据与应付账款类似，区别在于商业票据对于付款时间的要求更为严格。

预收账款是卖方企业在交付货物之前向买方预先收取部分或全部货款的信用形式。这相当于卖方借用资金后用货物抵债，一般用于生产周期长、销售成本高的货物。一般来说，企业不将其作为短期融资的主要来源。

应计费用一般包括应付职工薪酬、应缴税费、应付股利和预提费用等。这些项目都已经发生但还没有支付，使企业可以得到短期资金融通的机会。应计费用是种无成本的融资方式，但对一般企业来讲，这些项目的资金总额相对较少，而且部分项目时间较短，尤其是应付职工薪酬，若过分延迟工资的发放，会引起职工的不满，对企业产生很大的消极作用。因此，企业周转利用这部分资金的操作难度较大。

（二）借款

除自然融资外，企业还可以通过协议融资筹集资金。协议融资主要包括短期借款、信用证和向社会公众发行应付短期债券。信用证主要适用于从事国际贸易业务的企业，应付短期债券则只适用于规模大、信誉好的企业。因此，一般企业主要向银行和其他非金融机构借入短期借款，作为短期融资来源。同时，金融机构针对企业营运资金周转过程中需要的不同层次、不同用途的资金提供了不同的金融产品，主要包括周转信贷、临时贷款、科技开发贷款、专项贷款、买方信贷等。企业可以根据不同的需要向银行申请不同形式的贷款。

第五节　跨国公司税收管理

一、跨国公司税收管理的含义

跨国公司税收管理是指跨国公司利用各国税法制度的差异、国际税收协定、税法制度本身存在的漏洞和真空，采取变更经营地点或转移收益等种种不违反税法规定的方法，进行财务管理和税务筹划，以规避或尽量减轻国际纳税义务。跨国公司在进行国际税收评估时，需要考虑以下内容：所得税、预提税、前转和后移条款、税收协定、税收抵免。其基本目标是跨国公司价值最大化。

实现上述基本目标的税收管理思路，如图 8-4 所示。

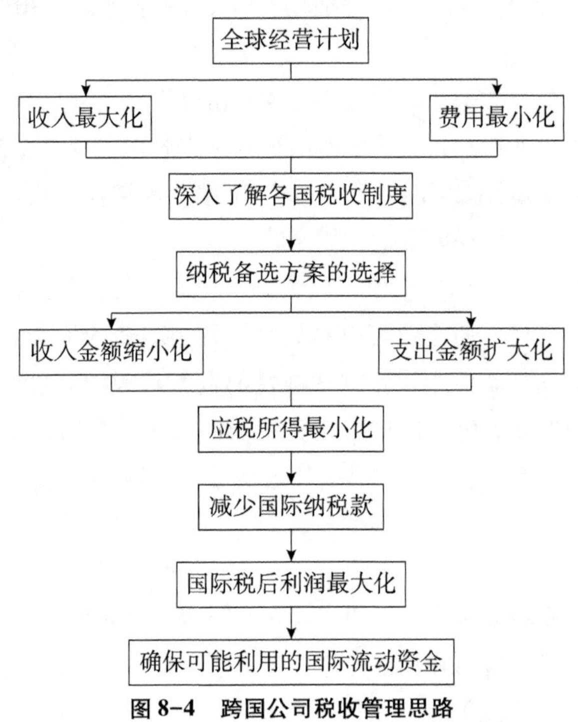

图 8-4　跨国公司税收管理思路

二、国际双重征税及豁免

（一）国际双重征税

国际双重征税是指两个或两个以上的国家对同一纳税人的同一项收入重复征收所

得税的经济行为，它伴随国际税收的出现而产生，主要出于以下原因。

1. 税收管辖权

当今世界上的税收管辖权有两种，收入来源地管辖权和居民（公民）管辖权。收入来源地管辖权是国际法中属地原则在国际税收上的反映，认为收入来源国有权对发生在该国疆界范围内的所得征税，即收入来源发生在哪个国家，就由哪个国家征税。居民（公民）管辖权是国际法中属人原则在国际税收中的反映，认为只要是本国居民或公民取得的，不论其来自境内或者境外，所在国均有权对其征税，管辖权是引起双重征税的重要原因。

一个跨国纳税人可能同时是两个国家的居民，这样会因双重居民身份引起双重征税；一个跨国纳税人的收入来源在一国，而常设机构在另一国，这样也会引起双重征税。如果我们假设世界各国都统一使用一种税收管辖权，而且管辖权的范围规定一致，那么管辖交叉引起的双重征税自然就不复存在。如果全世界统一实行居民（公民）管辖权，发达国家将会十分满意，因为发达国家的居民拥有全世界的绝大部分收入，而发展中国家将丧失本国境内的大量外国公司的税收利益。如果全世界统一实行收入来源地管辖权，发展中国家将会十分满意，因为引进外资和技术而实现的税收利益没有外流，但发达国家会坚决抵制，因为它们失去了直接投资的税收利益，影响了以后资本和技术输出的积极性。因此，在现实中，这两种税收管辖权是长期并存的，各国只能积极寻求消除国际双重征税的途径。

2. 所得税税制的普及

19世纪末，全球实行所得税的国家为数不多，除创建国英国以外，只有意大利、印度、日本等几个国家，因此国际双重征税仅是个别现象。到了20世纪第一次世界大战后，各国纷纷进行以所得税为主体的税制改革，所得税征收范围不断扩大、税率不断提高，在各国税收中所占的比重也不断上升。这使国际双重征税的范围和严重程度加大。

（二）国际双重征税的影响

国际双重征税将会给国际经济发展带来不利的影响，阻碍经济生活国际化的进程。

1. 违背了税负公平的原则

对于跨国公司来说，一项所得只应承担一次纳税义务，但国际双重征税却是纳税人同一项所得多次被征税，造成同等地位的纳税人在税收及相关范围内处于不同等的竞争状态，这不利于跨国公司和国内企业的公平竞争。

2. 加重了纳税人的负担

同一项所得被双重征税后，跨国公司的税后所得必然减少，其进行国际经济和技术合作的积极性受挫，从而严重阻碍经济全球化的进程。

（三）国际双重征税的豁免

目前，国际上消除双重征税的基本方法有抵免法、免税法和扣除法。其中，抵免法最为普遍。

1. **抵免法**

抵免法是指承认收入来源地管辖权的优先地位，但并不放弃行使居民（公民）管辖权。对居住在本国的跨国纳税人来源于国外的所得向外国政府缴纳的那部分所得税，允许在居住国缴纳的税收中，给予一定的税收抵免。由于抵免法在较好地处理了国际税收关系的同时，还维护了居住国的正当权益，消除了双重征税，因此被世界上大部分国家采用。其计算公式如下：

居住国所得税=居民总所得×适用税率-允许抵免的已交来源国税款

2. **免税法**

免税法是指承认收入来源地税收管辖权的独占地位，对居住在本国的跨国纳税人来自外国并已由外国征税的那部分所得，完全放弃行使居民（公民）管辖权，从根本上清除重复征税。目前，国际上对国外来源收入实行免税的国家不多，主要有两种类型：一是只行使收入来源地管辖权的国家或地区，如巴拿马、中国香港、阿根廷、委内瑞拉等，以实行避税地模式的国家或地区为主；二是兼行两种税收管辖权，但对国外所得实行限定条件的免税，如在法国，其限定条件是纳税人必须把其在国外纳税后的全部所得汇回本国，并在股东间进行股息分配。

3. **扣除法**

扣除法是指居住在本国的跨国纳税人在收入来源国缴纳的所得税被看作一般的费用支出，在计税所得中扣除。其计算公式如下：

居住国应征所得税=（居民总所得-国外已纳所得税）×适用税率

但是，居住国实行扣除法，不能完全免除由于税收管辖权重叠造成的双重征税，只能起到一定的缓解作用。究其原因，居住国并未完全承认收入来源国行使收入来源地管辖权的优先地位，只承认了部分，因此国际双重征税问题不能得到彻底解决。

三、国际避税

跨国公司应善于利用各国税收法律的差别、税法制度本身存在的漏洞和真空、国际税收协定，采用合法或者不违法的手段，进行财务管理和税务筹划，以规避或尽量减轻国际纳税义务。跨国公司常见的避税方法包括以下五种。

（一）利用非常设机构

国际税法普遍承认收入来源地管辖权优先，即对跨国纳税人征税，收入来源国先行课征税款，随后居住国才能征税。按照国际惯例，所得来源国对于非居民纳税人在其境内营业所得的课税，以其有无常设机构作为判断的依据。所谓常设机构是指跨国纳税人在某国成立的并具有确定地点的生产经营场所，在《经合组织范本》中规定，只要一国非居民纳税人在一国中行使签订合同、接受订单的权利，就可以认定非居民纳税人在该国设有常设机构。

非常设机构的避税作用主要体现在跨国公司可以让非常设机构承担常设机构的活动。例如，西班牙一家服装公司在法国建立一个机构，负责为母公司收集当地纺织服装的信息，此类收集信息和情报的机构为非常设机构，不承担纳税义务。然而，该机构在实际运作中可以为母公司承担有关借贷和订货合同的谈判及协商，只是其未在合同或者订单上签字，因而当地部门没有权力对其征税。

非常设机构是否存在及其认定是当今国际税收的重大难题之一，近年来的电子商务给非常设机构的认定带来巨大困扰，因为传统认定以地理位置为依据，而电子商务却难以确定非常设机构的所在地。

（二）选择有利的海外组织形式

跨国公司从事海外投资，其组织形式一般划分为子公司、分公司、办事处等。其中，子公司与母公司相对应，是按照东道国公司法的规定，在当地注册成立的独立法人组织：分公司则是总公司的一部分，受总公司管辖，并非独立的法人组织，是在东道国设立的分支机构，如表 8-5 所示。

表 8-5　　海外分公司和海外子公司的区别

项目	海外分公司	海外子公司
设立及其退出程序	设立较为简便，东道国许可即可设立或者退出	设立手续较为复杂，遵从东道国公司法
最低资本额	一般无最低资本额投资限制	东道国一般根据不同行业的特点，设置最低资本额投资限制
法律责任	为总公司的一部分，业务上的任何法律诉讼，其诉讼效力会影响总公司	为独立法人，依据其出资额承担有限责任，除非母公司有担保协议，否则母公司不为子公司之行为承担连带责任
融资能力	融资必须由总公司出面担保，发生纠纷会涉及东道国法律、总公司所在国法律甚至国际法，因此债权人放款时应相当谨慎，过程非常复杂	为独立法人，只需以自有资产办理抵押手续，即可放款，因此融资能力较强

续 表

项目	海外分公司	海外子公司
分摊总部费用	为总公司的一部分，允许分摊总公司的管理费用，以降低所得税负担	具有独立的法人资格，无法分摊母公司费用
盈余汇出限制	分公司将利润汇回总公司，视为分、总公司之间营运资金往来，不需办理来源国扣缴税款	子公司将股利汇回母公司时，将被所得来源国扣缴税款
税款缴纳时间筹划	分公司必须将损益并入总公司，合并报税	子公司为独立法人，母公司在收到股利时才需申报纳税，据此，子公司可以选择不发放股利，以达到延迟纳税的好处
转移定价操作的便利性	分公司为总公司的一部分，其内部转移定价操作与调整极为方便	独立法人之间转移定价，影响两国关联方企业课税，容易引起各国的反避税制裁，一笔不合规交易常常被两国调整，风险大
行销能力	没有东道国国籍，产品行销容易受到东道国政治经济等诸多方面的限制	有东道国国籍，比较容易进入东道国市场，行销能力较强

资料来源：李涛，余中福，何平林．跨国财务管理理论与实务［M］．北京：水利水电出版社，2007.

（三）利用转移定价

转移价格是指跨国公司从其总体经营战略目标出发，为实现利润最大化而制定的用于结算公司内部的母（总）公司与子（分）公司、子（分）公司与子（分）公司之间购销产品或提供服务的价格，这种价格通常不受市场供求关系的影响。跨国公司在进行财务管理时，可以人为操纵有形资产或者无形资产的转移价格来逃避国际课税，通常使用高进低出、低进高出的策略，促使公司全球利益最大化，这就是转移定价。

根据中央财经大学刘桓教授的研究，国内跨国公司60%~70%都不同程度地存在转移定价行为。根据普华永道会计师事务所估计，30%在华跨国公司从未缴纳过所得税，80%的跨国公司逃税、漏税，40%的外资亏损企业虚亏实盈。根据国家税务总局估计，跨国公司每年通过跨国避税给中国造成的损失在300亿元以上，而其中就有60%以上使用转移定价策略。

1. 转移定价的目的

（1）转移利润，规避外汇管制，减轻公司国际税收。母公司可以高价出售产品给别国子公司，同时，以低价购进其产品，达到国外子公司利润回流，躲避子公司所在国利润汇回的管制。同时，如果子公司所在国所得税税率比母公司高，通过子公司所在高税率国少缴税、母公司所在低税国多缴税，实现全球税收负担的减轻。

（2）提高产品在东道国的竞争力。利用转移定价，母公司可以按较低价格将产品卖给别国的子公司，使子公司在当地的竞争中拥有价格优势，从而达到提高市场占有率、扩大公司国际地位的目的。

（3）绕开关税。由于关税的存在，使国外产品进口成本增加，压低了子公司的获利空间。跨国公司通过转移定价，可以绕开东道国关税的障碍，将商品和服务转移，增强子公司市场竞争力。此外，一些跨国公司还利用转移定价策略倾销商品，打压当地企业。

（4）规避外汇风险。当东道国货币预期贬值时，母公司利用转移价格将子公司利润尽快转移，避免汇率波动给跨国公司带来外汇风险。

2. 转移定价的主要形式

（1）实物交易。实物交易中的转移定价包括原材料、半成品、产成品、固定资产等，这是目前转移定价中使用最频繁的一种方式，主要采取高进低出或者低进高出的策略，借此实现利润转移、税收减轻。

（2）劳务转移。劳务转移定价主要存在于境内外关联企业间相互提供的劳务或租赁服务中，采取高报、低报甚至不报劳务费用，有的跨国公司将境外企业发生的庞大的管理费用摊销到境内公司，借以转移利润、规避税收。

（3）资本拆借。资本拆借主要是指关联企业之间资金借贷中采用的不正当定价，通过自行提高或降低利率，在跨国公司内部重新分配利润。

（4）无形资产转让。无形资产转让包括专用技术、注册商标、专利等无形资产转让。美联企业间的非专利技术和注册商标使用权的转让，由于其价格确定存在极大的困难，无可比市场价格，因此跨国公司利用无形资产转让的转移定价更为隐蔽，不易受到东道国或者母国的惩罚。

（四）利用避税港

避税港又称避税地、避税天堂和避税绿洲，是指那些可以被人们借以进行所得税或财产税国际避税活动的国家或地区。

1. 避税港常见分类

（1）完全不征收任何直接税的国家或地区，主要是不征收所得税、财产税、资本利得税等税种，如巴哈马群岛、开曼群岛、摩纳哥、百慕大群岛。

（2）低税率国家或地区，主要是对直接税课以较低税率，如英属维尔京群岛、奥地利、安迪加。

（3）豁免外国所得税款地区，主要是对本国所得课征部分直接税，对于境内的外国经营活动所得免税或者课以较低税率，如中国香港、巴拿马共和国、列支敦士登。

2. 避税港主要特征

（1）较多的税收优惠。

（2）金融与商业资料的保密。大多数避税港都在法律上严禁泄露与避税港有来往的任何信息，使他国难以了解其纳税人与避税港来往的真实情形。避税港还禁止本国或者外国税务人员调查银行账户，虽然有些避税港与其他国家签订了有关税收协定，协定中有税务资讯交换的相关规定，但外国税务当局仍无权调查银行账户资料。

（3）对非居民纳税人免除外汇管制或者完全免除外汇管制。

跨国公司通常都会在避税港设立子公司，将股票、债券等能带来收益的资产以及无形资产转移至在避税港建立的子公司，这些资产所带来的收益保留在避税港子公司，从而躲避了在居住国所要缴纳的高额税金。这些收益或者借给母公司，或者再次进行投资，保证跨国公司国际税负的减轻。同时，避税港当地往往银行、保险业发达，当地政府为企业提供严格的隐私保护，没有外汇管制，也为跨国公司提供了良好的金融环境。

3. 国际主要避税港

（1）开曼群岛。

开曼群岛由三个岛屿构成，位于迈阿密及佛罗里达以南 640 千米，牙买加西北 268 千米，截至 2024 年 10 月 18 日，总人口约 7.5 万人，官方语言为英语，货币为开曼元（开曼元兑美元约为 1∶1.2）。开曼群岛为英国殖民地，由英国委任总督总领行政会主持国会。开曼群岛的国际声誉日益提高，尤其在亚洲受到跨国公司的欢迎，因其是中国香港证券交易所仅有的两个获准上市的离岸法区之一。

开曼群岛的公司一般分为三类：当地营业公司、非居民公司、豁免公司。其中，豁免公司主要被各国企业、个人用来做财务方面的规划，公司的最低注册资本额为 50000 美元，中国香港及新加坡股票交易市场接受开曼群岛注册豁免公司到当地股票交易市场挂牌交易。开曼群岛的保险业务仅次于百慕大群岛，是世界主要的保险业务中心。

开曼群岛唯一的税项为印花税，即任何转让或按揭房地产均需交付印花税，没有利润税、财产税，没有附加条例限制贸易发展，没有外汇管制。公司类型为豁免公司的名称，无须加“有限”结尾，保密性良好，公司相关信息被视为商业机密，任何人如果披露该信息或者试图获取该信息或通过非法途径获取了该信息都将触犯刑律。

（2）英属维尔京群岛。

英属维尔京群岛位于大西洋和加勒比海之间，面积 153 平方千米，主要支柱产业是旅游业和金融服务业，是政治、经济和贸易环境非常稳定的地方。在英属维尔京群岛，各企业受到政府的隐私保护，一个人可以完全拥有一家有限公司，仅对直接税征收较低税率，在境外的投资所得全部免税。岛内企业可以在世界各地开立银行账户，无须递交财务报表和举行周年董事及股东会议，无须委任当地居民作为董事。但是，在当地经营需要避开以下情形：不可在当地从事任何投资交易，不可从事信托、银行、保险等其他中介业务，不得在当地作为其他公司代理人及提供注册地址。

(3) 巴拿马共和国。

巴拿马共和国（以下简称巴拿马）位于中美洲哥斯达黎加及南美洲哥伦比亚之间，面积大约7.55万平方千米，2024年人均GDP约为1.9万美元，香蕉种植业发达。巴拿马第二大城市科隆市的科隆自由贸易区是继中国香港之后世界最大的免税区。巴拿马政府要求离岸公司的最低注册资本为10000美元，公司名称必须含有“有限责任”意思的字样；除非经过特许，公司名称不能出现银行、信托、共同基金、保险等字眼。巴拿马采用属地主义原则征税，离岸公司只要在巴拿马当地没有任何营业行为，不用缴纳税收，即使跨国公司在当地设立办公室，进行全球财务运作，只要不含巴拿马境内利润亦无须课税。因此，巴拿马吸引了众多跨国公司在此设立财务机构。

(4) 百慕大群岛。

百慕大群岛位于纽约东南方的大西洋中，根据世界银行的统计数据，百慕大群岛的人均GDP早在2008年便高达93065美元，当地银行、会计、保险业极其发达。百慕大群岛对离岸公司的注册资金要求为12000美元，公司名称必须含有“有限”字眼，不能含有银行、信托、保险、再保险、投资基金等字眼，必须提供幕后股东数据给政府，政府保证这些数据的私密性，公司在当地必须聘雇秘书或代理，不必缴纳任何税项。

（五）利用离岸金融中心

英国学者理查德·罗伯茨（Richard Roberts）将金融中心划分为四个层次，包括国内金融中心、地区性金融中心、离岸金融中心、全球性国际金融中心。其中，离岸金融中心是指经营可自由兑换货币、交易发生在货币发行国境内或境外、在非居民间进行、基本不受市场所在国法规和税制限制，同时享受一定优惠待遇的独立的自由交易中心，离岸金融中心为国际资金融通活动提供中介服务，一般与中心所在国国内金融体系无联系或联系很少。相较其他三类金融中心而言，离岸金融中心金融服务辐射的层面比较复杂，并不属于国内、地区和全球这个地理分类范畴，各项金融业务的开展在很大程度上并不依托该中心的实体经济发展状况，并且与全球性国际金融中心和区域型金融中心相比，其在税收制度和监管环境等方面更为宽松。

国际离岸金融市场最初集中于欧洲地区，以伦敦为中心。20世纪七八十年代以后，以开曼群岛等为代表的避税港型离岸金融中心逐渐崛起。根据世界银行1999年的统计，全球范围内离岸金融中心的数目已达67个，如表8-6所示，其中避税港型离岸金融中心占据了半数以上，在国际离岸金融市场结构中处于重要地位。据2013年相关新闻报道，当时世界货币存量的50%通过离岸金融市场周转，约20%的私人财富投资于离岸金融市场，银行资产的22%投资于离岸金融市场。在经历了20世纪70—80年代中期的快速增长后，避税港型离岸金融中心的发展速度有所放缓。同时，20 世纪 80 年代以来，由于美国和日本相继建立了离岸金融市场，世界主要金融市场在税收、管理制度、优惠政策和法律环境等方面逐步融合在岸和离岸金融市场，使金融业务重新向纽约、伦敦、东京等传统功能型国际金融中心和中国香港、新加坡等新兴功能型金融中心回归。避税港型离岸金融中心的跨国资产和负债在世界离岸金融市场中的份额出现了较大幅度的下滑。

表 8-6　　主要离岸金融中心的全球分布

非洲	亚太地区	欧洲	中东地区	美洲
吉布提 塞舌尔 摩洛哥 （丹吉尔） 利比里亚 毛里求斯	澳大利亚 库克群岛 瑙鲁 纽埃岛 菲律宾 新加坡 关岛 中国澳门 瓦努阿图 西萨摩亚 日本（JOM） 中国香港 马来西亚（纳闽岛） 马绍尔群岛 密克罗尼西亚 泰国 马里亚纳群岛	奥地利 安道尔 卢森堡 马耳他 摩纳哥 荷兰 瑞士 塞浦路斯 泽西岛 直布罗陀 根西岛 列支敦士登 马德拉群岛 英国（伦敦） 爱尔兰（都柏林） 海峡群岛 马恩岛	巴林 迪拜 以色列 科威特 黎巴嫩	阿鲁巴岛 巴哈马群岛 巴巴多斯 伯利兹城 开曼群岛 百慕大群岛 波多黎各 乌拉圭 格林纳达 巴拿马 安提瓜岛 安圭拉岛 哥斯达黎加 多米尼加 凯科斯群岛 英属维尔京群岛 蒙特塞拉特岛 荷属安的列斯群岛 美国（IBF） 圣基茨和尼维斯 圣卢西亚 圣文森特和格林纳丁斯 特克斯和凯科斯群岛

资料来源：国际清算银行。

离岸金融中心是提供国际金融新型融资方式的场所，其业务范围几乎涉及当代金融的每个领域。

1. 国际银行业务

国际银行业务作为离岸金融业务最大的组成部分，涵盖了传统的存贷款和贸易融资等银行业务，包括短期资金的拆借、中长期资金借贷以及辛迪加贷款等业务。此外，像百慕大群岛这样的离岸中心还将银行业务领域拓展到投资管理及相应的附属服务。当然，真正对这些金融机构富有吸引力的地方还在于其离岸市场自由的金融制度和优惠的金融税收政策。

2. 证券业务

离岸市场发行证券的主体进入条件比较自由，诸如利率、发行单位的资信等级（按国际惯例，发行公司债的最低等级由各国国内的债券市场决定）、担保抵押、货币种限、偿还方式等发债条件基本自由制定，而且通常公司债免交利息预扣税。国际商务公司作为离岸证券化的有效载体，以其低廉的成本优势和优惠的税收便利赢得了众多跨国公司及金融机构（特别是投资基金）的青睐。

3. 避税业务

一些金融机构在离岸金融中心建立了离岸公司、信托和基金，跨国公司在离岸金融中心设立子公司，可以充分利用离岸金融中心优惠的税收政策，实现国际税收最小化。

4. 保险业务

对于跨国公司在海外投资，若它在母国参加保险，则需支付高额的保险费用，而且保险公司在国内的总公司和国外的分公司均受到所在国的限制。因此，许多保险公司在离岸市场专门建立从事海外投资保险业务的专业保险公司，用以扩大保险业务范围以及降低保险费用。当然，这与离岸金融中心提供的优惠税收不无相关。

5. 其他业务

各类非银行金融机构，如控股公司、投资公司、金融公司、信托公司、船舶公司以及不动产公司在离岸金融市场可以经营投资信托、共同基金、不动产投资等金融业务。

第六节 跨国公司外汇风险管理

一、外汇风险的概念

外汇风险是指在跨国公司的国际经济活动中，以外币计价的资产或者负债的价值，由于各国货币市场汇率的变动而产生的损益。外汇风险可能给经济实体带来风险损失，也可能给经济实体带来风险收益。但人们在对外汇风险的管理中，更加注重的是规避外汇风险损失。

当经济实体持有外币资产或者负债时，会因为汇率的不断变化而有可能承受损失，但并不是经济主体所有以外币计价的资产和负债都要承担外汇风险，只是其中的一部分会承担外汇风险，而承担这部分外汇风险的外汇资产或负债一般称为“敞口”“风险头寸”“受险部分”。具体说来，在出口贸易企业中，外汇风险敞口表现为外币资产与外币负债不相符合的那部分资产或负债，如合同签订三个月后将以英镑出售一批产品，此时交易价格为100万英镑，英镑兑人民币的汇率为1∶10.63，三个月后人民币升值，汇率变为1∶10.5。此时，该企业这笔合同款项就存在外汇风险，如果不采取风险管理，三个月后该企业所收的款项将较现在缩水13万元人民币，这部分是该企业的外汇风险敞口。

二、外汇风险的分类

根据外汇风险的产生原因及其表现的形式不同，一般可以把企业面临的外汇风险划分为折算风险、交易风险和经营风险三种基本类型。

（一）折算风险

折算风险也称会计风险，是指在会计年度末跨国公司将其海外子公司、分公司或者其他附属机构中用外币记账的财务报表，归并到母公司的财务报表，并以本币记账。由于各项资产、负债项目及收入与费用项目入账时的交易日汇率与合并报表时所用的现行汇率是不一致的，从而导致有关的会计项目出现账面上的外汇损益，影响股东及社会公众对跨国公司经营成果及财务状况的评价而产生的风险。

由此可见，折算风险源于两个因素：一是由于母公司与子公司或分支机构在财务入账时所使用的货币币种是不同的，两种货币之间需要折算；二是子公司财务报表有关项目入账时的历史汇率与母公司合并财务报表时所使用的汇率不一致，从而导致母公司在进行折算时出现外汇损益。

（二）交易风险

交易风险也称兑换风险，是指经济主体在用外币计价的交易中由于未来结算时的汇率与交易发生时的汇率不同而引起未来外币现金流的本币价值变化的风险。一般来说，交易风险由商品信用交易和以外币计价的国际借贷活动产生。

虽然交易风险是经济风险的一部分，但它通常与折算风险一并考虑。在现实中，交易风险与折算风险和经营风险是重叠的。交易风险中的有些因素，如以外币标价的应收账款和负债，包括在企业的折算风险中，因为它们已出现在企业的资产负债表中。而交易风险中的其他因素，如那些已经签订但商品还未运出的以外币标价的销售合同并没有出现在企业目前的财务报表中，则属于企业的经营风险。

（三）经营风险

经营风险，是指企业因意料之外的汇率变动造成企业生产销售数量、价格、成本的变动，从而间接引起企业在未来一定期间内其现金流量或收益变化的不确定性。任何一家企业，只要其收入和成本受到币值变化的影响，就一定存在经营风险。企业的两种现金流量风险——经营风险和交易风险共同组成了企业的经济风险。

三、几种货币折算方法

依据各国会计准则的规定，跨国公司在编制合并财务报表时，必须将海外子公司所在地货币折算为母公司所在地货币。如果汇率发生变化，外币折算可能会导致汇兑损益。一般在折算时，受险资产和受险负债以现行汇率（变化后）折算，非受险资产和非受险负债以历史汇率（变化前）折算。简言之，折算风险就是受险资产和受险负债和非受险资产和非受险负债之间的差异。由此，确定哪些是受险资产和受险负债，以明确何时确认外汇损益，成为会计师们的主要分歧。在进行会计报表的货币折算时，主要有四种方法：流动/非流动法、货币/非货币法、时态法（暂时法）、现行汇率法。

（一）流动/非流动法

流动/非流动法是指在进行跨国公司会计报表的货币折算时，流动资产和流动负债采用报表日的现行汇率折算，非流动资产和非流动负债则采用交易发生时的历史汇率折算。依据流动资产减去流动负债等于营运资本，如果国外子公司的营运资本为正，在子公司所在地货币贬值（升值）时，它就会发生折算损失（利得）。在会计报表中，除了与非流动资产和非流动负债相关的收入和费用项目，其他项目一律采用折算期的平均汇率折算。流动/非流动法曾一度被几乎所有的美国跨国公司所采用。

（二）货币/非货币法

货币/非货币法将国外子公司财务报表中的项目区分为货币性资产负债和非货币性资产负债，货币性项目（如现金、应付账款、应收账款、长期负债）以现行汇率折算，非货币性项目（如存货、固定资产、长期投资）以历史汇率折算。在会计报表中，除了与非货币性资产和负债相关的收入项目及费用项目，其他项目一律采用折算期的平均汇率折算。

（三）时态法（暂时法）

时态法（暂时法）是货币/非货币法的一种变形，它与货币/非货币法唯一的区别在于，在货币/非货币法折算中，存货始终以历史汇率折算，而在时态法折算中，如果存货以现时成本表示，则按照现行汇率折算，如果存货以历史成本表示，则按照历史汇率折算。美国的会计体系以历史成本为基础，时态法得到多数会计专家的认可。

（四）现行汇率法

现行汇率法将国外子公司的全部资产项目和负债项目按照现行汇率折算，依据所有者权益等于资产减去负债，子公司所在地货币贬值（升值）时，会发生折算损失（利得）。它还有种变形，即除固定资产外，其他所有资产和负债都以现行汇率折算。现行汇率法是最为简单的折算方法，在英国相当流行，我国在折算时也采用这种方法。

四、套期保值

（一）套期保值的概念

套期保值是管理外汇风险的基本方法，即通过建立一个相反的货币头寸，使原来货币风险上的任何损益均被套期保值措施的外汇损益所抵消，从而不管未来汇率如何波动，受险货币的价值均被锁定，保护公司免受不可预知的汇率波动带来的损失。

（二）套期保值的目标

套期保值的目标在于管理外汇风险，包括折算风险、交易风险、经营风险等，但这些目标常常不可兼得。一般来说，在折算风险和交易风险之间，减少前者就会增加后者，减少后者就会增加前者。因此，有必要对这些目标进行排序。最适宜的方法就是按照其与股东财富最大化这个首要目标的一致性进行排序，同时交易风险会对实际现金流量产生影响，但折算风险只有在资产被出售或者被清算时才会对净投资产生影响，因而管理交易风险应该成为首要目标。在实际操作中，众多跨国公司也是这样做的，在一项对英国、美国和亚太地区跨国公司外汇风险管理实践的调查中发现，83%的跨国公司将管理外汇风险的重点放在交易风险的管理上，只有37%的跨国公司将管理外汇风险的重点放在折算风险的管理上。因此，套期保值的目标如下。

（1）交易风险最小化。这个目标涉及对企业真正的现金流量的风险管理。

（2）折算风险最小化。这个目标在于保护由于汇率波动而导致的以外币标价的资产和负债的价值变化，保护股东权益。

（3）经济风险最小化。这个目标在于减少由于货币波动带来的现金流量的波动。

（4）外汇风险管理成本最小化。

（三）套期保值的基本方法

表 8-7 列出了应对预期货币变化的基本套期保值方法，这些方法将极大地降低套期保值的成本。

表 8-7　　基本套期保值方法

贬值	升值
卖出当地货币的远期合约	买入当地货币的远期合约
买入当地货币的看跌期权	买入当地货币的看涨期权
以外币标价出口，以当地货币标价进口	以当地货币标价出口，以外币标价进口
加快子公司之间应付账款的支付	推迟子公司之间应付账款的支付
推迟子公司之间应收账款的结汇	加快子公司之间应收账款的结汇
增加软币标价货物的进口量	减少软币标价货物的进口量
推迟硬币应收账款的结汇	加快硬币应收账款的结汇
延迟应付账款的偿付	加快应付账款的偿付
加快向母公司和其他子公司支付股利和汇款	推迟向母公司和其他子公司支付股利和汇款
紧缩当地货币的信用条件	放宽当地货币的信用条件
在当地借款	减少在当地借款
减少当地货币的现金和有价证券	增加当地货币的现金和有价证券

一旦本公司预测出汇率的变化，其他的公司也会做出相应的预测，要想从套期保值中获利，本公司必须对汇率做出比市场更准确的预测，或者说，本公司必须不断地与缺乏经验的人进行交易。由于汇率的波动具有不确定性，是不可预测的，并且信息充分的市场上也有大量竞争对手，企业的这种行为在实践中往往是失败的。以营利为目标的套期保值给企业带来了风险，所以套期保值的基本价值在于通过防范不可预测的汇率变动风险来保护公司。

五、交易风险管理

以外币标价的交易带来的交易风险会直接影响企业未来的现金流，管理交易风险的措施主要是签订另一笔外币交易来抵消前一笔交易的现金流量，具体包括运用远期市场套期保值、货币市场套期保值、风险转移、风险对冲、货币风险分担、货币双限、外币期权等。

(一) 远期市场套期保值

远期市场套期保值是指拥有多头外币头寸的公司卖出外币远期，而拥有空头外币头寸的公司买入外币远期，从而固定未来外币现金流量的本币价值。例如，美国 A 公司将在一年之后向德国 B 公司卖出一批木材，B 公司到时支付 A 公司 1000 万欧元。假设当前即期汇率是 1.00 美元/欧元，1 年远期汇率是 0.957 美元/欧元，A 公司为了固定未来美元现金流量，可以卖出 1000 万欧元的 1 年期远期合约，在交割时会给 A 公司带来 957 万美元的收益。

套期保值的实际成本事先是无法计算的，取决于未来的即期汇率。假定未来即期汇率的波动范围为 1.00 美元/欧元~0.90 美元/欧元，则套期保值的真实成本在+430000 美元~570000 美元，+代表真实成本，代表利得，但在有效的金融市场上，远期合约的预期成本是零。许多经验研究表明，远期汇率是未来即期汇率的无偏估计量。

(二) 货币市场套期保值

货币市场套期保值是指在货币市场上同时借入和贷出两种不同的货币来锁定未来外币现金流量的货币价值。例如，在上面的案例中，假定欧元和美元的利率分别是 15%和 10%，A 公司可以先借入 870 万欧元，一年后偿还本息总计 1000 万欧元，然后在即期市场上兑换成 870 万美元并进行投资，一年后收获本息共计 957 万美元，并用这一天收到的 1000 万欧元的应收款支付借款本息，从而 A 公司保证了一年后 957 万美元的收益。由此可见，套期保值在远期市场和货币市场上产生了相等的现金流量，这是由利率平价定理所决定的。

(三) 风险转移

在案例中，A 公司选择以外币欧元标价，但 A 公司其实也可以选择以本币美元标价。此时，A 公司就不再面临交易风险，而是将风险转移至 B 公司。风险转移在国际商务中十分平常，跨国公司都希望用硬币标价出口商品，用软币标价进口商品。如果 B 公司预期在未来美元将会贬值，B 公司可能会愿意选择用美元标价。

(四) 风险对冲

风险对冲是指以同种或不同货币的风险抵消不同种或同种货币风险的方法，汇率的变动会使一种受险头寸上的损益被另一种受险头寸上的损益所抵消。在实践中，风险对冲包括以下三种形式。

(1) 同种货币的空头冲抵该种货币的多头。

(2) 两种货币汇率波动正相关，用一种货币的空头冲抵另一种货币的多头。

（3）两种货币汇率波动负相关，两种货币的空头可以相互冲抵。

（五）货币风险分担

货币风险分担是指交易双方共同分担合同中的汇率风险，即在基础合同交易中附加特定的套期保值合约，里面规定了汇率波动的范围，也称中性区。在中性区内，双方不用重新订立合约，按照基础价格进行交易；在中性区外，双方按照经调整过的汇率重新制定价格进行结算，由交易双方等额分担汇率风险。

（六）货币双限

货币双限是指在货币变动超出约定范围就提供保护的合约。跨国公司可以通过买进货币双限，在协定范围内，按照未来的即期汇率进行汇兑。如果超出协定范围，就按照该区间的上下限进行兑换，从而有效圈定了汇率风险的波动范围。货币双限也称货币颈圈。

（七）外币期权

以上几种套期保值方法运用的前提是面临已知的外汇风险，但在许多情况下，跨国公司往往无法确定外币现金流量能否实现，这种不确定性将要求我们选择另一种套期保值方式——外币期权。例如，A公司不能确定能否中标：它可以先向银行买入在交割日出售1000万欧元、协定价格为0.957美元/欧元的看跌用权，确保当A公司中标时它至少能获得957万美元，如果A公司没有中标，它最多只需支付这份合约的期权费。因此，A公司的损失风险就被限制在看跌期权费的范围之中。

六、折算风险管理

折算风险的根源在于同种货币计量的净资产和净负债的不匹配，因此通过资产负债表的套期保值可以消除这种不匹配带来的风险。具体做法是，对于任何资产或负债的变动，用同种货币计价的负债或者资产的变动抵消。用来进行折算风险管理的衍生工具主要有远期合约、风险对冲等。

（一）远期合约

利用远期合约可以通过创造另一种外币的对冲资产或负债来减少折算风险，这也是资产负债表套期保值的方式。例如，A公司有400万美元的折算风险，该公司就可出售400万美元的远期合约来抵消折算风险。

（二）风险对冲

风险对冲是另一种管理手段，它适用于有多种外币头寸或者在同种货币上有可以相互抵消头寸的公司。通过风险对冲，一种受险头寸上的损益会被另一种受险头寸上的损益所抵消，组合货币的总风险将小于单独货币的风险总和。

小结

（1）跨国公司和国内企业最大的区别，就在于其面对各国不同的环境和更广泛的国际环境，将面临许多国内企业不会面临的问题。随着经济全球化的推进，跨国公司在对外贸易、利润转移、国际投资、国际融资等方面都会遇到汇率波动所带来的一系列问题，正确认识、防范和规避外汇风险，是跨国公司财务管理的重要环节。

（2）融资策略是跨国公司经营总体战略的一个重要组成部分。不同的融资渠道和融资方式决定了融资成本的高低，将直接影响跨国公司的经营成本和理财效果，与融资机会相对应的融资风险会影响跨国公司整体的风险水平。融资结构的合理与否，会直接影响跨国公司的后续融资能力，进而影响其成长程度与发展水平。跨国公司对外投资和国内企业投资受大致相同的目标影响，即追求利润的最大化。但是，跨国公司对东道国进行投资，所面临的市场比国内市场有更大的不确定性，存在着更高的风险和更高的交易成本。因此，跨国资本在进行海外投资决策时会追求比在国内更高的利润水平。

（3）当企业成长为大规模、多样化的跨国公司时，子公司和各分支机构日益庞大，业务类型更加复杂多样，资金流量也会相应加大，此时资金的管理和效率变得十分突出。在这种情况下，跨国公司母公司几乎变成了资产管理公司，主要负责管理各个子公司和下属分支机构的投入和产出。跨国公司利用各国税法制度的差异、国际税收协定、税法制度本身存在的漏洞和真空，采取变更经营地点或转移收益等种种不违反税法规定的方法，进行财务管理和税务筹划，以规避或尽量减轻国际纳税义务。

案例分析

前沿观点

随着新时代网络信息的发展以及市场竞争的激烈，财务管理由过去传统的模式转化为智能化、网络化模式。智能技术在各个领域中的深化运用，在一定程度上带动了财务管理职能的极大创新，从传统的财务管理升级为人工智能技术层面的财务管理，并且具备智能化和自动化的财务管理模式，已经趋于成熟阶段。

新时代需要发展的动力，更需要创新变革的魄力，跨国公司必须紧随时代发展的潮流，及时调整财务管理模式，以发展的理念和思路实现企业财务投融资、营运管理、税收管理以及外汇管理模式的现代化、科技化与智能化，跨国公司应该站在时代发展最前沿，实现财务管理制度优化，更加高效地推动财务管理机制的健康有序发展。

复习与思考题

1. 跨国公司财务管理环境的含义。
2. 跨国公司融资目标包括哪些方面?
3. 股权融资和债务融资对跨国公司资本结构的影响。
4. 简述证券组合投资的概念及基本程序。
5. 现金集中管理有哪些优势?
6. 简述跨国公司现金管理的几种模式。
7. 简述抵免法、免税法、扣除法各自的特点。
8. 国际主要避税港有哪些类型?
9. 外汇风险的概念和种类。
10. 跨国公司规避外汇风险的措施主要有哪些?

第9章 跨国公司的物流与供应链管理

CHAPTER 9

阅读提示

随着经济全球化进程的加快和现代科学技术的高速发展，极具市场前景的现代物流作为一种先进的经济运行方式和管理技术在世界范围内蓬勃发展。同时，伴随着现代物流社会实践活动的快速发展，其理论研究和学术活动也空前活跃，而供应链又与物流息息相关。对于跨国公司而言，研究其物流与供应链管理越来越成为一个极具重要性和紧迫性的问题。

关键术语

物流模式　物流管理　供应链管理

思政要素

建立现代物流体系是我国经济发展和社会进步的重要支撑之一。随着经济全球化和信息技术的迅猛发展，物流不仅是产品流动的手段，更是连接生产与消费、优化资源配置、提升经济效率的关键环节。本章内容涵盖的思政要素主要包括以下三点。

1. 与时俱进，推动高质量发展

在当今社会，建立现代物流体系不仅关乎企业的竞争力和效率，也直接影响到国家整体经济发展的质量和效益。企业要不断与时俱进，推进传统物流体系向现代物流体系转型升级，推动现代物流体系高质量发展。

2. 坚持协调发展

供应链管理是企业实现高效运营的关键所在。然而，在实际操作中，企业往往会面临各种不同的问题，如客户管理、库存管理、风险管理等，这不单单是某一个环节的问题，而是整体协调的问题。因此，供应链管理中要各方面、各环节、各因素协调联动。要消除这些矛盾，就要在供应链管理中实现统筹兼顾、综合平衡，实现健康发展。

3. 低碳绿色发展理念

面向未来，我们树立可持续发展理念，尊崇、顺应、保护自然生态，跨国公司要不断推进绿色供应链的建立，共享经验、共迎挑战。实现碳达峰、碳中和是一场广泛而深刻的经济社会系统性变革，要发挥现代企业绿色低碳发展示范引领作用，推动企业供应链绿色低碳转型。

第一节　物流管理

一、物流概述

当今，经济全球化、信息化和网络化已成为一种趋势，物流已成为货物全球化生产、网络化配销的一项重要增值服务。它不仅改变了生产贸易和运输方式，而且对生产运营和配销运输的传统思想提出了新的挑战。随着信息网络化、经济全球化的进一步发展，特别是随着数据库技术、电子订货系统、电子数据交换、条码技术、快速反应、有效的客户反应、企业资源计划等技术与观念的普遍应用，物流的实体网络与虚拟网络的无缝结合已成为现代物流需求的首要目标和物流行业的发展方向。现代物流的发展也伴随虚拟物流企业和组织的诞生和探索，呈现出了虚拟化的发展趋势。

现代物流作为一种先进的组织方式和管理理念，被广泛地认为是企业降低物耗、提高劳动生产率以外的第三利润源泉。现代物流服务的核心目标是在物流全过程中以最小的综合成本来满足顾客的需求。现代物流是经济全球化的产物，也是推动经济全球化的重要服务业。世界现代物流业呈稳步增长态势，欧洲、美国、日本成为当前全球范围内的重要物流基地。

（一）物流的含义

《中华人民共和国国家标准物流术语》（GB/T 18354—2021）将物流定义为：根据实际需要，将运输、储存、装卸、搬运、包装、流通加工、配送、信息处理等功能实施有机结合，使物品从供应地向接收地进行实体流动的过程。

从这一定义来看，物流的实质是通过产品与服务及其相关信息在供给点与消费点之间的加工、运输与交换，以低成本提供用户满意的服务，从而实现价值。它主要涵盖以下方面的内容。

（1）物流的对象既包括有形的“物”，即传统上认知的一般性物品，如农畜产品、原材料等，也包括无形的信息和服务等传统上不能被认知的特殊性物品，如电力、物流服务和废弃物清理服务等。

（2）物流过程是一个由许多物流作业环节组成的复杂系统。它包括运输、储存、包装、装卸、流通加工、信息处理等环节。

（3）物流功能并不是物流各组成要素功能的简单叠加。物流除了包含储存、运输等这些纵向的具体活动，更强调各环节活动之间的横向协调、配合与集成。

（4）物流活动大多是采用商品贸易、服务贸易和物流服务等多种方式，通过许多的人员、地点、行为和信息的组合搭配及协调才能够完成的。

（二）物流的主要功能

物流系统的基本要素包括运输、储存、包装、装卸搬运、流通加工、物流信息等。这些基本要素有效地组合、联结在一起，构成物流系统的功能组成要素，能合理、有效地实现物流系统的总目标。

1. **运输功能**

运输是利用设备或工具，在不同地域范围内（如两个城市、两个工厂之间）完成，以改变人和物的空间位移为目的的物流活动。运输是物流的核心业务之一，也是物流系统的一个重要功能。运输解决了因物品在生产地点和需要地点之间的空间距离而带来的供销矛盾，创造出了商品的空间效用，满足了社会需要。因此，运输是物流的中心环节，在某些场合中，甚至把运输作为整个物流的代名词。目前几种主要的运输方式如图9-1所示。

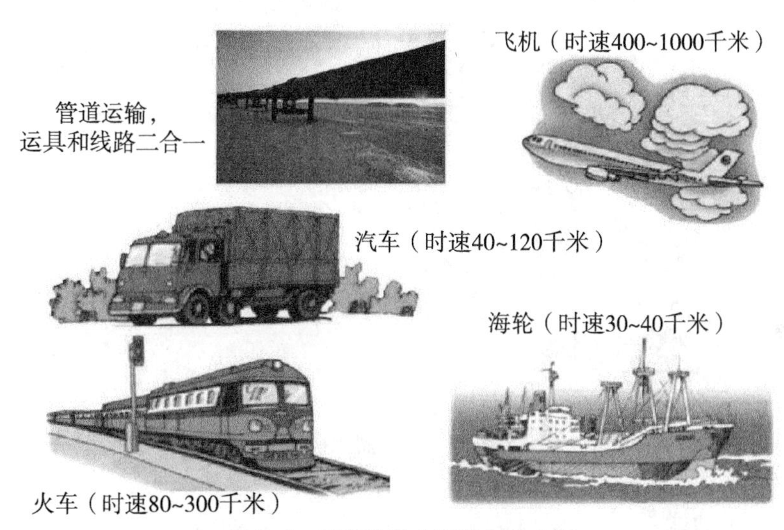

图9-1 目前几种主要的运输方式

2. **储存功能**

储存包括两个既独立又有联系的活动：存货管理与仓储。储存又可分为生产储存和商品储存：前者是指在生产过程中，原材料、半成品、燃料、工具和设备等，在直接进入生产过程之前或在两道工序之间所作的停留；后者是指商品在流通过程中，产品从生产领域出来之后到进入消费领域之前在流通领域所作的停留。

3. **包装功能**

包装是指为在流通过程中保护产品、方便储运、促进销售，而按一定的技术方法，采用容器、材料和辅助物等将物品包封并予以适当标志的工作总称。运输方式会影响包装要求。一般来说，铁路与水运因其货损的可能性较大，应特别注意包装产品的保护功能，因而需支出额外的包装费用。在选择商品运输方式时，物流管理人员要考虑因运输方式的改变而引起的包装费用的变化。

4. **装卸搬运功能**

装卸搬运是指在同一地域范围内进行的、以改变货物存放状态和空间位置为主要内容和目的的物流活动。严格地说，装卸和搬运是两个不同的概念：所谓装卸主要指的是货物在空间上所发生的、以垂直方向为主的位移，主要是改变货物与地面之间的距离；而搬运则是指货物在同一区域内发生的短距离的水平位移。装卸搬运操作如图 9-2 所示。

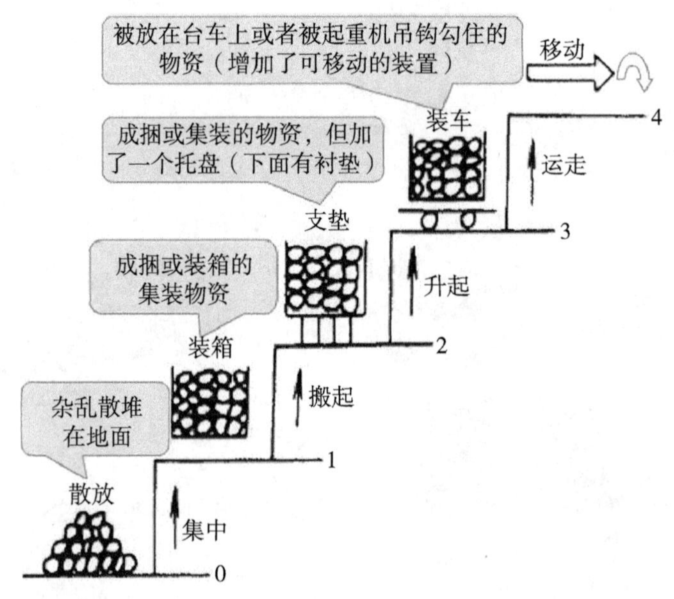

图 9-2　装卸搬运操作

5. **流通加工功能**

流通加工是指商品在流通过程中，根据用户要求，全部改变或部分改变商品的形态或包装形式的一种生产性辅助加工活动。流通加工的内容主要包括装袋、定量化小包装、挂牌子、贴标签、配货、挑选、混装、刷标记、商品检验等。

6. **物流信息功能**

物流信息是指与物流活动（商品包装、商品运输、商品储存、商品装卸等）有关的一切信息。物流信息是反映物流各种活动内容的图像、数据等的总称。物流信息是物流活动中各个环节生成的信息，一般是随着从生产到消费的物流活动的产生而产生的信息流，与物流过程中的运输、保管、装卸、包装等各种职能有机结合在一起，是整个物流活动顺利进行所不可缺少的。

二、物流管理

所谓物流管理，就是运用管理的基本原理和方法，研究现代物流活动中的技术和经济问题，以充分发挥物流的功能，实现物流的最优经济效益。

（一）采购与供应管理

1. 采购管理

采购管理是经营中的重点，是指为保障整个企业物资供应而对企业采购过程进行的计划、组织、协调、控制等一系列的活动。采购人员的使命是保证整个企业的物资供应，同时为保证进行合理的采购活动，他们也拥有调动整个企业资源的权利。

企业的采购管理主要包括三项内容：保证企业所需的各种物资的连续供应；从资源市场获取各种信息，为企业物资采购和生产决策提供信息支持；与资源市场供应商建立起友好互利、长期合作的关系，为企业营造一个宽松有效的资源环境。

2. 供应管理

所谓供应管理，即为了保质、保量、经济、及时地供应生产经营管理所需要的各种物品，对采购、储存、供料等一系列供应活动进行计划、组织、协调和控制，以保证供应企业经营目标实现的一系列活动。

过去，多数企业认为，对供应商的管理方式不会对企业经营成果产生影响，于是，采购方与供应商成为敌对关系，并且经常地变化供应商和使用短期合同，无形中增加了交易成本。当企业发现与供应商的合作可以产生竞争优势时，采购方逐渐改变了这种敌对模式，采取相互合作的方式。供应伙伴的选择正变得越来越重要。通过供应管理，可大大降低交易成本，寻求更有竞争力的供应商，提高企业核心竞争力。

（二）仓储管理

仓储管理就是对仓库及库内的物资所进行的管理，是仓储机构充分利用仓储资源，进行计划、组织、控制和协调等工作，从而提供高效的仓储服务。具体来说，仓储管理包括仓储资源的获得、经营决策、商务管理、作业管理、仓储保管、安全管理、人事劳动管理、经济管理等一系列管理工作。

仓储管理的基本原则如下。

（1）经济效益原则。作为参与市场竞争的活动主体之一的仓储业，其生产经营活动应以经济效益最大化为目标而展开，但同时也应兼顾其应承担的社会责任，履行环保等社会义务，实现生产经营的社会效益。

（2）效率原则。仓储效率表现在仓容利用率、货物周转率、货物进出库时间、货物装卸时间等指标上。仓储的效率原则就是指以最少的劳动量投入，获得最大的产出。劳动量包括仓储设施、劳动力等方面。高效率要通过准确的核算、科学的组织、合理的场所、优化的空间、机械设备的合理使用及各部门人员的合作来实现。仓储作业现场的组织、规章制度的制定与执行、完善的约束机制是实现高效率的保证。

（3）服务原则。仓储就是向其客户提供服务，仓储管理需要围绕服务定位，其具体工作应围绕如何提供服务、改善服务、提高服务质量展开。仓储的服务水平与仓储经营成本存在一定程度的对立，服务好，成本往往较高，收费也随之增高。仓储管理就是在降低成本和提高服务水平两者之间保持平衡。

（三）运输与配送管理

1. 运输

物流运输是指利用运输工具和运输设施，实现物资长距离空间位置转移的活动。其中包括集货、分配、搬运、中转、装入、卸下、分散等一系列操作。运输是社会经济的纽带，是物流的核心功能之一。运输包括生产领域的运输和流通领域的运输。

（1）生产领域的运输，一般是在生产企业内部进行，因此称之为厂内运输。它是生产过程中的一个组成部分，是直接为物质产品的生产服务的。其内容包括原材料、在制品、半成品和成品的运输，这种厂内运输有时也称为物料搬运。

（2）流通领域的运输，是流通领域里的一个环节，是生产过程在流通领域的继续。其主要内容是对物质产品的运输，以社会服务为目的，是完成物品从生产领域向消费领域在空间位置上的物理性转移过程。它既包括物品从生产所在地直接向消费所在地的移动，也包括物品从生产所在地向物流网点和从物流网点向消费所在地的移动。

2. 配送

配送一般处于物流末端，具有提高物流经济效益，优化、完善物流系统，改善物流服务，降低成本等功能，在物流系统中占有重要的地位。因此，配送逐渐成为挖掘利润源泉的突破口。

一般来讲，配送可以定义为，按客户订货要求，在配送中心或其他物流结点进行集货、分货、配货业务，并以合理的方式将配置货物送交客户的过程。配送是物流活动中一种特殊的、综合的、具有商流特征的形式。从物流来讲，配送包括了物流的全部职能，是物流的缩影或特定范围内物流全部活动的体现。

（四）装卸搬运与包装管理

1. 装卸搬运

（1）装卸搬运的概念。

装卸搬运就是在同一地域范围内进行的、以改变物料的存放（支承）状态和空间位置为主要目的的活动。装卸是指物品在指定地点以人力或机械，使物品在指定地点发生以垂直方向为主的位移。搬运是指在同一区域内，以短距离水平移动为主要形式的物流作业。

装卸搬运是随运输和保管等而产生的必要物流活动，它是对运输、保管、包装、流通加工、配送等物流活动进行衔接的中间环节。装卸搬运有对输送设备（如辊道、车辆）的装入、装上和取出、卸下作业，也有对固定设备（如保管货架等）的出库、入库作业。

（2）装卸搬运的作用。

装卸搬运是介于物流各环节（如运输、储存等）之间起衔接作用的活动，无论在生产领域还是在流通领域，都起着十分重要的作用。在生产企业的物流系统中，各个环节的先后或同一环节的不同活动之间，都必须进行装卸搬运作业。装卸搬运是生产企业物料的不同运动（包括相对静止）阶段之间相互转换的桥梁。装卸活动的基本动作包括装车（船）、卸车（船）、堆垛、入库、出库以及连接上述各项动作的短程输送，是随运输和保管等活动而产生的必要活动。装卸搬运在全部物流活动中占有重要地位，发挥着重要作用。

2. 包装

包装是在流通过程中为保护产品、方便储运、促进销售，按一定的技术方法采用材料、容器以及辅助物等的总体名称，也指为了达到上述目的而采用容器、材料和辅助物的过程中施加一定技术方法等的操作活动。具体来讲，包装包含了两层含义：一是静态的含义，指能合理容纳商品、抵抗外力、保护宣传商品、促进商品销售的物体，如包装容器等；二是动态的含义，指包裹、捆扎商品的工艺操作过程。通常认为包装就是包装手段加内容物。

包装在整个物流系统中有着十分重要的地位。包装是生产过程的最后一道工序，是连接销售和生产的关键环节。在社会再生产过程中，包装处于生产过程的末尾和物流过程的开头，既是生产的终点，又是物流的始点。人们对包装概念的理解应用，是随着社会生产的发展不断变化的。在现代物流观念形成以前，包装被理所当然地看成生产的终点，包装的设计往往从生产终结的要求出发，主要是为了保护商品，因而常常不能满足流通的要求。

（五）流通加工管理

按照我国的物流术语国际标准，流通加工是指物品在从生产地到使用地的过程中，根据需要施加包装、分割、计量、分拣、组装、价格贴附、标签贴附、商品检验等简单作业的总称。流通加工是现代物流活动的重要构成要素之一，是为了提高物流速度和物品利用率，在物品进入流通领域后，按客户要求进行的加工活动。即在物品从生产者向消费者流动的过程中，为了促进销售、维护产品质量、实现物流的高效率所采取的使物品发生物理变化和化学变化的功能。如今，流通加工作为提高商品附加价值、促进商品差别化的重要手段之一，其重要性越来越显而易见了。

虽然流通加工在现代物流中的地位不能与运输、仓储等主要功能要素相比拟，但它能起到运输、仓储等主要要素无法起到的作用。流通加工是一种低投入高产出的加工方式，这种简单的加工往往能解决大问题。实践证明，有的流通加工通过改变装潢便使商品档次跃升而充分实现其价值，有的流通加工可使产品利用率提高 20%～50%。因此，流通加工是物流企业的重要利润源，它在物流中的地位相当重要，属于增值服务范围。流通加工示意如图 9-3 所示。

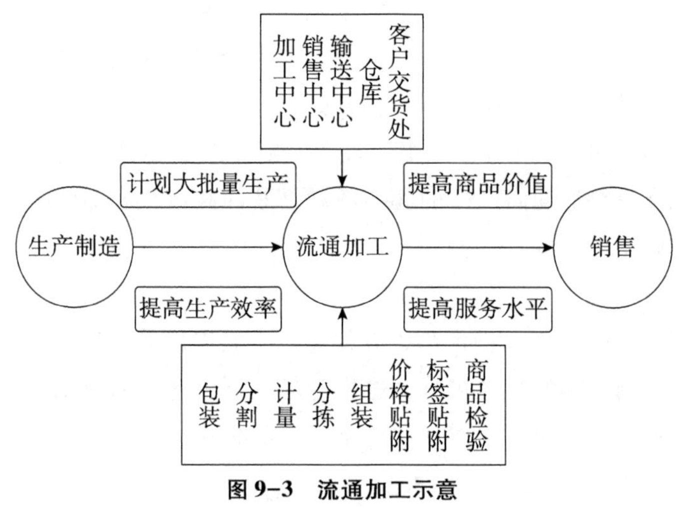

图 9-3　流通加工示意

（六）物流设施设备与技术管理

1. 物流设施设备

物流设施设备是指用于储存、装卸搬运、运输、包装、流通加工、配送、信息采集与处理等物流活动的设施设备的总称。物流设施设备包括各种装卸搬运设备、运输工具、仓储设施、站场、电子计算机、通信设备等。它是组织物流活动的物质技术基础，是完成物流各项活动的工具与手段。物流的各个环节都需要相应的物流设备，离开一定的物质技术条件，任何物流活动都将无法进行。

物流设施设备按功能可划分为储存设施设备、装卸搬运设备、运输设备、包装设备、分拣设备、信息采集与处理设备、集装单元化装备七大类。

2. 物流技术

物流技术是物流活动中所采用的自然科学与社会科学方面的理论、方法以及设施、设备、装置与工艺的总称。物流技术包括运输技术、配送技术、包装技术、搬运装卸技术等。

随着计算机网络技术的普及，物流技术综合了许多现代技术，如数据采集技术、电子商务技术、全球定位系统等。物流技术可以表现为抽象的规划设计、图纸、说明、物流预测、计算机程序等“软技术”，也可以表现为实物形态，如在运输、装卸、储存、包装、流通加工、配送及信息系统处理的物流活动中所使用的工具、仪器，以及其他物资设备等“硬技术”。随着科学技术的进步，物品流动过程的硬、软技术都必将得到进一步的发展和完善。

（七）物流服务管理

1. 物流服务的含义

所谓物流服务是指企业为满足客户（包括内部和外部客户）的物流需求而开展的一系列物流活动的结果。物流的本质是服务，它本身并不创造商品的形质效用，而是产生空间效用和时间效用。站在不同的经营实体上，物流服务有着不同的内容和要求。

物流服务可以理解为衡量某物流系统为某种商品或服务创造的时间和空间效用的好坏尺度。

2. 不同企业对物流服务的理解

（1）一项管理活动或职能，如订货处理等。

（2）特定参数的实际业务绩效，如在24小时内实现98%的订单送货率。

（3）企业整体经营理念而非简单活动或绩效的评价尺度。

（4）从接收客户订单开始，到商品送到客户手中为止，发生的所有服务活动。

3. 物流服务的目的及要求

简单来说，物流服务的目的及要求就是提供更多能满足客户要求的服务，扩大与竞争对手之间的差距，从而通过销售额的增加来获得或增加企业的利润。具体来说，物流服务的目的及要求主要有如下两方面。

（1）有效地完成商品的供应。这是指将客户所需要的商品在必要的时候，按既定的要求送达客户。要实现这一目的，要求企业做到明确接受订货截止时间、接受订货批量（接受订货的最低单位）、供货频率、交货期（从订货到交货的时间）等。

（2）提高作业的效率，减轻客户的物流作业负担。这是指企业在指定时间交货，而且要提高交货精度，同时满足客户在挂标签牌、以货架单位包装等方面的流通加工要求。由于企业提供了以上的服务，客户就可以有计划地进行收货作业，并且会缩短收货时的验货时间。

（八）物流成本管理

物流成本管理，简言之，就是通过成本去管理物流，即管理的对象是物流而不是成本，物流成本管理可以说是以成本为手段的物流管理方法。这是因为，一是成本能真实地反映物流活动的实态；二是成本可以成为评价所有活动的共同尺度。就第一点而言，一旦用成本去掌握物流活动，物流活动方法上的差别就会以成本差别的形式明显地表现出来。就第二点而言，用成本这个统一的尺度去评价各种活动，可以把性质不同的活动放到同一场合进行比较，是有效管理物流的一种新思路。

物流成本管理的环节是指物流成本管理的工作步骤与一般程序。一般来讲，企业物流成本管理包括以下六个环节。

1. 物流成本预测

物流成本预测是根据有关物流成本数据和企业具体的发展情况，运用一定的技术方法，对未来的成本水平及其变动趋势做出科学的估计。成本预测是成本决策、成本预算和成本控制的基础工作，可以提高物流成本管理的科学性和预见性。在物流成本管理的许多环节都存在成本预测问题，如仓储环节的库存预测、流通环节的加工预测、运输环节的货物周转量预测等。

2. 物流成本决策

物流成本决策是在物流成本预测的基础上，结合其他有关资料，运用一定的科学方法，从若干个方案中选择一个满意的方案的过程。从整个物流流程来说，有配送中心新建、改建、扩建的决策；装卸搬运设备、设施购置的决策；流通加工合理下料的决策等。进行成本决策、确定目标成本是编制成本预算的前提，也是实现成本的事前控制、提高经济效益的重要途径。

3. 物流成本预算

物流成本预算是根据物流成本决策所确定的方案、预算期的物流任务、降低物流成本的要求以及有关资料，通过一定的程序，运用一定的方法，以货币形式规定预算期物流各环节成本水平等，并提出保证成本顺利实现所采购的措施。通过物流成本预算管理，可以在降低物流各环节方面给企业提出明确的目标，推动企业加强物流成本管理责任制，增强企业的物流成本意识，控制物流环节费用，挖掘降低物流成本的潜力，保证企业降低物流成本目标的实现。

4. 物流成本控制

物流成本控制是根据计划目标，对物流成本形成和发生的过程以及影响物流成本的各种因素和条件加以主动的影响，以保证实现物流成本预算完成的一种行为。从企业生产经营过程来看，物流成本控制包括事前控制、事中控制和事后控制。通过成本控制，可以及时发现存在的问题，采取纠正措施，保证物流成本目标的完成和实现。

（1）物流成本的事前控制。这是整个物流成本控制中最重要的环节，它直接影响以后各物流作业流程成本的高低。物流成本事前控制活动主要有物流配送中心的建设控制，物流设施、设备的配备控制，物流作业过程改进控制等。

（2）物流成本的事中控制。这是对物流作业过程实际劳动耗费的控制，包括设备耗费的控制、人工耗费的控制、劳动工具耗费和其他费用支出的控制等方面。

（3）物流成本的事后控制。这是通过定期对过去某一段时间成本控制的总结、反馈来控制成本。

5. 物流成本核算

物流成本核算是根据企业确定的成本计算对象，采用相适应的成本计算方法，按规定的成本项目，通过一系列的物流费用汇集与分配，从而计算出各物流活动成本计算对象的实际总成本和单位成本。通过物流成本计算，可以如实地反映生产经营过程中的实际耗费，同时也可对各种物流费用的实际支出进行控制。

6. 物流成本分析

物流成本分析是在物流成本核算及其他有关资料的基础上，运用一定的方法，提示物流成本水平变动的原因，进一步查明影响物流成本变动的各种因素。通过物流成本分析，可以提出积极的建议，采取有效的措施，合理地控制物流成本。

上述各项物流成本管理活动的内容是相互配合、相互依存的一个有机整体。物流成本预测是物流成本决策的前提，物流成本预算是物流成本决策所确定目标的具体化，物流成本控制是对物流成本预算的实施进行监督，以保证目标的实现，物流成本核算与分析是对目标是否能够实现的检验。

三、跨国公司的物流管理

20 世纪 90 年代以来，越来越多的跨国公司重新调整其战略，开始实行全球战略，并逐步向全球公司转变。在全球战略指引下，跨国公司整合全球生产体系、实行全球财务管理、培养全球经理人员、发动全球公司购并、建立全球战略联盟。跨国公司为追求最大化国际效率，在世界范围内重新排列价值链，把各种经营活动安排在相应的低成本国家，进行世界规模性标准化生产，促进国家之间市场活动的共享，实行全球一体化经营。全球战略的直接结果是导致跨国公司对全球物流管理的全新需求。

全球化作为一种趋势，在推动跨国公司全球战略发展的同时也在深刻影响着全球物流管理的发展——不论是跨国公司自己对内部的物流活动进行有效管理还是将物流业务予以外包。全球物流管理在跨国公司中的地位正在不断上升。物流管理成为跨国公司全球供应链系统集成的重要推动力之一，帮助跨国公司进行专业化决策支持并管理客户遍及全球的供应链。物流管理全球化的理念和趋势正在引起跨国公司的广泛注意，许多跨国公司开始将物流管理战略的制定纳入其全球战略。

（一）跨国公司物流管理的动力源泉

首先，从全球视角来看，跨国公司在进行结构调整时，越来越倾向于到成本更低、潜力更大的国家进行投资，选择把生产制造基地转移到成本最低的地方。他们将零配件生产归并到低成本中心区域，而把最终装配流水线安排在邻近消费者的高成本区域，试图在高成本的消费市场和低成本的制造中心之间形成紧密联系的物流网络体系。跨国公司通过对全球物流管理的分析、协调和简化，要求做到：

（1）从零配件制造到最终装配的整个生产过程中实行垂直平衡生产。

（2）在制造同样或类似产品的厂家间实行水平平衡生产。例如，美国通用汽车和日本丰田汽车这两家公司都在欧洲设有工厂，但它们的零部件供货商都在亚洲。

其次，在跨国公司价值链重整的过程中，越来越多的跨国公司选择具有产业集群特征的区位进行投资，通过获得聚集优势来降低成本，提升效率。许多高新技术产业跨国公司往往集结在世界上一些选定的地点设立子公司，而将低技术生产集中在发展中国家，并相应建立一些专门的制造中心。其主要原因在于，一是充分利用技术劳动的能力，二是将生产经营建立在以低成本为基础的平台上。各种产品在高度集约的生产地和消费地之间不断流动，大大增加了世界范围内的物流需求，物流活动逐步成为跨国公司生产经营活动的重要组成部分。

最后，经济全球化使资源整合已经跨越了国界限制。为了提升核心竞争力，跨国公司将大量的非核心业务外包，这对于第三方物流在全球范围内快速增长起了推波助澜的作用。在传统的资源战略中，跨国公司重视的是对资源的拥有和管理。随着跨国公司全球战略的发展，组织形式日趋复杂，直接面向设计、制造、技术、物流和销售等要素的组织资源也日益专业化。跨国公司要取得更大的成功，就必须对其核心竞争力进行不断地再造、开发和创新。因此，跨国公司开始重新审视纵向一体化的组织结构体系，把资源集中于自身具有核心竞争优势的活动上，而把非核心活动交给外部公司来进行。在这个过程中，物流业务的外包给专业化物流公司创造了更多的发展机遇，也加强了跨国公司与第三方物流公司的联系。

（二）跨国公司物流管理的主要举措

跨国公司间的竞争重点在某种程度上正逐渐转向物流管理和供应链间的竞争，且竞争已不再局限于从一个地方到另外一个地方的转移，而是一个系统性、全球性的综合竞争。面对诸多不确定因素，跨国公司应制定正确的战略，采取有效的措施，防范和规避各种风险暴露。

（1）提升全球物流管理的信息分析能力，增加对不确定因素的预防性。

一般来说，信息手段越健全，信息反馈越充分，信息处理能力越强，物流管理所面临的风险就越小。例如，虽然许多公司在美国西海岸罢工事件中损失惨重，但是也有一些跨国公司由于熟悉国际贸易环境且善于应变的灵活性较强，对西海岸劳资纠纷进行分析，预感到的事态严重性，因此在上半年积极加大了对美国出口量，使罢工风险对公司的影响降到最低。

（2）制定多种物流方案，确保全球供应链畅通。

跨国公司必须从全球视角出发，制订总体应急行动计划规避风险，使全球物流管理有能力应付不时发生的各种不确定因素的挑战，在各种自然灾害和国际事件突发时，能够快速改变业务模式以适应所发生的变化，并针对新情况采取应对措施。比如，在美伊战争爆发之前，为慎重起见，许多跨国公司都积极采取“备战”措施，力图将战争带来的损失降到最小。为防止苏伊士运河航运可能受战争影响导致运输成本上升，通用汽车公司向其亚洲零部件供货商增加了对欧洲汽车装配厂的订单。为此，这些供货商都被动员起来，开足马力帮助公司进行战前准备。

当然，对于那些拥有快速、可靠的送货服务的船运公司和具备良好供应链管理的货运公司，凭借它们在海运、航空和陆路交通方面的雄厚实力，诸多不确定因素除了带给它们更大的挑战，也同时为它们带来了更多的商业机遇，为全球物流管理提供支持力量。在这方面，UPS（美国联合包裹运送服务公司）应对紧急情况的能力和灵活性值得借鉴。即使在发生战争、火灾、洪水等天灾人祸，或者经济萧条的情况下，UPS 仍然能够及时地向客户递送包裹信件，因为其员工手中已拥有一系列应急备选方案，一旦出现紧急情况，他们就可根据当地的服务条件采取最合适的措施，快速做出反应。

（3）发展现代物流技术，加速全球物流管理新进展。

简单地讲，全球物流管理强调的是全球物流系统成本的最小化，即如何在最短的时间内，以最有效率、最省成本的方式将货物送达目的地。因此，现代物流技术的发展以及供应链网络的重新设计都应有助于全球物流管理中风险规避。例如，汉堡港务仓储公司研制的无人货柜吊装计算器系统，通过计算器控制无人搬运车卸货、搬货、理货，因为无人搬运，人工成本很少，故集装箱吊装费用较香港等港口便宜一半，物流成本大大降低的同时避免了罢工风险。

此外，在现代高科技条件下，国际货物运输的无纸化运营方式切实可行，一旦无纸化运输成为现实，既可以使包括通关在内的物流环节和手续变得更加简便，也可以使货物的待运停留时间大幅缩短，运输效率和准确性显著提升。更重要的是，无纸化电子系统在国际货物运输中还可以有效预防被恐怖分子破坏。因此，大力发展现代物流技术和先进的管理理念，有利于规避风险，降低物流成本，推动全球物流管理的快速发展。

第二节　供应链管理

一、供应链管理概述

20 世纪 90 年代以来，科学技术的不断进步和经济的不断发展，全球化信息网络和全球化市场的形成，使围绕新产品的市场竞争日趋激烈。以互联网为核心的计算机网络技术的发展与应用，使社会步入了全新的网络经济时代，信息技术向供应链的渗透，极大地提高了信息的透明度和决策的科学性，从而大大缩短了产品进入市场的时间，降低了生产成本，提高了企业经营效益。供应链管理是当代世界商业管理的一大热点，数据库、互联网、软件工业的蓬勃发展，正在迅速改变供应链管理模式。互联网电子商务的发展更为供应链在信息共享、物流协调、整体优化和新商业模式的建立等方面提供新的机会。

（一）供应链管理的概念

供应链是围绕核心企业，通过对信息流、物流、资金流的控制，从采购原材料开始，制成中间产品及最终产品，最后由销售网络把产品送到消费者手中的，将供应商、制造商、分销商、零售商、最终用户连成一个整体的网链结构和模式。它是一个范围更广的企业结构模式，它包含所有加盟的节点企业，从原材料的供应开始，经过链中不同企业的制造加工、组装、分销等过程直到最终用户。

供应链管理的业务流程包括两个相向的流程组合：一是从最终用户到初始供应商的市场需求信息的逆流而上的传导过程；二是从初始供应商向最终用户的顺流而下且不断增值的产品和服务的传递过程。供应链管理即是对这两个核心业务流程实施一体化运作，包括统筹的安排、协同的运行和统一的协调。

虽然目前对于供应链管理的概念表述不一，但有一点却可以达成共识：供应链管理代表的不仅仅是某种管理方法，而是一整套管理理念。供应链管理能够帮助企业获得全球市场上的成功。分享信息和共同计划可以使整体物流效率得到提高。未来的竞争将是供应链与供应链之间的竞争，而供应链管理将会带来许多新的突破。

（二）供应链管理的主要特点

1. 供应链管理是一种基于流程的集成化管理

传统的管理以职能部门为基础，往往由于职能矛盾、利益目标冲突、信息分散等原因，各职能部门无法完全发挥其潜在效能，因而很难实现整体目标最优。供应链管理则是一种纵横的、一体化经营的管理模式。它以流程为基础，以价值链的优化为核心，强调供应链整体的集成与协调，通过信息共享、技术扩散（交流与合作）、资源优化配置和有效的价值链激励机制等方法实现经营一体化，要求采用系统的、集成化的管理方法来统筹整个供应链的各个功能。

2. 供应链管理是全过程的战略管理

供应链中各环节不是彼此分割的，而是环环相扣的一个有机整体，因而不能将供应链看成由采购、制造、分销与销售等构成的一些分离的功能块。由于供应链上供应、制造、分销等职能目标之间在利益分配中存在冲突，只有最高管理层才能充分认识到供应链管理的重要性与整体性，只有运用战略管理思想才能有效实现供应链的管理目标。

3. 供应链管理提出了全新的库存观

传统思想认为，库存是维系生产与销售的必要措施，是基于“保护”的原则来保护生产、流通或市场，避免受到上游或下游在供需方面的影响，因而企业与其上下游企业之间在不同的市场环境下只是实现了库存的转移，整个社会库存总量并未减少。在买方市场的今天，供应链的实施可以加快产品流向市场的速度，尽量缩短从供应商到消费者的通道长度。另外，供应链管理把供应商看作伙伴，而不是对手，从而使企业对市场需求的变化反应更快、更经济，总体库存大幅度降低。从供应链角度来看，库存不一定是必需的，它只是起平衡作用的最后工具。

4. 供应链管理以最终客户为中心

不管供应链的链节企业有多少类型，也无论供应链是长还是短，供应链都是由客户需求驱动的，企业创造的价值只有通过客户的满意和生产的利润来衡量。供应链管理以最终客户为中心，将客户服务、客户满意与客户成功作为管理的出发点，并贯穿供应链管理的全过程。

5. 供应链管理采取新的管理方法

企业如用总体综合方法代替接口的方法，用解除最薄弱链寻求总体平衡，用简化供应链方法防止信号的堆积放大，用经济控制论方法实现控制，要求并最终依靠对整个供应链进行战略决策。

（三）供应链管理的内容

面对激烈的市场竞争和迅速变化的市场需求，为客户提供日益完善的增值服务，满足客户日益复杂的个性化需求将成为现代企业生存和发展的关键。物流企业的服务范围不仅限于一项或一系列分散的物流功能，而是更加注重客户物流体系的整体运作效率与效益。供应链的管理与不断优化将成为企业的核心服务内容。企业与客户的关系将越来越多地体现为一种风险共担的战略同盟关系，而不仅是现阶段一般意义上的买卖关系或服务关系。因此，可从以下几个方面来理解供应链管理的内容。

1. 信息管理

随着知识经济时代的到来，信息取代劳动和资本，成为劳动生产率的主要因素。在供应链中，信息是供应链各方的沟通载体，供应链中各阶段的企业就是通过信息这条纽带集成起来，可靠、准确是企业决策的有力支持和依据，能有效降低企业中的不确定性，提高供应链的反应速度。因此，供应链管理的主线是信息管理，信息管理的基础是构建信息平台，实现信息共享，如ERP（Enterprise Resource Planning，企业资源计划）、VMI（Vendor Managed Inventory，对于供应商管理的库存）等系统的应用，将供求信息及时、准确地传达到供应链上的各个企业，在此基础上进一步实现供应链的管理。当今世界，通过使用电子信息技术，供应链已结成一张覆盖全区域乃至全球的网络，从技术上实现与供应链其他成员的集成化和一体化。

2. 客户管理

在传统的卖方市场中，企业的生产和经营活动是以产品为中心的。在经济全球化的背景下，买方市场占据了主导地位，客户需求主导了企业的生产和经营活动的方向，因此客户是核心，也是市场的主要驱动力。客户的需求、消费偏好、购买习惯及意见等是企业谋求竞争优势必须争取的重要资源。在供应链管理中，客户管理是供应链管理的起点，供应链源于客户需求，同时也终于客户需求，因此供应链管理是以满足客户要求为核心运作的。

3. 库存管理

如果能够实时掌握客户需求变化的信息，做到在客户需要时再组织生产，那就不需要持有库存，即以信息代替库存，实现库存的“虚拟化”。因此，供应链管理的一个重要任务是利用先进的信息技术，收集供应链各方及市场需求方面的信息，用实时、准确的信息取代实物库存，减少需求预测的误差，从而降低库存的持有风险。

4. 供应商关系管理

供应商关系管理（Supplier Relationships Management，SRM）是一种致力实现与供应商建立和维持长久、紧密的合作伙伴关系，旨在改善企业与供应链之间关系的管理模式。

5. 风险管理

供应链上企业之间的合作会因为信息不对称、信息扭曲、市场的不确定性，以及政治、经济、法律等方面因素的变化，导致各种风险的存在。为了使供应链上的企业都能从合作中获得满意的结果，必须采取一定的措施规避供应链运行中的风险，如提高信息透明度和共享性、优化合同模式、建立监督控制机制等，尤其是必须在企业合作的各个阶段通过激励机制的运行，采用各种手段实施激励，以使供应链企业之间的合作更加有效。

（四）供应链管理的目标

供应链管理通过调和总成本最低化、客户服务最优化、总库存量最小化、总周期时间最短化及物流质量最优化等目标之间的冲突，实现供应链绩效最大化。供应链管理的目标包括以下几个方面。

（1）持续不断地提高企业在市场上的领先地位。

（2）不断对供应链中的资源及各种活动进行集成。

（3）根据市场需求的扩大，不断地满足客户需求。

（4）根据市场的不断变化，缩短从产品的生产到到达消费者手中的时间。

（5）根据物流在整个供应链中的重要性，企业要消除各种不合理损耗，降低整个物流成本和物流费用，使物、货在供应链中的库存下降。

（6）提高整个供应链中所有活动的运作效率，降低供应链的总成本，并赋予经营者更大的能力来适应市场变化并及时做出反应。

（五）传统管理向供应链管理的转变

传统管理向供应链管理的转变主要表现在以下几个方面。

1. 从功能管理向过程管理转变

传统的管理将供应链中的采购、制造、市场营销、配送等功能活动分割开来、独立运作，而这些功能都具有各自独立的目标和计划，这些目标和计划经常发生冲突。供应链管理就是达成这种一致和协调的机制，产出的成果通过组织结构中水平方向的协调与合作而产生，这些水平方向的连接反映了连接客户和企业及供应商之间的物流和信息流，在横向组织中重点强调过程管理。

2. 从利润管理向盈利性管理转变

传统的管理将利润作为企业管理的重点，但现代管理强调进行盈利性管理是建立在“双赢”基础上的，只有供应链各方均具有较好的盈利性，企业自身的盈利性才有可能得到保证。

3. 从产品管理向客户管理转变

产品和客户都是供应链上的重要环节。传统卖方市场的企业管理是将产品作为重点的；而在买方市场上，客户主导着企业的生产和销售活动，因此客户是核心，是主要的市场驱动力，供应链的中心是由生产者向消费者倾斜的，客户是供应链上更为重要的一环，客户管理就成为供应链管理的重要内容。

4. 从交易管理向关系管理转变

传统的供应链伙伴之间的关系是交易和竞争的关系，所考虑的主要是眼前的既得利益，因此不可避免地会出现供应链伙伴之间利益相冲突的情况。现代供应链管理理论提出的途径，是在通过协调供应链成员之间的关系的同时，增加供应链各方的利益。

5. 从库存管理向信息管理转变

在传统管理中，企业的库存存在着矛盾：一方面，库存是提高服务水平和客户满意度的财富，必须拥有；另一方面，库存又是成本和累赘，必须尽可能摆脱。现代供应链管理用信息代替库存，使企业持有“虚拟库存”而不是实物库存，只有到供应链的最后一个环节交付实物库存，以大大降低企业持有库存的风险。因此，用及时、准确的信息代替实物库存就成为供应链理论的一个重要观点。

二、供应链管理方法

供应链管理的一般性策略包括快速响应（Quick Response，QR）、有效客户响应（Efficient Customer Response，ECR）、价值链分析法（Value Chain Analysis，VCA）、供应商管理库存（Vendor Managed Inventory，VMI）等。

（一）快速响应

1. 快速响应的概念

快速响应是在20世纪70年代后期从美国纺织服务业发展起来的一种供应链管理方法。它是由美国零售商、服务制造商及纺织品供应商开发的整体业务概念，目的是减少从原材料到商品销售点的时间和整个供应链上的库存，最大限度地提高供应链管理的运作效率。

根据《中华人民共和国国家标准物流术语》（GB/T 18354—2021），快速反应（快速响应）是指供应链成员企业之间建立战略伙伴关系，利用电子数据交换（EDI）等信息技术进行信息交换与信息共享，用高频率小批量配送方式补货，以实现缩短交货周期，减少库存，提高顾客服务水平和企业竞争力为目的的一种供应链管理策略。

快速响应的重点是对消费者作出快速反应，它一般包括待上架商品准备、自动物料搬运等。

2. 快速响应实施的阶段

快速响应的实施可分为以下三个阶段。

（1）对所有的商品单元条码化，即对商品消费单元用EAN/UPC条码标识，对商品贸易单元用ITF-14条码标识，而对物流单元则用UCC/EAN-128条码标识，利用EDI传输订购单报文和发票报文。

（2）在第一阶段的基础上增加与内部业务处理有关的策略。如自动补库与商品即时出售等，并采用EDI传输更多的报文，如发货通知报文、收货通知报文等。

（3）与贸易伙伴密切合作，采用更高级的快速响应策略，以对客户的需求做出快速响应。一般来说，企业内部业务的优化相对来说较为容易，但在贸易伙伴间进行合作时，往往会遇到诸多障碍。在快速响应实施的第三阶段，每个企业都必须把自己当成集成供应链系统的一个组成部分，以保证供应链系统的整体效益。

3. 快速响应的优势

快速响应对于零售商而言，可以提高销售额，减少削价的损失，降低采购成本，降低流通费用，加快库存周转，降低管理成本。快速响应对于厂商而言，能提供更好的客户服务，降低流通费用和管理费用，同时可以获得更好的生产计划。

快速响应作为一种供应链管理方法，必将向其更高的阶段发展，必将为供应链上的贸易伙伴——供应商、分销商、零售商和最终客户带来更大的价值。

（二）有效客户响应

1. 有效客户响应的概念

根据《中华人民共和国国家标准物流术语》（GB/T 18354—2021），有效客户反应（有效客户响应）是指以满足顾客要求和最大限度降低物流过程费用为原则，能及时做出准确反应，使提供的物品供应或服务流程最佳化的一种供应链管理策略。

有效客户响应是一个生产厂家、批发商和零售商等供应链组成各方相互协调和合作，以更好、更快的服务并以更低的成本满足客户需求为目的的供应链管理系统。

有效客户响应的最终目标是建立一个具有高效响应能力和以客户需求为基础的系统，使零售商及供应商以业务伙伴方式合作，提高整个供应链的效率，而不是单环节的效率，从而大大降低整个系统的成本，使库存量和物资储备减少，同时为客户提供更好的服务。

2. 实施有效客户响应的条件

实施有效客户响应，须具备以下三个条件。

（1）应联合整个供应链所涉及的供应商、分销商及零售商，改善供应链中的业务流程，使其更合理、有效。

（2）以较低的成本，使供应链中的业务流程自动化，以进一步降低供应链的成本和时间。具体地说，实施有效客户响应需要将条码技术、扫描技术、POS 系统和 EDI 集成起来，在供应链（由生产线直至付款柜台）内建立一个无纸系统，以确保产品能不间断地由供应商流向最终用户。

（3）信息流能够在开放的供应链中循环流动，使产品的信息流能不间断地由供应商流向最终用户，由客户反馈的信息也不断地循环流动回来。这样，整条供应链上的上下游商家都能及时了解市场动态，满足客户对产品的需求，使客户在最短的时间里获得最优质的产品和服务。

3. 有效客户响应的优势

由于在流通环节中缩减了不必要的开支，零售商和批发商之间的价格差异也随之降低，这些节约了的成本最终将使消费者受益，各贸易商也将在激烈的市场竞争中赢得一定的市场份额。

对于客户、分销商、供应商来说，除可获得上述有形的利益以外，还可获得有效客户响应带来的无形利益。对于客户来说，增加选择和购物的方便，减少缺货单品，产品更新鲜；对于分销商来说，增加客户的信任，提高信誉，更加了解客户情况，改善和供应商的关系；对于供应商来说，减少缺货现象，增加品牌信誉，改善与分销商的关系。

（三）价值链分析法

价值链分析法基于这样一种思想，企业是一系列的输入、转换与输出的活动序列集合，每个活动都有可能相对于最终产品产生增值行为，从而增强企业的竞争地位。企业对信息技术和关键业务流程的优化是实现企业战略的关键。企业通过在价值链过程中灵活应用信息技术，发挥信息技术的使能作用、杠杆作用和乘数效应，可以增强企业的竞争能力。我们可从以下角度理解价值链分析法。

1. 价值链分析法的概念

价值链分析法是一个过程，是企业使用的一套工具，用来评估当前的经营状况，评价拟定的改进措施的潜在影响。同时作为一种审计工具，价值链分析法可以对企业的业绩进行周期性的评估，从而判断在实施计划时其实际结果与目标是否吻合，这些目标既包括财务目标，也包括企业总的业绩改进目标。

2. 价值链分析法的优势

价值链分析法不同于传统方法，它为企业内部影响其产品或服务价值的所有活动分配成本，同时也能从贸易伙伴的角度来看待成本。

价值链分析法意味着企业应根据拟定的变革方案对各贸易伙伴所产生的综合影响来确定削减成本的重点，以避免由于供应链某个环节的变化而导致的整个价值链成本增加、效率下降。价值链分析的过程包括收集数据并把数据输入到一系列模型中，现在这些模型可以用计算机程序来实现。企业利用这些模型作为工具来分析数据并形成报告。

（四）供应商管理库存

1. 供应商管理库存的概念

供应商管理库存是指供应商等上游企业基于其下游客户的生产经营、库存信息，对下游客户的库存进行管理与控制，即将客户库存管理的权限交给供应商。本质上，它是将多级供应链问题变成单级库存管理问题。相对于按照用户发出订单进行补货的传统做法，供应商管理库存是以实际或预测的消费需求和库存量，作为市场需求预测和库存补货的解决方法，即由销售资料得到消费需求信息，供货商可以更有效地计划、更快速地反应市场变化和消费需求。

2. 牛鞭效应

在传统管理环境下，由于竞争模式（企业间非合作竞争）与信息技术的原因，企业无法了解供需的匹配状态，流通环节中的每一个部门（供应商、批发商、零售商）都设置有自己的库存，采取自己的库存管理策略，不可避免地产生需求由下游到上游的放大（牛鞭效应），显然无法实现供应链全局的最低成本。

牛鞭效应产生的主要原因有以下几点：①需求预测修正。上游企业往往用下一级订单量来预测需求，提前期越长，订货量会越大。②订货批量决策。订货量呈集中的大单。③价格波动。在价格较低时，零售商会大量订购，加剧牛鞭效应。④短缺博弈。零售商倾向在缺货期扩大订货量（订单膨胀）。

而在供应链管理环境下，竞争模式发生了变化，企业依托整个供应链参与竞争，企业之间信息共享成为可能。供应商管理库存打破了传统条块分割的库存管理模式，在一定的信息结构下以系统集成的思想进行库存管理，使供应链系统获得以合作为基础的同步运作，有助于JIT（准时制生产方式）的实现，并有效地避免了牛鞭效应。

3. 供应商管理库存的优势

供应商管理库存的主要思想是供应商在用户的允许下设立库存，确定库存水平和补给策略，并拥有库存控制权；通过用户和供应商之间的合作性策略，以最低的成本优化产品的可获性。运用供应商管理库存系统不仅可以降低供应链的库存水平和总成本，而且可以使用户获得高水平的服务和与供应商共享不断变化的需求的好处，从而有利于改善双方的资金流并获得更高的顾客信任度。

对于分销商、供应商双方来说，供应商在产品管理中更加专业，可以实现更有效的库存管理和订货决策；降低双方采购订单、发票、付款、运输、收获等交易时间和交易成本；加强双方的伙伴关系，提高供应链的柔性和持续改进能力，为双方长远发展奠定坚实基础。

（五）跨国公司供应链管理与物流管理的关系

因为跨国公司具有经营和市场面向全球、业务量巨大等特点，决定了跨国公司的供应链管理和物流管理之间的一些特有关系。

（1）物流管理对供应链管理有极高的依存度，物流管理与供应链管理原本不可分割，对跨国公司而言，这两者之间的关系更是高度依存。因为跨国公司的供应链根系庞大，供应链管理的水平直接影响物流管理的水平，供应链整合不好，物流的效率便无法从根本上提高。

（2）供应链管理的模式决定物流管理的战略思路，跨国公司根据本公司基本情况选择相宜的供应链管理模式，此后，跨国公司的所有物流策略只能在供应链管理模式框架内优化。

（3）物流管理是供应链管理的重要支柱，信息整合和物流整合是供应链整合的两个最重要目标，只有这两个目标都实现了，跨国公司为整合供应链付出的巨大成本才会得到降低，市场反应速度也才能提高。因此，只有物流管理策略得当，水平提高，其整合供应链的作用和效率才会体现出来。

（4）跨国公司与供应商和物流服务商建立的战略伙伴关系，成为提高物流管理水平的重要资源。

第三节 物流与供应链管理新发展

一、电子商务与物流

电子商务是利用计算机技术和网络技术等现代信息技术所进行的商务活动的总称。随着信息技术的发展及互联网的普及，电子商务逐渐显示出巨大的优势，受到各级政府部门、企业界及广大民众的高度重视，并纷纷以各种不同的形式介入电子商务活动，使电子商务得到了迅猛的发展。随着电子商务的进一步发展，物流对电子商务的作用也日益突出，作为支持有形商品网上商务活动的物流，已成为有形商品网上商务活动的一个关键点，决定了有形商品网上商务活动能否顺利进行。

电子商务给全球物流带来了新的发展，使物流具备了一系列新特点。

1. 信息化

物流信息化是电子商务的必然要求，具体表现为物流信息的商品化、物流信息收集的数据库化和代码化、物流信息处理的电子化和计算机化、物流信息传递的标准化和实时化、物流信息存储的数字化等。因此，条码技术、数据库技术、电子订货系统（Electronic Ordering System，EOS）、电子数据交换、快速反应、有效客户反应及企业资源计划等技术在我国的物流中将会得到普遍的应用。信息化是一切的基础，没有物流的信息化，任何先进的技术设备都不可能应用于物流领域。信息技术及计算机技术在物流中的应用将会彻底改变世界物流的面貌。

2. 自动化

自动化的基础是信息化，自动化的核心是机电一体化，自动化的外在表现是无人化，自动化的效果是省力化。另外，自动化还可以提升物流作业能力、提高劳动生产率、减少物流作业的差错等。物流自动化的设施非常多，如条码/语音/射频识别系统、自动分拣系统、自动存取系统、自动导向车、货物自动跟踪系统等。

3. 网络化

物流网络化的基础也是信息化，是电子商务下物流活动的主要特征之一。这里指的网络化有以下两层含义。一是物流配送系统的计算机通信网络，包括物流配送中心与供应商或制造商的联系要通过计算机通信网络。另外，与下游顾客之间的联系也要通过计算机通信网络。二是组织的网络化，即所谓的企业内部网。比如，台湾的电脑业在20世纪90年代创造出了全球运筹式产销模式。当今世界互联网等全球网络资源的可用性及网络技术的普及为物流网络化提供了良好的外部环境，物流网络化不可阻挡。

4. **智能化**

智能化是物流自动化、信息化的一种高层次应用，物流作业过程涉及大量的运筹和决策，如库存水平的确定、运输（搬运）路径的选择、自动导向车的运行轨迹和作业控制、自动分拣机的运行、物流配送中心经营管理的决策支持等问题都需要借助于大量的知识才能解决。在物流自动化的进程中，物流智能化是不可回避的技术难题，专家系统、机器人等相关技术在国际上已经有比较成熟的研究成果。

5. **柔性化**

柔性化本来是为实现“以顾客为中心”理念而在生产领域提出的，以便使企业能根据消费者的需求变化来灵活调节生产和工艺。但要真正做到柔性化，即真正能根据消费者需求的变化来灵活调节生产和工艺，没有配套的柔性化物流系统是不可能达到这一目的的。因此，柔性化的物流正是适应生产、流通与消费的需求而发展起来的一种新型物流模式。这就要求物流配送中心要根据消费需求“多品种、小批量、多批次、短周期”的特色，灵活组织和实施物流作业。

另外，物流设施、商品包装的标准化以及物流的社会化、共同化也都是电子商务下物流模式的新特点。

二、服务化物流

服务化物流就是以满足消费者的需求为目标，组织货物的合理流动；具体而言，就是把商品的采购、运输、仓储、加工、整理、配送、销售和信息等方面有机结合起来，选择最佳的方式与路径，以最低的费用和最小的风险，保质、保量、适时地将货物从供方运到需方，为消费者提供多功能、一体化的综合性服务。服务化物流所依据的原理突破了传统管理的束缚，为管理提供了崭新的思路。作为物流产业的一个发展趋势，服务化物流有其必然的发展动力。

1. **消费者物流机能的扩大**

消费者的传统物流手段大多是徒步或骑自行车。随着经济服务化的发展，某些外部环境发生了巨大的改变，与之相对应，消费者的生活时尚也有了较大变化，其中最大的变化是微型轿车在家庭中的普及，汽车购物逐渐成为当今消费生活的主流。在这种背景下，通过消费者物流机能的参与呈现多样化的趋势，并且展现出物流机能的替代化发展。另外，消费者利用汽车购物，也对零售业产生较大的影响，这表现在消费者一次大量购物的实现，使零售店铺的设立出现新的转移。

2. **零售业物流机能的扩大**

在消费者物流机能替代化发展的同时，作为商品销售者的零售商，其物流机能不仅没有被削弱，物流活动的范围反而扩大了，这一点突出反映在食品产业中。近年来，在我国食品产业已经出现按菜单配送商品或将蔬菜配送到家等新型的物流活动。此外，应当看到这种战略中的物流商品不仅仅是物质产品，而且可以预想还包括大量的服务性产品。更值得关注的是，这种物质流、服务流，会向企业传送大量的顾客信息，而且这种反馈不仅是面向销售点的，也是向最终的生产点进行反馈。显然，这种反馈对合理控制物流成本，设计、管理物流活动具有积极的意义。

3. 多样化的物流服务需求

随着近年来社会经济的发展及消费者生活观念的改变，流转主体形成高度化物流机能的同时，消费者物流机能得到进一步的扩大。从整个社会的角度来看，无论在物流机能的担当上，还是在物流手段上都存在着各种各样的组合，从而迎来了多样化物流服务的时代，并且各流通主体和消费者可以自由选择各种形式的物流服务，从而增大了物流需求的空间，也提高了物流管理的难度。流通的物流业者在这种变化的环境中，必须正确把握市场需求，灵活面对各种物流变化，开展新的物流业务。总之，在经济服务化发展的时代，各流通主体应以物流革新为契机，树立追求市场服务的经营理念。

4. 国际供应链一体化

20 世纪 90 年代以来，随着全球制造、敏捷制造、虚拟制造等先进制造模式的出现和市场竞争环境的快速变化，以动态联盟为特征的新的企业组织形式的出现，使原来的企业生产组织和资源配置方式发生了质的变化。企业要生存，必须更多地利用外部资源，供应链一体化已从企业内部的以采购获取制造支持和实物配送，向后延伸到顾客，向前延伸到供应商。越来越多的企业认识到与顾客和供应商合作的重要性，有效地实现了供应链的整合。

5. 信息革命

技术的更新实质上也是一种内在的经济活动。服务化的物流需要更多的企业、更高效的合作才能建立，而这种合作离不开信息技术的发展与应用。条码技术、EDI、电子扫描与传输、传真等通信技术的广泛使用，提高了信息的可获得性。这种以迅速、可靠的信息交换为基础的物流作业安排，为服务化物流的选择提供了更大的空间。信息革命还加快了订货需求的传输速度、生产速度、装运速度、清关速度等，降低了物流的时间和成本。

6. 全球经济的可持续发展要求

当今全球经济发展强调的是“可持续发展”，即经济的发展必须建立在维护地球环境的基础上，全球环保意识日益加强。物流活动过程会对环境产生很多不利的影响，如运输带来的噪声和废气污染环境；货物包装物、衬垫物等会影响卫生及存在火灾隐患等。因此，为了使经济发展达到宏观平衡，人们需要从环境的角度对物流体系进行改进，而实现物流系统对环境损害的最小化，需要各国政府、组织及各个公司在这一领域开展更为广泛的合作，形成一个环境共生型的物流管理系统。

三、再生资源物流

再生资源是一种特殊商品，是指生产、流通、消费等过程中产生的不再具有原有使用价值而以各种形态赋存，但可以通过不同的加工途径而使其获得使用价值的各种物料的总称。再生资源物流是指将有一定使用价值的废旧物资进行回收，通过分拣、加工、分解，重新进入生产和消费领域的物品实体流动过程。

再生资源物流的特点如下。

1. 再生资源物流种类繁多

由于再生资源种类繁多，再生资源物流方式具有多样性。具体说来，企业再生资源种类繁多，是由多个因素造成的。

2. 企业再生资源的物流数量大

企业再生资源数量一般较大，不仅总量大，而且在许多再生资源的单独处理数量也较大。这就决定了再生资源物流要消耗很大的物化劳动，需要有一个庞大的物流系统来支撑。

3. 企业再生资源物流的粗放运作

企业再生资源中除少数特别有价值的外，绝大多数再生资源价值低且数量大。一般物料经过一次生产或消费之后，主要使用价值已耗尽，因而在纯度、精度、质量、外观等方面都不是很好，这就决定了采取粗放运作的物流方式处理企业再生资源是很有必要的。这样，可以使再生资源在重新使用形成新的价值的过程中，物流成本不至于太高。

4. 企业再生资源物流的路程较短

企业再生资源物流的路程一般都很短，这是由于企业在处理再生资源时，承受的去留费用较高。企业一般都尽可能在企业内部解决或由相关企业消化。企业再生资源的主要使用价值已丧失，新的使用价值需要承受的物流费用和研究费用等，决定了它适合就近利用的性质，因而企业再生资源的物流路程不会太长。

四、绿色供应链管理

人类物质文明发展中对资源使用量的急剧扩张，已经造成了对环境和资源的破坏及绿色平衡的失调。因此，进入20世纪90年代以来，大多数国家先后相应地调整了自己的发展战略，全球性的产业结构呈现出绿色战略趋势，绿色工艺、绿色产品、绿色产业不断出现。绿色战略涉及整个供应链中所有企业的各项活动，绿色供应链管理在这个时候便应运而生。绿色供应链综合考虑环境的影响，其目的是使产品在从原料获取、加工、包装、存储、运输、使用到报废处理的整个过程中，注重对环境的保护，从而促进经济与环境的协调发展。

（一）绿色供应链管理的特征

1. 绿色供应链管理充分考虑环境问题

传统的供应链管理对供应链中物流、能流、信息流、资金流及工作流进行计划、组织、协调及控制。它是以消费者需求为中心，将供应链各个环节联系起来的全过程集成化管理。它强调在正确的时间和地点以正确的方式将产品送达消费者，但它仅局限于供应链内部资源的充分利用，没有充分考虑在供应过程中所选择的方案会对周围环境和人员产生何种影响、是否合理利用资源、是否节约能源、废弃物和排放物如何处理与回收，等等，而这些正是绿色供应链管理所应具备的新功能。

2. 绿色供应链管理强调供应商之间的数据共享

数据共享包含绿色材料的选取、产品设计、对供应商的评估和挑选、绿色生产、运输和分销、包装、销售和废物的回收等过程的数据。供应商、制造商和回收商以及执法部门和用户之间的联系都是通过互联网来实现的。因此，绿色供应链管理的信息数据流动是双向互动的，并通过网络来支撑。

3. 绿色供应链管理是闭环运作

绿色供应链中流动的物流不仅是普通的原材料、中间产品和最终产品，更是一种“绿色”的物流。在生产过程中产生的废品、废料和在运输、仓储、销售过程中产生的损坏件及被用户淘汰的产品均须回收处理。当报废产品或其零部件经回收处理后可以再使用，或者可作为原材料重复利用时，则绿色供应链没有终止点，如经处理后可重新销售、可回到制造厂或可作为原材料使用。

4. 绿色供应链管理体现并行工程思想

绿色供应链管理研究从原材料生产、制造到回收处理，实际上是研究产品生命周期的全过程。并行工程要求面向产品的全生命周期，在设计一开始，就充分考虑下游有可能涉及的影响因素，并考虑材料的回收与再利用，尽量避免在某一设计阶段完成后才意识到因工艺、制造等因素的制约造成该阶段甚至整个设计方案的更改。因此，应用并行工程思想，并行考虑材料的生产、产品制造过程和回收与再利用。

5. 绿色供应链管理充分应用现代网络技术

网络技术的发展和应用，加速了全球经济一体化的进程，也为绿色供应链的发展提供了机遇。企业利用网络完成产品设计、制造，寻找合适的产品生产合作伙伴，以实现企业间的资源共享和优化组合利用，减少加工任务、节约资源和全社会的产品库存；通过电子商务搜寻产品的市场供求信息，减少销售渠道；通过网络技术进行集中资源配送，减少运输对环境的影响。

（二）实现绿色供应链管理的基本措施

1. 加强企业内部管理

由于企业的情况千差万别，绿色供应链管理的模式也是多种多样的，企业在决定实施绿色供应链管理时，应做到以下几点。①仔细分析自身的状况：要从承载能力和实际出发，既能解决企业急需解决的问题，又能以较快见效的环节作为突破口，明确认识实施目标，确保成功。②加强企业内部管理：重新思考、设计和改变在旧的环境下形成的按职能部门进行运作和考核的机制，有效地建立跨越职能部门的业务流程，减少生产过程中的资源浪费、节约能源和减少环境污染。③强化企业领导和员工的环境意识：企业高层领导转变观念，积极地把经济目标、环境目标和社会目标恰如其分地同供应链联系在一起考虑，通过学习和培训，增强企业各个层次员工的环境意识，让员工了解企业本身对环保的重视。④实施绿色采购：尽量根据企业的需求，采购原材料和零部件，减少原材料和零部件库存量；对有害材料，尽量寻找替代物；对企业的多余设备和材料要充分利用。

2. 加强供应商的环境管理

绿色供应过程对供应商提出了更高的要求。首先，要根据制造商本身的资源与能力、战略目标对评价指标加以适当调整，设置的指标要能充分反映制造商的战略意图。其次，应强调供应商与制造商在企业文化与经营理念上对环境保护的认同，这是实现供应链成员间战略伙伴关系形成的基础。再次，供应链成员应具有可持续的竞争力与创新能力。最后，供应商之间应具有可比性，这样有利于在多个潜在的供应商之间比较择优。

3. 加强用户环境消费意识

要从我国人均资源占有水平低、资源负荷重、压力大的角度出发，充分认识绿色消费对可持续发展的重要性。发展绿色消费可以从消费终端减少消费行为对环境的破坏，遏制生产者粗放式的经营，从而有利于实现我国社会经济可持续发展目标。同时，发展绿色消费不仅可以从优质无污染的消费对象来改善人们的消费质量和身体健康，而且在消费过程中通过观念的转化、行为的转变，提高广大群众对环保、绿色消费与可持续发展的认识。

4. 加强管理部门的环境执法

由于一个企业的技术水平和资金是相对有限的，企业的生产过程是否节约资源、能源，减少环境污染就不能确定。企业为了节约成本，会对生产过程进行适当的修改，但由于习惯、经验、技术、设备和资金的影响，大多数企业生产方式的修改是有限的，效果怎样也不能很好地考察。即使有一些企业效益很好，想对生产过程进行大改造，节约资源和能源及减少环境污染，也不愿冒风险。有些企业为了追求短期效益，甚至不顾环境污染。这时就需要全社会的力量参与进来。执法部门应广泛深入地宣传环保，既向各企业决策者宣传绿色市场营销观念，又向广大消费者宣传生态环境的重要意义，针对不同对象，采取不同方式进行教育培训。

（三）跨国公司绿色供应链管理影响因素

1. 跨国公司绿色供应链管理外部影响因素

跨国公司绿色供应链管理体系构建的外部影响因素主要包括市场需求压力、相关的法治环境（如环保法制规范、行业政策等）、经济环境（如绿色 GDP）、当地社会环境和自然环境等五个方面。

（1）市场需求压力。实施绿色供应链管理的市场需求压力主要来源于消费者以及企业所处的供应链中其他节点企业的压力。作为最终产品的消费者是绿色供应链的原始发动者，大多数企业并没有注意到环境系统将带来的商业收益，然而市场迫使他们改善环境管理绩效；供应链中环保领先者的压力，供应链内核心企业对环境管理的要求，如惠普、国际商业机器公司、施乐等公司成为其所处的供应链实施绿色供应链管理的主要激励者和发动者，他们的行为间接影响到供应链上其他成员对环境问题所做出的反应。

（2）法治环境。实施绿色供应链管理所面临的法治环境包括环保法制规范以及相关的行业政策。环保法治环境给企业设定了一种行为规范，指导各类组织（企业，公司）取得和表现正确的环境行为，是对社会和人类生活环境的一种保障，同时也是对企业经营行为的制约。环境管理系列标准（ISO14000）以及各国陆续推出的针对环境保护的法律法规使得企业不得不在企业经营管理中把环境保护作为一个重要的考虑要素，各种法规条例明确规范和限制了企业在生产经营过程中对环境可能造成的负面影响。

（3）经济环境。在这里，以国民经济核算体系作为典型的经济环境讨论。对于经济发展的核算，传统的做法是实行以国内生产总值 GDP 为主要指标的国民经济核算体系，然而，随着社会对环境和资源的日益关注，逐渐发现了这种传统的核算体系只重视经济产值及其增长速度，而忽视资源基础和环境条件的弊病，传统的 GDP 指标容易造成人们单纯追求产值，相互攀比速度，不顾资源损耗及环境恶化。1993 年联合国统计署正式出版的《综合环境经济核算手册》首次正式提出了“绿色 GDP”的概念，在理论上，绿色 GDP＝GDP－环境成本－资源消耗成本，即绿色 GDP 就是传统 GDP 扣减掉资源消耗成本和环境损失成本以后的 GDP。绿色 GDP 核算的提出给传统经营的企业带来了关注环境和资源的压力。

（4）社会环境。这里的社会环境指人们的生活方式、价值观等，社会环境对制定和实施绿色发展战略的企业来说相当重要，因为随着人们的价值观和生活方式的转变，企业不单是传统意义上的盈利性经济组织，而且是对自然、人类、社会、经济的可持续发展负有责任的组织。不同国家和地区生活方式和价值观有所不同，就环境保护观念而言，对绿色产品、绿色消费以及企业基于环保的经营行为的要求有所不同，这些都对企业构建绿色供应链管理体系产生一定的影响。

（5）自然环境。自然环境因素包括企业所处的地理位置，气候条件以及资源状况等。不同的自然环境对企业实行绿色供应链管理带来的难度有所不同。如对于贫矿多的国家来说，在该国生产制造的企业排污压力大；对于能源紧缺的国家而言，如何改进供应链中的工艺流程或使用运用新能源的设备来适应当地环境是企业在构建绿色供应链管理体系中需要考虑的重要问题。

2. 跨国公司绿色供应链管理内部影响因素

（1）环境责任意识。环境责任意识对于构建绿色供应链管理体系及实施该管理体系起到重要的推动作用。首先，企业环境责任意识的强弱从一定程度上决定了跨国公司绿色供应链管理研究。其实施绿色供应链管理是否到位，即如果仅把环境责任作为口号用以树立在公众面前的形象，那么它就不能真正实现绿色供应链管理的目标，环境保护也就无法融入供应链的各个环节。其次，企业的全体员工包括一线员工到决策管理层都要具备环境责任意识，如果只是管理层或一线员工单方面具有环境意识，那么企业要么由于没有一个整体系统的绿色计划而使绿色供应链管理只停留在某几个方面，要么就因为没有积极的执行力而使该绿色计划无法有效全面地贯彻实施。最后，环境责任意识需要在企业内不断地强化，只有把它作为长期的深入到企业方面的企业责任才能通过绿色供应链管理达到可持续发展的目的。

（2）绿色组织结构。企业是否专门为以环境保护为前提的经营活动建立相关组织结构不仅体现了企业对环保活动的重视程度而且也会影响环保经营活动的有效性和执行性。在一个特定的以环保为前提的组织机构或部门的领导下，会对绿色供应链管理的构建起到监督作用，同时，这种组织结构的存在也从一定程度上帮助企业树立注重环保，关心可持续发展的企业形象，而这正是目前全社会对于优秀企业的评判标准之一。

（3）绿色技术。基于环境保护的绿色技术影响到企业绿色供应链管理的实施成效。绿色技术包括企业所处行业的相关技术发展水平以及企业自身为实施以环境保护为基础的经营管理所推动的技术升级，这两方面的技术水平都影响到企业绿色供应链管理体系中三个子系统的运作。在生产子系统中，绿色技术水平不仅影响到工艺设计、工艺设备及排放处理过程对环境的影响，而且企业与其上游供应商之间绿色技术水平差异也会影响绿色供应链管理的有效实施；在消费子系统中，绿色技术可以加深消费者对绿色产品和消费的认识并引导消费者绿色消费；在物流子系统中，正向物流需要由相关技术支持来降低或消除对环境的不良影响，同时更需要得到在回收、再利用、最终处理等方面的先进技术的支持来顺利实施企业逆向物流的管理。

小结

电子商务的不断发展使企业商品走上国际市场，然而想要保持和提升国际竞争力，就需要坚持与时俱进，创新物流供应链管理模式，通过构建国内物流供应链市场、展开跨境企业合作和延伸国际物流供应链，促使我国企业国际市场竞争力的不断提升，推动我国电子商务贸易获得进一步发展。

案例分析

前沿观点

跨境电子商务视觉下的国际物流供应链管理模式构建

1. 国内物流供应链市场的构建

改善和优化物流供应链下的企业组织结构和经营流程，对企业组织结构和经营流程进行改革，主要目的是进一步提高物流供应链效率，这一效果的实现离不开企业内部组织的相互协作和密切配合，同时在改善企业组织结构时也要坚持与时俱进，结合当前经济发展新形势，积极转变经营理念，充分认识到物流供应链在发展跨境电子商务贸易中的重要性，并根据市场环境变化情况及国际形势体现，确定企业经营发展方向，然后对自身企业经营流程加以改善和优化，使其在国际市场中竞争能力得到提升。

培养优秀国际物流供应链管理人才，人才是企业核心竞争力的集中体现，国际物流供应链的发展也离不开优秀人才在其中发挥的作用，在人才培养上应将重点放在信息收集能力上，以便更好地了解市场及用户的实际需求，生产满足多样化消费需求的产品。

电子信息技术，在国际物流供应链上的企业来自各行各业，各个企业之间进行紧密合作，实现共同发展，主要是依赖于电子信息技术，使各个企业可以进行无障碍的信息沟通和交流，这也是构建国际物流供应链的重点。

2. 国际物流供应链下跨境企业之间展开密切合作

积极转变物流供应链管理理念，由于国内市场环境与国际市场环境有所区别，尤其是国际市场竞争非常激烈，要求物流供应链中的企业要有积极参与竞争的意识，并从大局出发，充分发挥自身企业优势，并积极汲取其他国际物流企业发展优势和先进技术经验，在不断提升自身竞争力的基础上，占据一定国际市场份额。

合理分配利益，在国际物流供应链平台上，各个企业无论是信息还是利益都要求进行共享，并在此基础上实现企业与企业之间的共赢。

产业集群化，构建国际物流供应链管理模式，将各个企业集聚起来，不仅可以提高国际竞争力，还能推动企业朝着更加科学化和专业化的方向发展。

3. 延伸和拓展国际物流供应链

随着我国参与国际贸易的企业数量不断增多，我国企业在整个国际物流供应链中占据的市场份额也会不断增大。但是从整体上来说，我国依然不是国际物流供应链的主体，在认清这一问题的前提下，通过强化产品生产和销售，并不断拓宽产品运输渠道，可以使我国在国际物流供应链中的地位不断提升，再通过构建属于我国自己的物流供应链，获得国际物流供应链发言权。此外，随着我国国内物流供应链的不断成熟，我国企业也应放远目光，推动我国电子商务全球化贸易进程，实现国际物流供应链的横向延伸和拓展。

4. 发挥绿色低碳发展示范引领作用

绿色供应链建设是一个系统工程，需要客户、供应商合作伙伴、消费者等所有参与者共同的努力。跨国公司作为中国国内绿色发展理念的引入者先行者，在宣传推广、示范带动方面，可以发挥更为积极的作用。同时，在“双碳”目标刚性约束下，跨国公司需要依据“双碳”目标制定转型发展计划和目标，明确碳减排或零碳的时间节点，根据目标任务对企业生产工艺、技术水平、产品布局进行适应性调整，形成清晰的绿色低碳发展路线图。

5. 推动企业供应链绿色低碳转型

随着绿色发展的深入推进，中国制造业供应链体系将加快向能源消费低碳化、资源利用循环化、生产过程清洁化、产品供给绿色化转型，对拥有先进投资运营模式和产品技术标准的跨国公司而言，是抢占先机、构建竞争力的绝佳机会。跨国公司应主动把握这一机遇，加大与脱碳、减排等相关技术的研发投入，全面推行清洁生产和循环经济，加强绿色采购和绿色供应商管理，构建从设计、选材、采购、生产到包装、运输、回收处理各环节的绿色低碳供应链体系。

复习与思考题

1. 物流的含义。
2. 物流的主要功能包括哪些方面？
3. 简述供应链管理的概念。
4. 简述供应链管理的特点。
5. 电子商务的发展，使物流具备了一系列新特点，新在哪些方面？
6. 简述实现绿色供应链管理的基本措施。

参考文献

［1］卢卡斯·门克霍夫，诺伯特·托克斯多尔夫．金融市场的变迁：金融部门与实体经济分离了吗［M］．刘力，贾春新，等译．北京：中国人民大学出版社，2005.

［2］道格拉斯·兰伯特，詹姆士·斯托克，莉萨·埃拉姆．物流管理［M］．张文杰，叶龙，刘秉镰，译．北京：电子工业出版社，2003.

［3］大前研一．新企业战略［M］．卿学民，译．北京：中信出版社，2006.

［4］戴维·泰勒．全球物流与供应链管理案例［M］．胡克，等译．北京：中信出版社，2003.

［5］艾理生．跨国公司战略演变与跨国公司理论发展关系研究［J］．胜利油田党校学报，2006，19（6）：96-100.

［6］曹凤岐，贾春新．金融市场与金融机构［M］．北京：北京大学出版社，2002.

［7］查尔斯·W. L. 希尔．国际商务［M］．周健临，等译．北京：中国人民大学出版社，2002.

［8］陈洁玲．浅谈企业研发能力的建设［J］．技术与市场，2018，25（12）：186-187，190.

［9］陈静，冷穆．国际直接投资理论的演变与启示［J］．云南财贸学院学报：社会科学版，2006（2）：25-27.

［10］陈晓红．实施“走出去”战略理论研究综述［J］．黑龙江对外经贸，2007（2）：31-33.

［11］陈志军，马鹏程，董美彤，等．母子公司研发管理控制点研究［J］．科学学研究，2018，36（10）：1828-1836.

［12］崔焕生．区位分布视角下全球制造业跨国公司国际化程度与绩效关系研究［D］．大连：东北财经大学，2017.

［13］崔学刚．国际财务管理［M］．北京：机械工业出版社，2009.

［14］戴云．跨国公司母子公司关系研究——基于更广泛的委托代理视角［J］．财会通讯，2018（23）：79-82.

［15］杜玲．发展中国家/地区对外直接投资：理论、经验与趋势［D］．北京：中

国社会科学院研究生院，2002.

［16］范旭，黄业展．企业研发管理对 R&D 投入与企业绩效关系的调节效应——对广东省科技型中小微企业的分析［J］．科技进步与对策，2018，35（9）：66-73.

［17］高安江．产业多元化集团公司研发体系建设探讨［J］．企业管理，2018（3）：110-114.

［18］高秋彤．浅析全球化背景下企业管理中的跨文化沟通［J］．现代商业，2015（11）：251-252.

［19］高湘一．跨国公司经营与管理［M］．北京：中国对外经济贸易出版社，2006.

［20］龚秀国．中国公司对外直接投资理论及实证分析［J］．长安大学学报（社会科学版），2017，19（5）：84-90.

［21］关雪凌，罗来军，等．跨国公司经营与管理［M］．北京：中国人民大学出版社，2012.

［22］中国物流与采购联合会．物流术语：GB/T 18354—2021［S］. 2021-08-20.

［23］侯仕军．伙伴化：跨国企业母子公司关系新模式［J］．国际经济合作，2015（7）：63-67.

［24］胡峰．传统跨国公司理论及其发展路径［J］．石家庄经济学院学报，2003（2）：156-161.

［25］黄新建，余红剑．面向 21 世纪的跨国公司生产管理研究［J］．南昌大学学报（人文社会科学版），2000（4）：64-68.

［26］贾炎宁．分布式创新中知识粘性的削弱对策研究——基于跨国公司管理视角［J］．山东纺织经济，2018（7）：5-8.

［27］姜岩．中外企业文化的交流、冲突与协调——以中外合资企业文化建设为例［J］．决策借鉴，2000，13（2）：14-19.

［28］蒋长兵，吴承健．现代物流理论与供应链管理实践［M］．杭州：浙江大学出版社，2006.

［29］孔欣．跨国公司经营与管理［M］．北京：北京理工大学出版社，2020.

［30］李虹含，汪存华．中国货币政策的资产负债表渠道传导机制研究［M］．北京：经济日报出版社，2021.

［31］李静．跨文化企业跨文化管理问题研究［D］．哈尔滨：东北林业大学，2003.

［32］李晓辉．论企业战略联盟［J］．山西财经大学学报，2009，31（S2）：58.

［33］林康．跨国公司与跨国经营［M］．北京：对外经济贸易大学出版社，2000.

［34］林山，黄培伦．跨文化企业的文化特点、冲突和整合［J］．科技进步与对

策，2001（11）：89-90.

［35］刘爱娥．跨境电子商务视角下的国际物流供应链管理模式构建［J］．中小企业管理与科技，2018，2（35）：39-40.

［36］刘慧芳．跨国企业对外直接投资研究——理论、方法与实证分析［M］．北京：中国市场出版社，2007.

［37］刘南，赵成锋，陈远高．现代物流与经济发展：理论、方法与实证分析［M］．北京：中国物资出版社，2007.

［38］刘源超．发展中国家对外直接投资的理论与模式研究［D］．北京：北京大学，2008.

［39］卢进勇，刘恩专．跨国公司经营与管理［M］．北京：机械工业出版社，2013.

［40］鲁桐．发展中国家跨国公司理论及其思考［J］．世界经济与政治，1998（1）：23-27.

［41］陆雄文．管理学大辞典［M］．上海：上海辞书出版社，2013.

［42］马兵茹，王疆．CEO 过度自信对跨国公司股权进入模式的影响［J］．技术与创新管理，2018，39（5）：569-574.

［43］马春光．国际企业管理［M］．北京：对外经济贸易大学出版社，2005.

［44］王林生，范黎波．跨国经营理论与战略［M］．北京：对外经济贸易大学出版社，2003.

［45］马红丽．优衣库国际化经营研究［D］．哈尔滨：黑龙江大学，2015.

［46］马士华．新编供应链管理［M］．北京：中国人民大学出版社，2008.

［47］毛付根．跨国公司财务管理［M］．大连：东北财经大学出版社，2002.

［48］毛蕴诗．跨国公司战略竞争与国际直接投资［M］．2 版．广州：中山大学出版社，2001.

［49］毛蕴诗．试论国际经济技术环境的变化趋势［J］．南方经济，1994（2）：32-35.

［50］屈信明．2001—2017 年中国跨国公司发展特征研究［D］．北京：国际关系学院，2018.

［51］桑百川．跨国公司的发展促进中国实现世界经济强国目标——评卢进勇等主编的《中外跨国公司发展史》［J］．国际经济合作，2018（4）：94-95.

［52］查贵勇．“跨国公司管理”课程开展探究式案例教学探讨与实践［J］．教书育人（高教论坛），2018（12）：91-93.

［53］沈菲菲．基于跨国公司的文化管理研究［D］．咸阳：陕西科技大学．2013.

［54］史献平．浅议跨国公司生产经营中的风险管理［J］．化工技术经济，2003

(3)：1-4，12.

［55］田中雅子．解析优衣库制胜之道（一）“连带式”工作法激发执行力［J］．纺织服装周刊，2012（10）：77.

［56］童顺新．跨国企业的资本结构及其优化研究［J］．时代经贸，2017（27）：41-44.

［57］汪存华，李虹含．大数据技术在商业银行零售业务管理中的应用［M］．北京：经济日报出版社，2020.

［58］王林生．跨国经营理论与实务［M］．北京：对外经济贸易大学出版社，1994.

［59］王平．跨国企业生产转移类的项目管理——以 Sperian 集团为例［J］．现代经济信息，2009（10）：139.

［60］王倩，钱贞．跨国公司的中国本土化营销战略研究——以日本优衣库公司为例［J］．中国商论，2017（24）：67-68.

［61］威廉·罗宾森，高静宇．关于新全球资本主义的争论：跨国资本家阶级、跨国政府机构与全球危机［J］．国外理论动态，2018（8）：44-54.

［62］肖鹏，王爱梅．跨国企业竞争优势的研究现状与未来展望［J］．长春大学学报，2018，28（9）：10-15.

［63］谢丹．快时尚理念下中国服装企业 SPA 模式的发展研究［D］．西安：西安石油大学，2016.

［64］徐剑，周晓晔，李贵华．物流与供应链管理［M］．北京：国防工业出版社，2006.

［65］徐琪．供应链管理：理论与实验［M］．上海：上海人民出版社，2008.

［66］阎建东．有关发展中国家跨国公司的理论评介［J］．经济学动态，1994（2）：74-78.

［67］杨德新．跨国经营与跨国公司［M］．北京：中国统计出版社，2000.

［68］杨建清．解读西方对外直接投资理论［J］．湖南商学院学报，2004（3）：18-21.

［69］杨杰，祝波．发展中国家对外直接投资理论的形成与演进［J］．上海经济研究，2007（9）：19-24.

［70］张世军，刘野，李承山，等．集成研发管理流程的构建和实施［J］．中国有色金属，2017（S2）：157-161.

［71］樱子．战略管理的鼻祖——伊戈尔·安索夫［J］．现代班组，2013（11）：23.

［72］郁晓耕，魏浩．发展中国家对外直接投资理论综述［J］．经济经纬，2006（5）：47-50.

［73］原毅军．跨国公司管理［M］．3 版．大连：大连理工大学出版社，2004.

［74］张令荷．培育我国跨国公司的立法政策初探［J］．法制与经济，2017（10）：130-131.

［75］张超英，吴海燕．国际财务管理［M］．北京：北京大学出版社，2005.

［76］张春英．企业战略联盟的构成与特征［J］．理论界，2008（11）：51-52.

［77］张纪康．跨国公司与直接投资［M］．上海：复旦大学出版社，2004.

［78］张理．现代物流案例分析［M］．北京：中国水利水电出版社，2005.

［79］张林刚，汪朗峰，JULIEN PÉNIN. 新兴市场国家跨国公司国际化动因、模式及理论模型：一个文献综述［J］．华东经济管理，2018，32（5）：157-164.

［80］张圣平．偏好、信念、信息与证券价格［M］．上海：上海人民出版社，2002.

［81］赵曙明，彼得·J. 道林，E. 韦尔奇．跨国公司人力资源管理［M］．北京：中国人民大学出版社，2001.

［82］赵云辉，郭毅，赵传莉．知识异质性对跨国公司知识转移的影响研究——看门人角色的中介效应［J］．科学管理研究，2018，36（5）：90-92，104.

［83］甄子健．日本跨国公司技术创新特点及研发管理案例研究［J］．全球科技经济瞭望，2018，33（1）：24-33.

［84］郑飞虎，谷均怡，仲鑫．开放创新与跨国资本流动技术扩散的门槛效应研究［J］．经济与管理研究，2018，39（10）：65-80.

［85］朱晨，杨晔．本土企业与跨国公司合作研发诱发机制研究［J］．科研管理，2018，39（10）：61-69.

［86］朱国俊．从供应链及价值链管理角度分析跨国公司将生产外包的决策［J］．科技信息（学术研究），2007（36）：438-439.

［87］邹昭晞．跨国公司战略管理［M］．北京：首都经济贸易大学出版社，2004.

［88］李名梁．管理学［M］．北京：中国财富出版社有限公司，2021.

［89］刘宇，彭剑锋．跨国企业全球人力资源管理模式研究——以汇丰为例［J］．中国人力资源开发，2015（2）：68-74.

［90］刘祥生．边际产业扩张理论介评及其启示［J］．国际贸易问题，1992（12）：54-57.

［91］罗建兵．国际商务管理［M］．北京：清华大学出版社，2014.

［92］孙睿，王金荣．跨国公司全球战略及其实施［J］．改革与开放，2017（13）：45-46.

［93］赵婧．跨国公司本土化经营战略及其实施［J］．商业文化，2014（20）：72-73.

［94］秦远建．企业战略管理［M］．北京：清华大学出版社，2013.

［95］臧真博，李聪慧．微观经济学［M］．重庆：重庆大学出版社，2023.

［96］吴先明．现代跨国公司理论的发展趋势［J］．经济评论，2000（1）：116-119.

［97］王炜瀚，王健．国际商务［M］.4 版．北京：机械工业出版社，2021.

［98］唐礼智．跨国公司 FDI 理论的演进特征及发展趋势［J］．亚太经济，2011（2）：86-91.

［99］周怡佶．跨国公司绿色供应链管理研究［D］．上海：华东师范大学，2007.

［100］朱艳阳．跨国公司的物流和供应链管理［J］．物流技术，2005（9）：125-126.

［101］洪英．新新贸易理论的发展及对我国的启示［J］．赤峰学院学报（自然科学版），2016，32（14）：79-80.

［102］董宁．论国际直接投资和跨国公司理论的最新发展［J］．山东经济，2005（2）：65-69.